U0471141

# 王安石传

## 孤独而坚定的北宋改革家

Biography of Wang Anshi

梁启超 著

济南出版社

图书在版编目（CIP）数据

王安石传 / 梁启超著 . —— 济南：济南出版社，2025.3. —— ISBN 978-7-5488-6887-3

Ⅰ . K827=441

中国国家版本馆 CIP 数据核字第 2025EM8465 号

# 王安石传
WANGANSHI ZHUAN

梁启超　著

出 版 人　谢金岭
责任编辑　陈　新　姜海静
封面设计　四季中天　张　倩

出版发行　济南出版社
地　　址　山东省济南市二环南路1号（250002）
总 编 室　0531-86131715
印　　刷　山东临沂新华印刷物流集团有限责任公司
版　　次　2025年3月第1版
印　　次　2025年3月第1次印刷
开　　本　160mm×230mm　16开
印　　张　15.5
字　　数　190千字
书　　号　ISBN 978-7-5488-6887-3
定　　价　68.00元

如有印装质量问题　请与出版社出版部联系调换
电话：0531-86131736

版权所有　盗版必究

# 目 录

| | |
|---|---|
| 例　言 | 001 |
| 第一章　叙　论 | 002 |
| 第二章　荆公之时代（上） | 011 |
| 第三章　荆公之时代（下） | 018 |
| 第四章　荆公之略传 | 027 |
| 第五章　执政前之荆公（上） | 028 |
| 第六章　执政前之荆公（中） | 035 |
| 第七章　执政前之荆公（下） | 041 |
| 第八章　荆公与神宗 | 067 |
| 第九章　荆公之政术（一） | 071 |
| 第十章　荆公之政术（二） | 074 |
| 第十一章　荆公之政术（三） | 101 |
| 第十二章　荆公之政术（四） | 125 |
| 第十三章　荆公之武功 | 132 |
| 第十四章　罢政后之荆公 | 146 |
| 第十五章　新政之成绩 | 156 |
| 第十六章　新政之阻挠及破坏（上） | 162 |

第十七章　新政之阻挠及破坏（下） …… 177

第十八章　荆公之用人及交友 …… 185

第十九章　荆公之家庭 …… 200

第二十章　荆公之学术 …… 206

第二十一章　荆公之文学（上） …… 216

第二十二章　荆公之文学（下） …… 227

# 例　言

▲　本书以发挥荆公政术为第一义，故于其所创诸新法之内容及其得失，言之特详，而往往以今世欧美政治比较之，使读者于新旧知识咸得融会。

▲　《宋史》记熙丰事实者成于南渡以后史官之手，而元人因而袭之，皆反对党之言，不可征信。今于其污蔑荆公处皆一一详辩之，别为考异若干条。

▲　荆公不仅为中国大政治家，亦为中国大文学家，故于其诗文采录颇多。其散见于前各章者，皆与政治有关系者也。其仅足为文章模范者，亦撷十数首录入末二章，使读者得缘此以窥全豹。

▲　属稿时所资之参考书不下百种，其取材最富者为金谿蔡元凤先生之《王荆公年谱》。先生名上翔，乾嘉间人，学问之博赡，文章之渊懿皆为近世所罕见，所著年谱凡二十五卷，杂录二卷，成书时年已八十有八，盖毕生精力瘁于是矣。其书流传极少，而其人亦不见称于并世士大夫，殆不求闻达之君子耶？爰志数语，以谂史官。

▲　本书行文，信笔而成，不复覆视，芜衍疏略，自知不免，尚希海内方闻之士有以教之。

著者识

# 第一章　叙　论

　　国史氏曰：甚矣，知人论世之不易易也。以余所见宋太傅荆国王文公安石，其德量汪然若千顷之陂，其气节岳然若万仞之壁，其学术集九流之粹，其文章起八代之衰，其所设施之事功，适应于时代之要求而救其弊，其良法美意，往往传诸今日莫之能废，其见废者，又大率皆有合于政治之原理，至今东西诸国行之而有效者也。呜呼，皋夔伊周，邈哉邈乎，其详不可得闻，若乃于三代下求完人，惟公庶足以当之矣。悠悠千祀，间生伟人，此国史之光，而国民所当买丝以绣，铸金以祀也。距公之后，垂千年矣，此千年中，国民之视公何如？吾每读《宋史》，未尝不废书而恸也。

　　以不世出之杰，而蒙天下之诟，易世而未之湔者，在泰西则有克林威尔，而在吾国则荆公。泰西乡原之史家，其论克林威尔也，曰乱臣、曰贼子、曰奸险、曰凶残、曰迷信、曰发狂、曰专制者、曰伪善者，万喙同声牢不可破者殆百年，顾及今而是非大白矣。英国国会先哲画像数百通，其衰然首座者，则克林威尔也。而我国民之于荆公则何如？吠影吠声以丑诋之，举无以异于元祐、绍兴之时。其有誉之者，不过赏其文辞；稍进者，亦不过嘉其勇于任事，而于其事业之宏远而伟大，莫或见及。而其高尚之人格，则益如良璞之埋于深矿，永劫莫发其光晶也。呜呼！吾每读《宋史》，未尝不废书而恸也。

## 第一章 叙 论

　　曾文正谓宋儒宽于责小人而严于责君子。呜呼！岂惟宋儒？盖此毒深中于社会，迄今而日加甚焉。孟子恶求全之毁。求全云者，于善之中必求其不善者云尔，然且恶之，从未有尽没其善而虚构无何有之恶以相诬蔑者。其有之，则自宋儒之诋荆公始也。夫中国人民，以保守为天性，遵无动为大之教，其于荆公之赫然设施，相率惊骇而沮之，良不足为怪。顾政见自政见，而人格自人格也，独奈何以政见之不合，党同伐异，莫能相胜，乃架虚辞以蔑人私德，此村妪相谇之穷技，而不意其出于贤士大夫也，遂养成千年来不黑不白不痛不痒之世界，使光明俊伟之人，无以自存于社会，而举世以学乡原相劝勉。呜呼！吾每读《宋史》，未尝不废书而恸也。

　　吾今欲为荆公作传，而有最窘余者一事焉，曰：《宋史》之不足信是也。《宋史》之不足信，非吾一人私言，有先我言之者数君子焉。数君子者，其于荆公可谓空谷之足音，而其言宜若可以取信于天下，又孟子所谓污不至阿其所好者也。今首录之以志窃比之诚。

　　陆象山先生（九渊）《荆国王文公祠堂记》曰：

　　（前略）昭陵之日，使还献书，指陈时事，剖悉弊端，枝叶扶疏，往往切当。公畴昔之学问，熙宁之事业，举不遁乎使还之书。而排公者，或谓容悦，或谓迎合，或谓变其所守，或谓乖其所学，是尚得为知公者乎？英迈特往，不屑于流俗声色利达之习，介然无毫毛得以入于其心，洁白之操，寒于冰霜，公之质也。扫俗学之凡陋，振弊法之因循，道术必为孔孟，勋绩必为伊周，公之志也。不期人之知，而声光烨奕，一时巨公名贤，为之左次。公之得此，岂偶然哉？用逢其时，君不世出，学焉而后臣之，无愧成汤、高宗，公之得君，可谓专矣。新法之议，举朝谨哗，行之未几，天下恟恟。公方秉执周礼，精白言之，自信所学，确乎不疑。君子力争，继之以去，小人投机，密赞其决。忠朴屏伏，佥狡得志，曾不为悟，公之蔽也。熙宁排公者，大抵极诋訾之言，而不折之以至理，平者未一二，而激者居八九。上不足以取信于裕陵，下不足以解公之蔽，反以固其意成其事。新法之罪，诸君子固分之矣。元祐大臣，一切更张，岂所谓无偏无党者哉？所贵乎玉者，瑕瑜不相掩也。古之信史，直书其事，是非善恶，靡不毕见，劝惩鉴戒，后世所赖。抑扬损益，以附己好恶，用失情实，小人得以借口而激怒，岂所望于君子哉？（中略）近世学者，雷同一律，发言盈廷，又岂善学前辈者哉？公世居临川，罢政徙于金陵，宣和间故庐邱墟，乡人属县，立祠其上，绍兴初常加葺焉。逮今余四十年，隳圮已甚，过者咨叹。今怪力之祠，绵绵不绝。而公以盖世之英，绝俗之操，山川炳灵，殆不世有。其庙貌不严。邦人无所致敬，无乃议论之不公，人心之畏疑，使至是耶！（后略）

颜习斋先生（元）《宋史评》曰：

荆公廉洁高尚，浩然有古人正己以正天下之意，及既出也，慨然欲尧舜三代其君。所行法如农田、保甲、保马、雇役、方田、水利、更戍、置弓箭手于两河，皆属良法，后多踵行，即当时至元祐间，范纯仁、李清臣、彭汝砺等，亦讼其法，以为不可尽变。惟青苗、均输、市易，行之不善，易滋弊窦。然人亦曾考当日之时势乎？太宗北征中流矢，二岁创发而

# 第一章 叙论

辛，神宗言之，倦焉流涕。夏本宋叛臣而称帝，此皆臣子所不可与共戴天者也。宋岁输辽、夏、金一百二十五万五千两，其他庆吊聘问赂遗近幸又倍，宋何以为国？求其容我为君，宋何以为名？又臣子所不可一日安者也。而宋欲举兵则兵不足，欲足兵饷又不足，荆公为此，岂得已哉？譬之仇雠，戕吾父兄，吾急与之讼，遂至数责家赀，而岂得已哉。宋人苟安已久，闻北风而战栗，于是墙堵而进，与荆公为难，极诟之曰奸曰邪，并不与之商榷可否，或更有大计焉，惟务使其一事不行立见驱除而后已，而乃独责公以执拗可乎？且公之施为，亦彰彰有效矣。用薛向、张商英等治国用，用王韶、熊本等治兵，西灭吐蕃，南平洞蛮，夺夏人五十二砦，高丽来朝，宋几振矣。而韩琦、富弼等必欲沮坏之，毋乃荆公当念君父之仇，而韩、富、司马等皆当恝置也乎。矧琦之劾荆公也，其言更可怪笑，曰：致敌疑者有七，一抬高丽朝贡，一取吐蕃之地建熙河，一植榆柳于西山以制蕃骑，一创团保甲，一筑河北城池，一置都作院颁弓矢新式大作战车，一置河北三十七将，皆宜罢之以释其疑。嗟乎，敌恶吾备则去备，若敌恶吾有首将去首乎？此韩节夫所以不保其元也。且此七事皆荆公大计，而史半削之，幸琦误以为罪状遂传耳，则其他削者何限？范祖禹、黄庭坚修《神宗实录》，务诋荆公。陆佃曰：此谤书矣。既而蔡卞重行刊定，元祐党起，又行尽改，然则《宋史》尚可信邪？其指斥荆公者是邪非邪？虽然，一人是非何足辨，所恨诬此一人，而遂君父之仇也，而天下后世，遂群以苟安颓靡为君子，而建功立业欲撑柱乾坤者为小人也。岂独荆公之不幸，宋之不幸也哉！

至近世则有金谿蔡元凤先生（上翔），殚毕生之力，为《王荆公年谱考略》，其自序曰：

（前略）君子疾没世而名不称焉，则凡善有可纪，恶有当褫，不出于生平事实。而后之论者，虽或意见各殊，褒贬互异，然事实固不可得而易也。惟世之论公者则不然，公之没去今七百余年，其始肆为诋毁者，多出于私书，既而采私书为正史，此外事实愈增，欲辨尤难。（中略）忆公有《上韶州张殿丞书》，其言曰："自三代之时，国各有史，而当时之史，多世其家，往往以身死职，不负其意，盖其所传，皆可考据。后既无诸侯之史，而近世非尊爵盛位，虽雄奇俊烈，道德流衍，不幸不为朝廷所称，辄不得见于史。而执笔者又杂出一时之贵人，观其在廷论议之时，人人得讲其然否，尚或以忠为邪，以异为同，诛当前而不栗，讪在后而不羞，苟以厌其忿好之心而止耳。况阴挟翰墨以裁前人之善恶，疑可以贷褒，似可以附毁，往者不能讼当否，生者不得论曲直，赏罚谤誉又不施其间，以彼其私，独安能无欺于冥昧之间耶？"呜呼，尽之矣。此书作于庆历、皇祐间，当是时公已见称于名贤巨公，而未尝有非毁及之者也。然每读是书，而不禁嘘唏累叹，何其有似后世诋公者，而公已先言之也。自古前代有史，必由继世者修之，而其所考据，则必有所自来。若为《宋史》者元人也，而元人尽采私书为正史。当熙宁新法初行，在朝议论蜂起，其事实在新法，犹为有可指数者。及夫元祐诸臣秉政，不惟新法尽变，而党祸蔓延。尤在范、吕诸人初修《神宗实录》，其时《邵氏闻见录》，司马温公《琐语》《涑水纪闻》，魏道辅《东轩笔录》，已纷纷尽出，则皆阴挟翰墨以厌其忿好之私者为之也。又继以范冲朱墨史，李仁甫《长编》，凡公所致慨于往者不能讼当否，生者不得论曲直，若重为天下后世惜者。而不料公以一身当之，必使天下之恶皆归。至谓宋之亡由安石，岂不过甚哉？宋自南渡至元，中间二百余年，肆为诋毁者，已不胜其繁矣。由元至明中叶，则有若周德恭，谓神宗合赧、亥、桓、灵为一人；有若杨用修，斥安石合伯鯀、商鞅、莽、操、懿、温为一人，抑又甚焉。又其前若苏子瞻作温国行状，至九千四百余言，而诋安石者居其半。无论古无此体，即子瞻安得有如是之文？后则明有唐应德者，著《史纂左编》，传安石至二万六千五百余言，而亦无一美言一善行。是尚可与言史事乎哉？（后略）

陆、颜两先生，皆一代大儒，其言宜若可信。而蔡氏者又博极群书，积数十寒暑之日力网罗数千卷之资料以成年谱，而其持论若此。然则居今日以传荆公，欲求如克林威尔所谓"画我当画似我者"，不亦戛戛乎至难之业哉？虽然，以历史上不一二见之哲人，匪直盛德大业，湮没不彰，抑且千夫所指，与禹鼎之不若同视，天下不复有真是非，则祸之中于世道人心者，将与洪水猛兽同烈。则夫辟邪说拒淫辞，扬潜德发幽光，上酬先民，下奖来哲，为事虽难，乌可以已，是则兹编之所由作也。

（附）《宋史》私评：

《宋史》在诸史中，最称芜秽，《四库全书提要》云："其大旨以表章道学为宗，余事不甚措意，故舛谬不能殚数。"檀氏（萃）曰："《宋史》繁猥既甚，而是非亦未能尽出于大公。盖自洛蜀党分，迄南渡而不息，其门户之见，锢及人心者深，故比同者多为掩饰之言，而离异者未免指摘之过。"此可谓深中其病矣。其后柯维骐著《宋史新编》，沈世泊著《宋史就正编》，皆纠正其谬。《四库提要》摘其纪志互异处、传前后互异处，十余条。赵氏（翼）《陔余丛考》《廿二史札记》，摘其叙事错杂处、失检处、错谬处、遗漏处、抵牾处，各十余条；其各传回护处、附会处、是非失当处、是非乖谬处，共百余条；则是书之价值，概可见矣。而其舛谬最甚，而数百年来未有人起而纠之者，莫如所记关于王荆公之事。

《宋史》成于元人之手，元人非有所好恶于其间也，徒以无识不能别择史料之真伪耳，故欲辨《宋史》当先辨其所据之资料。考宋时修《神宗实录》，聚讼最纷，几兴大狱。元祐初，范祖禹、黄庭坚、陆佃等同修之，佃数与祖禹、庭坚争辩。庭坚曰："如公言，盖佞史也。"佃曰："如君言，岂非谤书乎？"佃虽学于荆公，然不附和新法，今其言如此，则最初本之《神宗实录》，诬罔之辞已多，可以见矣。是为第一次之实录。及绍圣改元，三省同进呈台谏前后章疏，言实录院前后所修先帝实录，类多附会奸言，诋熙丰以来政事。及国史院取范祖禹、赵彦若、黄庭坚所供文状，各称别无按据得之传闻事。上曰："文字以尽见，史臣敢如此诞慢不恭。"章惇曰："不惟多称得于传闻，虽有臣僚家取到文字，亦不可信。但其言以传闻修史，欺诞敢如此。"安焘曰："自古史官未有如此者，亦朝廷不幸。"此虽出于反对元祐者之口，

# 第一章 叙 论

其言亦不无可信。前此蒋之奇劾欧阳修以帷薄事，修屡抗疏乞根究。及延旨诘问之奇，亦仅以传闻了之。可知宋时台馆习气，固如是也。于是有诏命蔡卞等重修实录。卞取荆公所著《熙宁日录》以进，将元祐本涂改甚多，以朱笔抹之，号"朱墨本"。是为第二次之实录。而元祐诸人，又攻之不已。徽宗时，有刘正夫者，言元祐绍圣所修神宗史，互有得失，当折衷其说，传信万世。又有徐勣者，言神宗正史，今更五闰，未能成书，盖由元祐绍圣史臣，好恶不同，范祖禹等专主司马光家藏记事，蔡京兄弟纯用王安石日录，各为之说，故论议纷然。当时辅相之家，家藏记录，何得无之？臣谓宜尽取用，参订是非，勒成大典。于是复有诏再修，未及成而靖康之难作。南渡后，绍圣四年，范冲再修成之以进。是为第三次之实录。《宋史》所据，即此本也。自绍圣至绍兴，元祐党人，窜逐颠播者凡三十余年，深怨积愤。而范冲又为祖禹之子，继其父业，变本加厉以恣报复。而荆公自著之日录，与绍圣间朱墨本之实录，悉从毁灭，无可考见。《宋史》遂据一面之词，以成信谳，而沉冤遂永世莫白矣。凡史中丑诋荆公之语，以他书证之，其诬蔑之迹，确然可考见者十之六七。近儒李氏（绂）、蔡氏（上翔）辨证甚博，吾将摘其重要者，分载下方各章，兹不先赘。要之欲考熙丰事实，则刘正夫、徐勣所谓元祐、绍圣好恶不同互有得失者，最为公平。吾非敢谓绍圣本之誉荆公者，遂为信史，然如元祐、绍兴本欲以一手掩盖天下目，则吾虽欲无言，又乌可得也？蔡氏所撰《荆公年谱》载靖康初杨时论蔡京疏，有南宋无名氏书其后云：

荆公之时，国家全盛，熙河之捷，扩地数千里，开国百

009

年以来所未有者。南渡以后，元祐诸贤之子孙，及苏、程之门人故吏，发愤于党禁之祸；以攻蔡京为未足，乃以败乱之由，推原于荆公，皆妄说也。其实徽钦之祸，由于蔡京。蔡京之用，由于温公。而龟山之进，又由于蔡京。波澜相推，全与荆公无涉。至于龟山在徽宗时，不攻蔡京而攻荆公，则感京之恩，畏京之势，而欺荆公已死者为易与，故舍时政而追往事耳。（后略）

此其言最为洞中症结，荆公所以受诬千载而莫能白者，皆由元祐诸贤之子孙及苏、程之门人故吏，造为已甚之词。及道学既为世所尊，而蜚语遂变铁案。《四库提要》推原《宋史》舛谬之故，由于专表章道学，而他事不措意，诚哉然矣。颜习斋又尝为韩侂胄辩冤，谓其能仗义复仇，为南宋第一名相，宋人诛之以谢金，实狗彘不如。而《宋史》以入之《奸臣传》，徒以其得罪于讲学诸君子之故耳云云。朱竹垞、王渔洋皆论张浚误国，其杀曲端与秦桧之杀岳飞无异，徒因浚有子讲学且为朱子所父事，遂崇之为名臣，而文致曲端有可杀之罪，实为曲笔云云。凡此皆足证《宋史》颠倒黑白变乱是非之处，不一而足。而其大原因则皆由学术门户主奴之见，有以蔽之，若荆公又不幸而受诬最烈者也。吾故先评之如此，吾言信否，以俟识者。

# 第二章　荆公之时代（上）

自有史以来，中国之不竞，未有甚于宋之时者也。宋之不竞，其故安在？始焉起于太祖之猜忌，中焉成于真仁之泄沓，终焉断送于朋党之挤排。而荆公则不幸而丁夫其间，致命遂志以与时势抗，而卒未能胜之者也，知此则可与语荆公矣。

宋艺祖之有天下，实创前史未有之局。何以言之？昔之有天下者，或起藩封，或起草泽，或以征诛，或以篡禅。周秦以前，其为天子者，大率与前代之主俱南面而治者数百年，不必论矣。乃若汉唐之兴，皆承大乱之余，百战以剪除群雄，其得之也甚艰，而用力也甚巨。次则曹操、刘裕之俦，先固尝有大功于天下，为民望所系；即等而下之，若萧道成、萧衍辈，亦久立乎人之本朝，处心积虑以谋此一席者有年，羽翼已就，始一举而获之。惟宋不然，以区区一殿前都检点，自始未尝有赫赫之功也，亦非敢蓄异志觊非常也。陈桥之变，醉卧未起，黄袍已加，夺国于孤儿寡妇手中，日未旰而事已毕。故其初誓诸将也，曰："汝等贪富贵，立我为天子，我有号令，汝等能禀乎？"盖深惮之之词也。由此观之，前此之有天下者，其得之皆以自力，惟宋之得之以他力。夫能以他力取诸人以予我者，则亦将能以他力夺诸我以予人。艺祖终身所惴惴者，惟此一事；而有宋积弱之大原，皆基于是矣。

以将士拥立天子，创于宋。以将士劫天子而拥立帅，则不起于宋而起于唐。唐代诸藩镇之有留后也，皆陈桥之先声，而陈桥之役，不过因其所习行者加之厉而已。夫废置天子而出于将士之手，其可畏固莫甚焉。即不然，而将士常得有所拥以劫天子，则宋之为宋，固不能一日而以即安。宋祖有怵于此，故篡周以后，他无所事，而惟以弱其兵弱其将为事。夫藩镇之毒天下，垂二百年，摧陷而廓清之，孰云非当？然诹辟之所以处此，必将有道矣，导之以节制，而使之为国家捍城。古今中外之有国者，未闻有以兵之强为患者也。宋则不然，汲汲焉务弱举国之民，以强君主之一身，曾不思举国皆弱而君主果何术以自强者。宋祖之言曰："卧榻之侧，岂容他人鼾睡。"而不计寝门之外，大有人图侬焉。夫宋祖之所见则限于"卧榻"而已，此宋之所以为宋也。

汉唐之创业也，其人主皆有统一宇内澄清天下之远志。宋则何有焉？五季诸镇，其芟夷削平之功，强半在周世宗，宋祖乃晏坐而收其成。所余江南蜀粤，则其君臣弄文墨恣嬉游，甚者淫虐是逞，人心解体。兵之所至，从风而靡。其亡也，乃其自亡，而非宋能亡之也。而北有辽，西有夏，为宋室百年之患者，宋祖未尝一留意也。谓是其智不及欤？殆非然。彼方汲汲于弱中国，而安有余力以及此也？

自石敬瑭割燕云十六州以赂契丹，为国史前此未有之耻辱，及周世宗，几雪之矣。显德六年，三关之捷，契丹落胆，使天假世宗以期年之寿，则全燕之光复，意中事也。即陈桥之役，其发端固自北伐，其时将士相与谋者，固犹曰先立点检为天子然后出征也。使宋祖能乘契丹凋敝震恐之时，用周氏百战之兵以临之，刘裕、桓温之功，不难就也。既不出此，厥后曹翰献取幽州之策，复以赵普一言而罢。夫岂谓幽州之不当取不可取，惧取之而唐代卢龙、魏博之故辙将复见也。自是以后，辽遂得夜郎自大以奴畜宋人。太宗北伐，倾国大举，而死伤过半。帝中流矢，二岁而创溃以崩。乃益务寝兵，惟戢首贴耳悉索敝赋以供岁币。真

## 第二章　荆公之时代（上）

宗澶渊之役，王钦若请幸江南，陈尧叟请幸蜀，使非有寇莱公，则宋之南渡，岂俟绍兴哉。然虽有一莱公，而终不免于城下之盟。至仁宗时，而岁币增于前者又倍，辽之病宋也若此。

李氏自唐以来，世有银夏，阻于一方，服食仰给中国，翘首而望内属之日久。及河东既下，李继捧遂来归，既受之，使移镇彰德。苟乘此时，易四州之帅，选虎臣以镇抚之，鼓励其吏士而重用之，既可以断契丹之右臂，而久任之部曲，尚武之边民，各得效其材勇以图功名，宋自此无西顾忧矣。乃太宗、赵普，袭艺祖之故智，誓不欲以马肥士勇盐池沃壤付诸矫矫之臣，坐令继迁叛归，而复纵继捧以还故镇，徒长寇而示弱。故继捧北附于契丹，继迁且伪受降以缓敌。及元昊起，而帝制自雄，虔刘西土，不特掣中国而使之不得不屈于北狄，乃敢援例以索岁币，而宋莫之谁何。以大事小，为古今中外历史所未前闻。夏之病宋也若此。

夫当宋建国之始，辽已稍濒于弱，而夏尚未底于强。使宋之兵力稍足以自振，其于折棰以鞭笞之也，宜若非难。顾乃养痈数十年而卒以自敝者，则艺祖独有之心法，务弱其兵弱其将以弱其民。传诸后昆，以为成法，士民习之，而巽懦无勇，遂为有宋一代之风气。迨真仁以还，而含垢忍辱，视为固然者，盖已久矣。而神宗与荆公，即承此极敝之末流，荷无量之国仇国耻于其仔肩，而蹶然以兴者也。

夫吾所谓宋祖之政策，在弱其兵弱其将以弱其民者何也？募兵之恶法，虽滥觞于唐，而实确定于宋。宋制总天下之兵，集诸京师，而其籍兵也以募，盖收国中犷悍失职之民而畜之。每乘凶岁，则募饥民以增其额。史家颂之曰："此弭役强悍销弭争乱之深意也。"质而言之，实则欲使天子宿卫以外，举国中无一强有力之人，所谓弱其民者此也。其边防要郡，须兵防守，皆遣自京师。诸镇之兵，亦皆戍更。将帅之臣，入

013

奉朝请，兵无常帅，帅无常师。史家美之曰："上下相维，内外相制，等级相轧，虽有暴戾恣睢，无所厝于其间。"质而言之，则务使将与卒不相习，以防晚唐五代藩镇自有其兵之患，所谓弱其将者此也。夫弱其民弱其将，宋祖之本意也；弱其兵，则非必宋祖之本意也。然以斯道行之，则其兵势固不得以不弱。夫聚数十万犷悍无赖之民，廪之于太官，终日佚游，而累岁不亲金革，则其必日即于偷惰而一无可用，事理之至易睹者也。况乎宋之为制，又沿朱梁盗贼之陋习，黥其兵使不得齿于齐民，致乡党自好之良，咸以执兵为耻。夫上既以不肖待之矣，而欲其致命遂志，以勤力于君国，庸可得邪？所谓弱其兵者此也。夫既尽举国之所谓强者而以萃诸兵矣，而兵之至弱而不足恃也固若是；其将之弱，又加甚焉。以此而驱诸疆场，虽五尺之童，犹知其无幸。而烽火一警，欲齐民之执干戈以卫社稷，更无望矣。积弱一至此极，而以摄乎二憾之间，其不能不靦颜屈膝以求人之容我为君，亦固其所。而试问稍有血气之男子，其能坐视此而以一日安焉否也？

　　国之大政，曰兵与财。宋之兵皆若此矣，其财政则又何如？宋人以聚兵京师之故，举天下山泽之利，悉入天庾以供廪赐，而外州无留财。开国之初，养兵仅二十万，其他冗费，亦不甚多，故府库恒有羡余。及太祖开宝之末，而兵籍凡三十七万八千。太宗至道间，增而至六十六万六千。真宗天禧间，增而至九十一万二千。仁宗庆历间，增而至一百二十五万九千。其英宗治平间及神宗熙宁之初，数略称是。兵既日增，而竭民脂膏以优廪之，岁岁戍更就粮，供亿无艺。宗室吏员之受禄者，亦岁以增进。又每三岁一郊祀，赏赉之费，常五百余万。景德中郊祀七百余万，东封八百余万，祀汾上宝册又百二十万，飨明堂且增至一千二百万。盖开宝以前，其岁出入之籍不可详考，然至道末，岁入二千二百二十四万五千八百，犹有羡余。不二十年，至天禧间，则总岁入一万五千八十五万一百，总岁出一万二千六百七十七万五千二百。及治平二年，总岁入一万一千六百十三万八千四百，总岁出一万二千三十四万三千一百，而临时费又一千一百五十二万一千二百。夫宋之民非能富于其旧也。而二十年间，所输赋增益十倍，将何以聊其生？况乎嘉祐、治平以来，岁出超过之额，恒二千余万。洎荆公执政之始，而宋之政府及国民，其去破产盖一间耳。而当时号称贤士大夫者，乃哓哓然责荆公以言财利。试问无荆公之理财，而宋之为宋，尚能一朝居焉否也？

当时内外形势之煎迫，既已若是，而宋之君臣，所以应之者何如？真宗侈汰，斫丧国家之元气，不必论矣。仁宗号称贤主，而律以《春秋》责备贤者之义，则虽谓宋之敝始于仁宗可也。善夫王船山氏之言曰：

> 仁宗在位四十一年，解散天下而休息之。休息之是也，解散而休息之，则极乎弛之数，而承其后者难矣。岁输五十万于契丹，而俯首自名，犹曰纳以友邦之礼。礼元昊父子，而输缯币以乞苟安，仁宗弗念也。宰执大臣，侍从台谏，胥在廷在野，宾宾喷喷，以争辨一典之是非，置西北之狡焉，若天建地设而不可犯。国既以是弱矣，抑幸无耶律德光、李继迁鸷悍之力，而暂可以赦免。非然，则刘六符虚声恐喝而魄已丧，使疾起而卷河朔，以向汴雒，其不为石重光者几何哉。

平心论之，仁宗固中主而可以为善者也，使得大有为之臣以左右之，宋固可以自振。当时宰执，史称多贤，夷考其实，则凡材充牣，而上驷殆绝。其能知治体有改弦更张之志者，惟一范仲淹。论其志略，尚下荆公数等，然已以信任不专，被间以去。其余最著者，若韩琦，若富弼，若文彦博，若欧阳修辈，其道德学问文章，皆类足以照耀千古，其立朝也，则于调燮宫廷，补拾阙漏，虽有可观，然不揣其本而齐其末。当此内忧外患煎迫之时，其于起积衰而厝国于久安，盖未之克任。外此衮衮以迄蛩蛩，则酣嬉太平，不复知天地间有所谓忧患。贾生所谓抱火厝诸积薪之下而寝其上，火未及然，因谓之安也。当此之时，而有如荆公者，起而扰其清梦，其相率而仇之也亦宜。荆公之初侍神宗也，神宗询以本朝所以享国百年天下无事之故，公退而具札子以对，其言曰：

（前略）然本朝累世，因循末俗之弊，而无亲友群臣之议。人君朝夕与处，不过宦官女子。出而视事，又不过有司之细故，未尝如古大有为之君，与学士大夫讨论先王之法以措之天下也。一切因任自然之理势，而精神之运，有所不加；名实之间，有所不察。君子非不见贵，然小人亦得厕其间；正论非不见容，然邪说亦有时而用。以诗赋记诵求天下之士，而无学校养民之法；以科名资历叙朝廷之位，而无官司课试之方。监司无检察之人，守将非选择之吏，转徙之亟，既难于考绩，而游谈之众，因得以乱真。交私养望者，多得显官；独立营职者，或见排沮。故上下偷惰，取容而已，虽有能者在职，亦无以异于庸人。农民坏于徭役，而未尝特见救恤，又不为之设官以修其水土之利；兵士杂于疲老，而未尝申敕训练，又不为之择将而久其疆场之权。宿卫则聚卒伍无赖之人，而未有以变五代姑息羁縻之俗；宗室则无教训选举之实，而未有以合先王亲疏隆杀之宜。其于理财，大抵无法，故虽俭约而民不富，虽忧勤而国不强。赖非夷狄昌炽之时，又无尧汤水旱之变，故天下无事，过于百年，虽曰人事，亦天助也。（后略）

其论当时之国势，可谓博深切明，而公所以不能不变法之故亦具于是矣，故其《上仁宗书》亦云：

> 陛下其能久以天幸为常，而无一旦之忧乎？盖汉之张角，三十六万同日而起，所在郡国莫能发其谋。唐之黄巢，横行天下，而所至将吏，莫敢与之抗者。……而方今公卿大夫，莫肯为陛下长虑后顾，为宗庙万世计，臣窃惑之。昔晋武帝趣过目前，而不为子孙长远之谋，当时在位，亦皆偷合苟容，而风俗荡然，弃礼义，捐法制，上下同失，莫以为非，有识者固知其将必乱矣。其后果海内大扰，中国列于夷狄者二百余年……臣愿陛下鉴汉唐五代之所以乱亡，惩晋武苟且因循之祸……

呜呼，仁宗之世，号称有宋全盛时代，举国欢虞如也。而荆公忧危之深，至于如此，不惜援晋武以方其主，而惧中国之沦于夷狄，公果杞人乎哉？呜呼，靖康之祸，公先见之矣。

# 第三章　荆公之时代（下）

荆公所处之时势，虽极艰巨，然以其不世出之才，遭遇大有为之主，其于拨乱世反诸正也，宜若反手然。顾其成就不能如其所期者，何也？则朋党累之也。宋之党祸，盛于荆公以后，而实远滥觞于荆公以前，是不可不追论之。政党之为物，产于政治进化之后，国之有政党，非其可吊者，而其可庆者也。虽然，有界说焉：一曰，政党惟能生存于立宪政体之下，而与专制政体不相容；二曰，为政党者，既宜具结党之实，而尤不宜讳结党之名；三曰，其所辩争者，当专在政治问题，而宫廷问题及个人私德问题学术异同问题等，皆不容杂入其间。若宋之所谓党，举未足以语于是也，吾故不能许以政党，仍其旧名曰朋党而已。中国前此之党祸，若汉之党锢，唐之牛、李；后此之党祸，若明之东林、复社，皆可谓之以小人陷君子。惟宋不然，其性质复杂而极不分明，无智愚贤不肖而悉自投于蜩螗沸羹之中。一言以蔽之，曰："士大夫以意气相竞而已。"推原宋代朋党所以特盛之故，一由于右文而贱武，二由中央集权太过其度。宋祖之政策，既务摧抑其臣，使不得以武功自见，怀才抱能之士，势不得尽趋于从政之一途。而兵权财权，悉集中央，牧民之司，方面之寄，以为左迁贬谪。或耆臣优养之地，非如汉之郡国守相，得行其志以有所树立，且严其考成黜陟，使人知所濯磨也。是故秀异之士，欲立功名者，群走集于京师。而彼其京师，又非如今世立宪国之有国会，容多士以驰骋之余地也，所得与于国政者，二三宰执而已。

## 第三章　荆公之时代（下）

其次则少数之馆职台谏，为宰执升进之阶者也。夫以一国之大，人才之众，而惟此极少极狭之位置，可以为树立功名之凭藉，则其相率而争之，亦固其所。故有宋一代之历史，谓之争夺政权之历史可也。不肖者固争焉以营其私，即贤者亦争焉以行其志，争之既急，意气自出乎其间，彼此相诋，而以朋党之名加入，于是党祸遂与宋相终始矣。

宋朋党之祸，虽极于元祐、绍圣以后，而实滥觞于仁、英二朝。其开之者，则仁宗时范、吕之争，其张之者，则英宗时之濮议也。初范仲淹以忤吕夷简放逐，士大夫持二人曲直，交指为朋党。及夷简去，仲淹相，石介作诗曰："众贤之进，如茅斯拔。大奸之去，如距斯脱。"而孙沔读介诗曰："祸自此始矣。"仲淹相数月，史称其裁削幸滥，考核官吏，日夜谋虑，兴致太平。然更张无渐，规模阔大，论者以为不可行。及按察使出，多所举劾，人心不悦。自任子之恩薄，磨勘之法密，侥幸者不便，于是谤毁稍行，而朋党之论浸闻于上。反对党乘之，尽力攻击，而仲淹与杜衍、韩琦、富弼同时罢。王拱辰昌言曰："吾一网打尽矣。"其气焰与石介之诗，若出一吻。后世论史者，莫不右仲淹而抑夷简。夫仲淹之规模宏远，以天下为己任，诚非夷简辈所能望。然夷简亦不过一庸材贪恋大位者耳，若指为奸邪，则宋百年来之宰相，若夷简者比比皆是，宁得尽曰奸邪乎。况当时党夷简以攻仲淹之人，亦多有后世所目为君子者，则又何也？要之宋之朋党，无所谓君子小人，纯是士大夫各争意气以相倾轧。自庆历时而已然矣，此风既开，至英宗治平间而有濮议之一大公案。

濮议者何？仁宗崩，无子，以兄濮安懿王之子为后，是为英宗。英宗治平二年，议追尊濮王典礼，廷臣分党相哄，汹汹若待大敌，朋党之祸，于兹极烈。台谏至相率请斩韩琦、欧阳以谢先帝，驯至因公事以诋及私德，遂有诬欧阳修以帷薄隐匿之事。而当时以濮议被攻者，如韩、

019

欧之徒，固后世所称君子人者也。其以濮议攻人者，如吕诲、范纯仁之徒，又后世所称君子人者也。宋世朋党之真相，于兹毕见。此事虽若与荆公新法之哄争无与，然其现象极相类。且前此首攻濮议之人，即为此首攻新法之人，吾故不避枝蔓之诮，取欧阳公《濮议》原文全录之，以见当时所谓士大夫者，其风气若是。而知后此荆公之地位，一如韩欧，而新法之公案，亦一濮议而已。

（附）欧阳修《濮议》：

英宗皇帝初即位，既覃大庆于天下，群臣并进爵秩，恩泽遍及存亡，而宗室故诸王，亦已加封赠。惟濮安懿王，上所生父也，中书以为不可与诸王一例，乃奏请下有司议合行典礼，有旨宜俟服除，其议遂格。治平二年四月，上既释服，乃下其奏两制，杂学士待制礼官详议。翰林学士王珪等议濮安懿王高官大爵极其尊荣而已，中书以为赠官及改封大国，当降制行册命，而制册有式，制则当曰"某亲具官某，可赠某官，追封某国王"，其册则当曰"皇帝若曰咨尔某亲某官，某今册命尔为某官某王"。而濮王于上父子也，未审制册称为何亲及名与不名，乃再下其议。而珪等请称"皇伯"而不名。中书据《仪礼·丧服记》云：为人后者为其父母报；又据开元开宝礼皆云：为人后者为其所生父齐衰不杖期，为所后父斩衰三年。是所后所生皆称父母，而古今典礼，皆无改称"皇伯"之文。又历捡前世以藩侯入继大统之君，不幸多当衰乱之世，不可以为法，唯汉宣帝及光武，盛德之君也，皆称其父为"皇考"。而"皇伯"之称，既非典礼，出于无稽，故未敢施行。乃略具古今典礼及汉孝宣光武故事，并录皇

## 第三章　荆公之时代（下）

伯之议，别下三省集官与台官共加详议。未及集议，而皇太后以手书责中书不当称"皇考"。中书具对所以然，而上见皇太后手书，惊骇，遽降手诏罢议，而追崇之礼亦寝。后数日，礼官范镇等坚请必行皇伯之议。其奏留中，已而台官各有论列。上既以皇太后之故，决意罢议，故凡言者一切留中。上圣性聪睿英果。烛理至明，待遇臣下，礼极谦恭，然而不为姑息。台官所论濮园事既悉已留中，其言他事不可从者又多寝而不行，台官由此积忿出怨言，并怒中书不为施行。中书亦尝奏云，近日台官忿朝廷不用其言，谓臣等壅塞言路，致陛下为拒谏之主，乞略与施行一二事。上曰："朝廷当以至公待天下，若台官所言可行，当即尽理施行，何止'略行一二'？若所言难行，岂当应副人情？以不可行之事勉强行之，岂不害事耶？"中书以上语切中事理，不敢更有所请。上仍问曰："所言莫有可行而未行者否？"韩琦已下相顾曰："实无之。"因曰："如此则未有。"是时杂端御史数人，皆新被擢用，锐于进取，务求速誉，见事辄言，不复更思职分。故事多乖缪，不可施行。是时京师大雨水，官私屋宇倒塌无数，而军营尤甚。上以军士暴露，圣心焦劳。而两府之臣，相与忧畏，夙夜劳心竭虑，部分处置，各有条目矣。是时范纯仁新除御史，初上殿，中外竦听所言何事。而第一札子催修营房，责中书何不速了，因请每一营差监官一员中书勘会。在京倒塌军营五百二十座，如纯仁所请，当差监官五百二十员，每员当直兵士四人。是于国家仓卒多事阙人之际，虚破役兵二千人当直，五百员监官，而未有瓦木笆箔，一并兴修未得。其狂率疏缪如此。故于中书聚议时，臣修不觉笑之，而台中亦自觉其非。后数日吕大防再言，乞两营共差一官。其所言烦碎不识事体不可施行多类此，而台官不自知其言不可施行，但怨朝廷沮而不行。故吕大防又言，今后台官言事不行者，乞令中书具因何不行，报台。其忿戾如此。而怨怒之言，渐传于士大夫间，台官亲旧，有戏而激之曰："近日台官言事，中书尽批进呈讫，外人谓御史台为进呈院矣。"此语甚著，朝士相传以为戏笑。而台官益怏怏惭愤，遂为决去就之计。以谓因言得罪，犹足取美名。是时人主圣德恭俭，举动无差失，两府大臣，亦各无大过，未有事可决去就者。惟濮议未定，乃曰此好题目，所谓奇货不可失也，于是相与力言。然是时手诏既已罢议，"皇伯""皇考"之说俱未有适从，其他追崇礼数，又未尝议及，朝廷于濮议，未有过失，故言事者但乞早行皇伯之议而已。中书以谓前世议礼连年不决者甚多，此事体大，况人主谦抑，已罢不议，有何过举可以论列，于是置而不问。台官群至中书扬言曰："相公宜早了此事，无使他人作奇货。"上亦已决意罢议，故言者虽多，一切不听。由是台官愈益愧耻，既势不能止，又其本欲以言得罪而买名，故其言惟务激怒朝廷，无所忌惮，而肆为诬罔，多引董宏、朱博等事，借指臣某为首议之人，恣其丑诋。初，两制以朝廷不用其议，意已有不平，及台宪有言，遂翕然相与为表里。而庸俗中下之人，不识礼义者，不知圣人重绝人嗣，凡无子者明许立后，是大公之道，但习见闾阎俚俗养过房子及异姓乞养义男之类，畏人知者，皆讳其所生父母，以为当然，遂以"皇伯"之议为是。台官既挟两制之助，而外论又如此，因以言惑众，云朝廷背弃仁宗恩德，崇奖濮王。而庸俗俚巷之人，至相语云，待将

## 第三章　荆公之时代（下）

濮王入太庙，换了仁宗木主。中外汹汹，莫可晓谕。而有识之士知"皇伯"之议为非者，微有一言佑朝廷，便指为奸邪。太常博士孙固，尝有议请称亲，议未及上，而台官文章弹之。由是有识之士，皆钳口畏祸矣。久之，中书商量欲共定一酌中礼数行之以息群论，乃略草一事目呈进，乞依此降诏云：濮安懿王是朕本生亲也，群臣咸请封崇，而子无爵父之义，宜令中书门下，以茔为园，即园立庙，令王子孙岁时奉祠，其礼止于如此而已。乃是岁九月也。上览之，略无难色，曰："只如此极好，然须白过太后乃可行，且少待之。"是时渐近南郊，朝廷事多，台议亦稍中息，上又未暇白太后，中书亦更不议及。郊礼既罢，明年正月，台议复作。中书再将前所草事目进呈，乞降诏。上曰："待三两日间白过太后，便可施行矣。"不期是夕忽遣高居简就曾公亮宅降出皇太后手谕云："濮王许皇帝称亲。"又云："濮王宜称皇，三夫人宜称后。"与中书所进诏草中事绝异，而称皇称后二事，上亦不首先有宣谕，从初中书进呈诏草时，但乞上直降诏施行，初无一语及慈寿宫。而上但云，欲"白过太后，然后施行"，亦不云请太后降手书。此数事皆非上本意，亦非中书本意。是日韩琦以祠祭致斋，惟曾公亮、赵概与臣修在垂拱殿门阁子内，相顾愕然，以事出不意，莫知所为，因请就致斋处召韩琦同取旨。少顷琦至，不及交言，遂同上殿。琦前奏曰："臣有一愚见，未知可否。"上曰："何如？"琦曰："今太后手书三事，其称亲一事，可以奉行。而称皇称后，乞陛下辞免。别降手诏，止称亲，而却以臣等前日进呈诏草以茔为园即园立庙令王子孙奉祠等事，便载于手诏施行。"上欣然曰："甚好。"遂依此降手诏施行。初，中外之人，为台官眩惑，云朝廷尊崇濮王欲夺仁宗正统，故人情汹汹，及见手诏所行礼数，止于如此，皆以为朝廷处置合宜，遂更无异论。惟见"皇伯"之议者，犹以称亲为不然。而吕诲等已纳告敕，杜门不出，其势亦难中止。遂专指称亲为非。益肆其诬罔，言琦交结中官苏利涉、高居简，惑乱皇太后，致降手书。又专指臣修为首议之人，乞行诛戮以谢祖宗。其奏章正本进入，副本便与进奏官令传布。诲等既欲得罪以去，故每对见，所言悖慢，惟恐上不怒也。上亦数谕中书云，诲等遇人主，无复君臣之礼。然上圣性仁厚，不欲因濮王事逐言事官，故屈意含容，久之。至此，知其必不可留，犹数遣中使，还其告敕，就家宣召。既决不出，遂各止以本官除外任。盖濮园之议，自中书始初建请，以至称亲立庙，上未尝有一言欲如何追崇，但虚怀恭己，一付大臣与有司，而惟典礼是从尔。其不称"皇伯"欲称"皇考"，自是中书执议，上亦无所偏执。及诲等累论，久而不决者，盖以上性严重，不可轻回，谓已降手诏罢议，故称"伯"称"考"，一切置而不议尔，非意有所偏执也。上尝谕韩琦等云，昔汉宣帝即位八年，始议追尊皇考，昨中书所议，何太速也。以此见上意慎重，不敢轻议耳，岂欲过当追崇也。至于中书惟称号不敢用"皇伯"无稽之说，欲一遵典故耳。其他追崇礼数，皆未尝议及者，盖"皇伯""皇考"称呼犹未决而遽罢议，故未暇及追崇之礼也。其后所议，止于即园立庙而已，如诲等广引哀桓之事为厚诬者，皆未尝议及也。初，诲等既决必去之意，上屈意留之不可得，赵瞻者，在数人中尤为庸下，殊不识事体，遂扬言于人云："昨来官家但不曾下拜留我耳。"以此自夸有德色。而吕诲亦谓人曰："向若朝廷于台官所言事，十行得三四，使我辈遮羞，亦不至决去。"由是言之，朝廷于濮

## 第三章　荆公之时代（下）

议，岂有过举？逐台官岂是上本意？而诲等决去，岂专为濮议耶？士大夫但见诲等所诬之言，而不知濮事本末，不究诲等用心者，但谓以言被黜，便是忠臣，而争为之誉。果如诲等所料，诲等既果以此得虚名，而荐诲等者又欲因以取名。夫扬君之恶而彰己善，犹不可，况诬君以恶而买虚名哉？呜呼，使诲等心迹不露，而诬罔不明，先帝之志不谕于后世，臣等之罪也。故直书其实以备史官之采。

读欧公此文，则当时所谓清议者，其价值可以想见矣。彼建言者之意，不过欲借此以立名，但求因言得罪，则名愈高，其惟一之目的在是。而国家之利害，一切未尝介其胸也。故惟日日搜求好题目，居之以为奇货，稍有可乘，则摇唇鼓舌，盈廷不得志之徒，相与为表里；愚民无识，从而和之，势益汹汹。有抗之者，即指为奸邪，务钳人之口而后已。争之不得，则发愤而诬人私德，至谓韩魏公交结中官，谓欧阳公盗甥女，夷考当时攻韩、欧之言。曰："乱大伦，灭人理。"曰："含生之类发愤痛心。"曰："奸邪之人，希恩固宠，自为身谋，害义伤孝。"曰："百计搜求，务为巧饰，欺罔圣听，支吾言者。"夫韩、欧二公之立身事君，其大节昭昭在人耳目，曷尝有如言者所云云。使如所云云，则此二人之罪，不在施政之失宜，而在设心之不肖，是则真不可以立于天地间矣，而岂其然哉？若其不然，则攻之者之设心，又居何等也。夫濮议不过皇室私事耳，曾无与天下大计，即在皇室私事中，抑其细已甚。而当时所谓士大夫者，以沽名泄愤之故，推波助澜，无风作浪，不惜挠天下之耳目以集矢于一二任事之人。而况乎荆公之变法，其事业之重大而不适于庸众之耳目，有过此万万者乎，其一人狂吠而举国从而和之，固其所也。濮议之役，韩、欧所为，无丝毫悖于义理，既已若是，而言者犹指为乱伦灭理，希恩固宠，巧饰欺罔，则夫后此之以此等种种恶名加诸荆公者，其又可信耶？以琦之耿介，而得诬为交结宦寺；以修之高尚，而得诬为盗污孤甥，则凡后此所以诋荆公私德者，其又可信耶？区区之濮议，其是非可一言而决者，而有一孙固欲与彼等立异，章未上已群指为奸邪，则后此凡有为新法讼直者，一切指为奸邪，不当作如是观耶？濮议一案，以有欧公此文，其是非曲直，尚得略传于后，而熙丰新法，以荆公《熙宁日录》被毁，后世惟见一面之辞，于是乃千古如长夜矣，哀哉！

且尤有一事极当注意者，则治平间攻濮议之人，即熙宁间攻新法之人也。荆公初参政，而首以十事劾之者，实为吕诲。吕诲即于濮议时主持最坚，首纳告敕者也。攻新法最力者范镇、范纯仁。元祐初为执政以破坏新法者，司马光、吕大防。而镇、纯仁、光、大防，皆与诲为一气者也。彼等后此之攻新法，自以为有大不得已者存也。而后世读史者，亦以其为有大不得已者存也。夫濮议之役，在彼辈岂不亦自以为有大不得已者存耶？然按诸实际，则何如矣？

夫以当时朋党之见，如此其重；士大夫之竞于意气，如此其烈，为执政者，惟有实行乡愿主义，一事不办，阉然媚世，则庶可以自存。苟有所举措，无论为善为恶，皆足以供给彼辈题目，而使居之为奇货，如欧公《濮议》所云云者。而荆公乃毅然以一身负荷，取百年苟且相沿之法度而更张之，其丛天下之谤于一身，固其宜耳。夫范文正所改革者，不过裁恩荫之陋，严察吏之典，补苴时弊之一二事耳，然已盈廷讧之，仅三月而不安其位，亦幸而仁宗委任不专耳。使仁宗而能以神宗之待荆公者待范文正，则荆公之恶名，文正早尸之矣。故虽谓范文正为未成之荆公，荆公为已成之范文正可也。夫以当时之形势，其万不能不变法也既若彼，而以当时之风气，其万不能变法也又若此，吾于荆公，不得不敬其志而悲其遇也。

# 第四章　荆公之略传

宋太傅荆国王文公，讳安石，字介甫，临川人，今江西之抚州也。父益，母吴氏，以真宗天禧五年生公。幼随父宦韶州，十六岁随宦入京。十九岁丧父。二十一岁成进士，签淮南判官，实仁宗之庆历二年也。旧制：判官秩满，许献文求试馆职。公独否。二十七岁，调知鄞县，治鄞四年，秩满归。明年，通判舒州。中书札召试馆职，以祖母老家贫不赴。至和元年，年三十四，除集贤校理，不赴。嘉祐元年，年三十六，为群牧判官。明年，知常州。移提点江东刑狱。又明年，使还报命，上书仁宗言事。四年，提点江东刑狱。五年，召入为三司度支判官。六年，除知制诰，年四十一。凡知制诰三年。治平元年，年四十四，以母丧居江宁。四年，正月，英宗崩，神宗立。三月起公知江宁府。九月，除翰林学士。明年，为熙宁元年，公年四十八，四月，以翰林学士越次入对。熙宁二年二月，以公参知政事。四年，同中书门下平章事。七年，累疏乞解机务。六月，以观文殿学士知江宁府。八年，二月，复召为同中书门下平章事。六月，除尚书左仆射兼门下侍郎。九年十月罢，以使相判江宁府，时公年五十七。自熙宁元年入对后，执政凡九年，自是遂称病不复起。元丰元年，年五十八，特授开府仪同三司，封舒国公，领集禧观使。三年，授特进，改封荆国公。八年，三月，神宗崩，宣仁太后临朝，进公司空。明年，为元祐元年，四月，公薨，时年六十六，赠太傅。凡公罢相后居江宁又九年。绍圣中谥曰文公。

# 第五章　执政前之荆公（上）

古之天民者与大人者，必有其所养。观其所养，而其所树立可知也。观其所树立，而其所养可知也。荆公之德量气节事业文章，其卓越千古也若彼，则其所以养之者必素矣，吾故于其少年时代事实之有可考者略论次焉。

集中有《忆昨诗示诸外弟》一首，盖庆历三年由淮南判官乞假归省时作，读之而公少年之经历可概见也。诗曰：

忆昨此地相逢时，春入穷谷多芳菲。
短垣围围冠翠岭，踯躅万树红相围。
幽花媚草错杂出，黄蜂白蝶参差飞。
此时少壮自负恃，意气与日争光辉。
乘闲弄笔戏春色，脱落不省旁人讥。
坐欲持此博轩冕，肯言孔孟犹寒饥。
丙子从亲走京国，浮尘坌并缁人衣。
明年亲作建昌吏，四月挽船江上矶。
端居感慨忽自悟，青天闪烁无停晖。
男儿少壮不树立，挟此穷老将安归。
吟哦图书谢庆吊，坐室寂寞生伊威。

材疏命贱不自揣，欲与稷契遐相希。
旻天一朝畀以祸，先子泯没予谁依。
精神流离肝肺绝，眦血被面无时晞。
母兄呱呱泣相守，三载厌食钟山薇。
属闻降诏起群彦，遂自下国趋王畿。
刻章琢句献天子，钓取薄禄欢庭闱。
身着青衫手持版，奔走卒岁官淮沂。
淮沂无山四封庳，独有庙塔尤峨巍。
时时凭高一怅望，想见江南多翠微。
归心动荡不可抑，霍若猛吹翻旌旗。
腾书漕府私自列，仁者恻隐从其祈。
暮春三月乱江水，劲橹健帆如转机。
还家上堂拜祖母，奉手出涕纵横挥。
出门信马向何许，城郭宛然相识稀。
永怀前事不自适，却指舅馆排山扉。
当时髫儿戏我侧，于今冠佩何顾顾。
况复邱樊满秋色，蜂蝶摧藏花草腓。
令人感嗟千万绪，不忍仓卒回骖騑。
留当开樽强自慰，邀子剧饮毋予违。

此不啻公二十三岁以前自述之小传也，其天性孝友之纯笃，固盎然溢于楮墨间，而所谓"欲与稷契遐相希"者，盖自弱冠时而所志固已立矣。

荆公之学，不闻其所师授，盖身体力行，深造而自得之。而辅仁之友，则亦有焉。今刺取集中书序往还论学言志者次录之，其于公所养，可见一斑也。

　　夫君子有穷苦颠跌不肯一失诎己以从时者，不以时胜道也。故其得志于君，则变时而之道，若反手然，彼其术素修而志素定也。(《送孙正之序》)

　　予材性生古人下，学又不能力，又不得友以相镌切以入于道德，予其或者归而为涂之人而已耶。……自予之得通叔，然后知圣人户庭可策而入也。是不惟喻于其言而已，盖观其行而得焉者为多。(《李通叔哀辞》)

　　某愚不识事务之变，而独古人是信。闻古有尧舜也者，其道大中至正，常行之道也。得其书，闭门而读之，不知忧乐之存乎已也。穿贯上下，浸淫其中，小之为无间，大之为无涯岸，要将一穷之而已。(《上张太傅书》)

　　方今乱俗，在学士大夫，沉没利欲，以言相尚，不知自治而已。(《答曾子固书》)

　　天下之变故多矣，而古之君子，辞受取舍之方不一，彼皆内得于己，有以待物，而非有待于物也。非有待于物，故其迹时若可疑；有以待物，故其心未尝有悔也。若是者，岂以夫世之毁誉者概其心哉？若某者不足以望此，而私有志焉。(《答李资深书》)

　　学足乎己，则不有知于上，必有知于下；不有传于今，必有传于后。不幸而不见知于上下，而不传于今又不传于后，古之人犹不憾也。知我者其天乎。此乃《易》所谓知命也。命者非独贵贱死生尔，万物之废兴皆命也。孟子曰，君子行法以俟命而已。(《答史讽书》)

## 第五章　执政前之荆公（上）

夫君子之学，固有志于天下矣。然先吾身而后人，吾身治矣，而人之治不治，系吾得志与否耳。身犹属于命，天下之治，其可以不属于命乎？孔子曰："不知命无以为君子。"又曰："道之将行也与，命也；道之将废也与，命也。"孔子之说如此，而或者以为孔子之学汲汲以忧世者，惑也。惑于此而进退之行，不得于孔子者有之矣。……吾独以为圣人之心，未始有忧。有难予者曰："然则圣人忘天下矣？"曰："是不忘天下也。"否之象曰："君子以俭德避难，不可荣以禄。"初六曰："拔茅茹，以其汇，贞吉。"象曰："拔茅贞吉，志在君也。"在君者，不忘天下也。不可荣以禄者，知命也。吾虽不忘天下，而命不可必合，忧之其能合乎？……孔子所以极其说于知命不忧者，欲人知治乱有命，而进不可以苟，则先王之道得伸也。世有能谕知命之说而不能重进退者，由知及之仁不能守之也，始得足下文，特爱足下之才耳。既而见足下衣刓履缺，坐而语未尝及己之穷。退而询足下终岁食不荤，不以丝忽妄售于人。世之自立如足下者有几？吾以为知及之仁又能守之，故以某之所学报足下。（《与王逢原书》）

集中言论，似此者尚多，今不悉录，录其尤者，尝迹荆公一生立身事君之本末。进以礼，退以义，其早岁贫苦患难，曾不以撄其胸，能卓然自立，以穷极古今之学而致之用。其得君而以道易天下，致命遂志而不悔。其致为臣而归，则又澹然若与世相忘。记所谓素位而行，不愿乎外，无入而不自得者，公当之矣。及读此诸篇，然后知公之学，盖大有本原在。其大旨在知命，而又归于行法以俟命，故其生平高节畸行，乃纯任自然，非强而致。而功名事业，亦视为性分所固然，而不以一毫成败得失之见杂其间。此公之所以为公也。

公固守道自重，不汲汲于用世，而玉蕴山辉，不能自闷，贤士大夫，稍稍知之而乐称道之。其交公最早者，则曾巩也。巩与欧阳修书云：

> 巩之友有王安石者，文甚古，行称其文。虽已得科名，然居今知安石者尚少也。彼诚自重，不愿知于人。然如此人，古今不常有。今时所急，虽无常人千万，不害也。顾如安石，此不可失也。

而陈襄上荐士书，以之与胡瑗等并举，称其才性贤明，笃于古学，文辞政事，已著闻于时。皇祐三年，宰臣文彦博，遂以之与韩维共荐，于是有集贤院校理之命。嘉祐元年，欧阳修又以之与包拯、张环、吕公著三人共荐，称其学问文章，知名当世，守道不苟，自重其身，议论通明，兼有时才之用，所谓无施不可者。自是征辟屡至，然安于小吏，不肯就职，非故为恬退，亦有取于素位之义而已。

（考异一）《宋史》本传称曾巩携安石文示欧阳修，修为之延誉，擢进士上第。今按此妄语也。巩上修书，有先生使河北之语，其事在庆历六年。而公之成进士，在庆历四年，且书中明有已得科名之语，则公之得第非借揄扬甚明。《宋史》开口便诬，何以示信？

（考异二）本传又云：安石本楚士，未知名于中朝，以韩、吕二族为巨室，欲藉以取重，乃深与韩绛、绛弟维及吕公著三人交。三人更称扬之，名始盛。今按此又妄语也。陈襄

## 第五章　执政前之荆公（上）

当皇祐间，已称公文辞政事，著闻于时。欧阳公亦言学问文章，知名当世。而韩维者，则文潞公以之与公同荐者也；吕公著者，又欧阳公以之与公同荐者也。然则韩、吕安能重公？而公亦安藉韩、吕以为重哉？夫自皇祐以及熙宁二十年间，公声名满天下，若范文正公、富郑公、韩魏公、曾鲁公皆交相延誉，见于本集及其他记载者班班可考。而本传曾不道及，乃至并文、欧二公之荐剡而没之，一若有损诸君子知人之明者，徒曰藉韩、吕以为重而已，毁人者何所不用其极耶。吾所以哓哓辨此者，以公之名节高一世，即其没后，而反对党魁之温公，犹称道之（见下），今如《宋史》所记，则一干禄无耻之小人，而其居恒所谓知命守道者，皆饰说以欺人矣，此大有玷于公之人格，虽欲勿辨，乌得已也。

（**考异三**）荆公少年，交友甚少，曾子固称其不愿知于人，而公《答孙少述书》，亦言："某天禀疏介，生平所得，数人而已，兄素固知之。置此数人，复欲强数，指不可诎。"由此观之，公之寡交可见。而俗史乃有公与濂溪交涉一事，是又不可以不辨。罗景纶《鹤林玉露》云，荆公少年，不可一世士，独怀刺候濂溪，三及门而三辞焉。荆公恚曰："吾独不可自求诸六经乎？"乃不复见。度正撰《周濂溪年谱》云：嘉祐五年，先生年四十四，东归时，王介甫为江东提点刑狱，年三十九，已号通儒。先生遇之，与语连日夜。介甫退而精思，至忘寝食（此说本邢恕，恕程氏门人也）。今按此两说者，一言不见，一言已见，既相矛盾，岂荆公少年既恚其不得见，及年至四十，又及其门而求见耶？抑濂溪始焉三辞之不见，而继焉且复自往见之耶？一何可笑。不知两说皆妄也。考濂溪不过长荆公五岁，以为少年，则俱少年耳，即云荆公求友心切，亟欲见濂溪，而濂溪以彼此同在求学之时，何得妄自尊大若此？岂孔子之与孺悲耶？且濂溪既未见荆公，以一向学之少年，何由望名刺而知其不可与语？濂溪果若此，尚得为人耶？况按诸两家年谱，盖终身无遇合之地。濂溪以天禧元年生道州。天圣九年，年十五，父卒。从母入京师依舅氏。则自十五以前，皆在道州也。景祐四年，母卒，葬润州。康定元年，年二十四，起洪州分宁县主簿，始入江西。荆公生天禧五年，幼随父宦韶州，其《忆昨书》曰"丙子从亲走京国"，则年十六也。"明年亲作建昌吏"，则年十七至江宁矣。宝元二年，父卒，在江宁居丧，诗所谓"三载厌食钟山薇"也。庆历二年，年二十二，成进士，官淮南，而濂溪已先二年官分宁。是二人当少年时，未尝一日相值，罗氏之说，从何而来？嘉祐三年，荆公自常州移提点江东刑狱。四年，年三十九，五年五月，召入为三司度支判官，而濂溪于是年六月解合州签事归京师，则荆公已去江东，而年亦四十矣，以为二人相遇于江东，其年与地皆不合，而邢氏、度氏之说，从何而来？彼讲学之徒之造为此说者，欲借荆公以重濂溪耳。若夫濂溪之见不见，则何足为荆公轻重？而吾犹辨之不惮词费者，凡以见当时之所以诬诋荆公者，肆无忌惮，乃至毫无影响之事，而言之若凿凿焉，则其他之不可信，皆类是矣；而真事实之被抹煞而不可见者，又何限哉。

# 第六章　执政前之荆公（中）

　　世之论者，每以荆公早岁，屡征馆职，不赴，及其后除翰林学士，乃一召即应，谓其本热心富贵，前此不过矫情缴誉，待养望既久，一跃而致大位。呜呼，何其不考情实，而效舞文之吏，锻炼以入人罪耶？荆公之出处，其自审之固甚早且熟，用世固其本志也，然素位而行，又其学养之大原也。如谓薄馆职而不为，则州县小吏，其污贱更甚，而曷为安之？匪直安之，而且求之耶。徒以家贫亲老，不得不为禄仕，故不惜自污以行其心之所安云尔。及除学士时，则老母已逝，家计稍足以自赡，故遂应之而不辞，则所处者有以异乎前故也。故吾论荆公之立身，与其谓之似伯夷，毋宁谓之似柳下惠。而恶公者犹窃窃然议之，抑岂不过甚已哉。今刺取集中一二文以证吾言。

　　其皇祐三年《乞免就试状》云：

　　　准中书札子奉圣旨依前降指挥发来赴阙就试者，伏念臣祖母年老，先臣未葬，弟妹当嫁，家贫口众，难住京师，比尝以此自陈，乞不就试，慢废朝命，尚宜有罪，幸蒙宽赦，即赐听许。不图逊事之臣，更以臣为恬退，令臣无葬嫁奉养之急，而逡巡辞避，不敢当清要之选，虽曰恬退可也。今特以营私家之急，择利害而行，谓之恬退，非臣本意。兼臣罢县守阙,及今二年有余,老幼未尝宁宇,方欲就任,即令赴阙,实于私计有妨,伏望圣慈,察臣本意,止是营私,特寝召试指挥,且令终满外任。

此其初辞征召之作也,因文彦博荐公有恬退之语,故云云。前乎此者,有庆历七年《上相府书》,后乎此者,有至和元年《辞集贤校理状》二篇,嘉祐元年《上执政书》《上欧阳永叔书》,二年《上曾参政书》,三年《上富相公书》,其措词大率类此。非惟孝友之笃,溢于言表,其所以自处者,亦绰然不愧古人,而必以矫情目之,抑何好诬一至是耶?抑公之不卑小官为出于万不得已,更尝自言之矣,曰:

某不思其力之不任也,而惟孔子之学,操行之不得,取正于孔子焉而已。宦为吏,非志也,窃自比古之为贫者。(《答王该书》)

某常以今之仕进,为皆诎道而信身者,顾有不得已焉者。舍为仕进则无以自生,舍为仕进而求其所以自生,其诎道有甚焉,此固某之亦不得已焉者。独尝为进说以劝得已之士焉,得已而已焉者,未见其人也。(《答张几书》)

由此观之,则伊尹耕莘,遭遇成汤而后起者,公之志也。顾己不能,则公之所以自贬于流俗者既已多矣,而后之人犹窃窃焉议之,独何心哉?

孔子为委吏则求会计之当,为乘田则务牛羊之茁,惟公亦然。虽其心所不欲就者,夫既已就之矣,则忠于其职,而不肯以一毫苟且行之,此公之学所以为不欺也。公所至有治绩,而宰鄞时为尤著,本传称其起堤堰决陂塘，为水陆之利；贷谷与民，立息以偿，俾新陈相易，邑人便之。此即后此执政时农田水利、青苗诸法，而小试诸一邑者也。集中有《鄞县经游记》《上杜学士论开河书》《上运使孙司谏书》等，皆可见治鄞政绩之一斑，今不具录。明嘉靖间，陈九川之叙公文集也，曰："公尝令鄞邑，称循吏而庙食焉，民至今神之。"其系民去思数百年而未沫也若此，则公之道德政治，其有以致之矣。

荆公实行之人，非好言之人也，顾其执政以前之政论，亦往往散见集中。今录一二资观览焉，亦以见公之所怀抱也。其《与马运判书》云：

> 方今之所以穷空，不独费出之无节，又失所以生财之道故也。富其家者资之国，富其国者资之天下，欲富天下，则资之天地。盖为家者不为其子生财，有父之严而子富焉，则何求而不得。今阖门而与其子市，而门之外莫入焉，虽尽得子之财，犹不富也。盖近世之言利虽善矣，皆有国者资天下之术耳，直相市于门之内而已，此其所以困与。

呜呼，此其言，何其与今世经济学、财政学原理相吻合之甚耶？荆公理财之政策，具于是矣。而后世乃以聚敛之臣目之，抑何其与公之精神，适相反耶？集中尚有《议茶法》一篇，论榷茶之当废；有《上运使孙司谏书》一篇，言官卖盐之不可行。此则虽以今日之财政家，犹当采取者也，而论者乃以桑、孔之徒同类而并非之，何也？

有诗数章，亦自言其财政意见者，今录之：

> 先王有经制，颁布上所行。后世不复古，贫穷主兼并。
> 非民独如此，为国赖以成。筑台尊寡妇，入粟至公卿。我尝

不忍此，愿见井地平。大意苦未就，小官苟营营。三年佐荒州，市有弃饿婴。驾言发富藏，云以救鳏茕。崎岖山谷间，百室无一盈。乡豪已云然，罢弱安可生。兹地昔丰实，土沃人良耕。他州或咎瘠，贫富不难评。豳诗出周公，根本讵宜轻。愿书《七月》篇，一窥上聪明。（《发廪》）

三代子百姓，公私无异财。人主擅操柄，如天持斗魁。赋予皆自我，兼并乃奸回。奸回法有诛，势亦无自来。后世始倒持，黔首遂难裁。秦王不知此，更筑怀清台。礼义日已偷，圣经久埋埃。法尚有存者，欲言时所咍。俗吏不知方，掊克乃为材。俗儒不知变，兼并可无摧。利孔至百出，小人私阖开。有司与之争，民更可怜哉！（《兼并》）

婚丧孰不供，贷钱免尔萦。耕收孰不给，倾粟助之生。物赢我收之，物窘出使营。后世不务此，区区挫兼并。（《寓言》）

《发廪》《兼并》二首，其所持说，盖有近于今世所谓社会主义，其可行与否，次章别论之。其《寓言》一首，则后此青苗、均输诸法所本也。

其《省兵》一首云：

有客语省兵，省兵非所先。方今将不择，独以兵乘边。前攻已破散，后距方完坚。以众充彼寡，虽危犹幸全。将既非其才，议又不得专。兵少败孰继，胡来饮秦川。万一虽不尔，省兵当何缘？骄惰习已久，去归岂能田。不田亦不桑，衣食犹兵然。省兵岂无时，施置有后前。王功所由起，古有

## 第六章　执政前之荆公（中）

《七月》篇。百官勤俭慈，劳者已息肩。游民慕草野，岁熟不在天。择将付以职，省兵果有年。

此荆公对于当时兵政之意见也，其后执政，一一行之，如其言。其《材论》云：

> 天下之患，不患材之不众，患上之人不欲其众。不患士之不欲为，患上之人不使其为也。夫材之用，国之栋梁也，得之则安以荣，失之则亡以辱。然上之人不欲其众，不使其为者何也？是有三蔽焉。其尤蔽者，以为吾之位可以去辱绝危，终身无天下之患，材之得失，无补于治乱之数，故偃然肆吾之志，而卒入于败乱危辱。此一蔽也。又或以谓吾之爵禄富贵，足以诱天下之士，荣辱忧戚在我，吾可以坐骄天下之士，将无不趋我者，则亦卒入于败乱危辱而已。此亦一蔽也。又或不求所以养育取用之道，而諰諰然以为天下实无材，则亦卒入于败乱危辱而已。此亦一蔽也。此三蔽者，其为患则同，然而用心非不善而犹可以论其失者，独以天下为无材者耳。盖其心非不欲用天下之材，特未知其故也。且夫人之有材能者，其形何以异于人哉？惟其遇事而事治，划策而利害得，治国而国安利，此其所以异于人也。上之人苟不能精察之、审用之，则虽抱皋、夔、稷、契之智，且不能自异于众，况其下者乎？世之蔽者方曰："人之有异能于其身，犹锥之在囊，其末立见，故未有有其实而不可见者也。"此徒有见于锥之在囊，而固未睹夫马之在厩也。驽骥杂处，饮水食刍，嘶鸣蹄啮，求其所以异者蔑矣；及其引重车，取夷路，不

屡策，不烦御，一顿其辔而千里已至矣。当是之时，使驽马并驱，则虽倾轮绝勒，败筋伤骨，不舍昼夜而追之，辽乎其不可以及也。夫然后骐骥騕褭与驽骀别矣。古之人君知其如此，故不以天下为无材，尽其道以求而试之。试之之道，在当其所能而已。夫南越之修竿，簇以百炼之精金，羽以秋鹗之劲翮，加强弩之上，而矿之千步之外，虽有犀兕之悍，无不立穿而死者。此天下之利器，而决胜觌武之所宝也。然用以敲朴，则无以异于朽槁之梃。是知虽得天下之瑰材杰智，而用之不得其方，亦若此矣。古之人君知其如此，于是铢量其能而审处之，使大者小者长者短者强者弱者，无不适其任者焉。如是则士之愚蒙鄙陋者，皆能奋其所知以效小事，况其贤能智力卓荦者乎？呜呼，后之在位者，盖未尝求其说而试之以实也，而坐曰天下果无材，亦未之思而已矣。或曰："古之人于材，有以教育成就之，而子独言其求而用之者何也？"曰："天下法度未立之先，必先索天下之材而用之。如能用天下之材，则能复先王之法度；能复先王之法度，则天下之小事，无不如先王时矣，况教育成就人材之大者乎。"此吾所以独言求而用之之道也。（后略）

此公之政论言用人者也。
以上所录，不过公生平怀抱之一斑，然其后此之设施，固已略见矣。

# 第七章　执政前之荆公（下）

荆公于仁宗嘉祐三年，提点江东刑狱。使还报命，乃上书言事。此书虽谓公之政见宣言书可也，后世承学之士稍治国闻者，虑无不尝诵公此书。今不避习见，更全录之，略为疏解，备论古经世者省览焉。

臣愚不肖，蒙恩备使一路。今又蒙恩召还阙廷，有所任属，而当以使事归报陛下。不自知其无以称职，而敢缘使事之所及，冒言天下之事。伏惟陛下详思而择处其中，幸甚。窃观陛下有恭俭之德，有聪明睿智之才，夙兴夜寐，无一日之暇，声色狗马观游玩好之事，无纤介之蔽，而仁民爱物之意，孚于天下。而又公选天下之所愿以为辅相者属之以事，而不贰于谗邪倾巧之臣。此虽二帝三王之用心，不过如此而已。宜其家给人足，天下大治，而效不至于此，顾内则不能无以社稷为忧，外则不能无惧于夷狄，天下之财力日以困穷，而风俗日以衰坏，四方有志之士，偲偲然常恐天下之久不安。此其故何也？患在不知法度故也。今朝廷法严令具，无所不有，而臣以谓无法度者何哉？方今之法度，多不合乎先王之政故也。孟子曰："有仁心仁闻而泽不加于百姓者，为政不法于先王之道故也。"以孟子之说，观方今之失，正在于此而已。夫以今之世去先王之世远，所遭之变，所遇之势不一，而欲一一修先王之政，虽甚愚者犹知其难也。然臣以谓今之失患在不法先王之政者，以谓当法其意而已。夫二帝三王相去盖千有余载，一治一乱，其盛衰之时具矣。其所遭之变，所遇之势，亦各不同，其施设之方亦皆殊，而其为天下国家之意，本末先后，未尝不同也。臣故曰："当法其意而已。"法其意，则吾所改易更革，不至乎倾骇天下之耳目、嚣天下之口，而固已合乎先王之政矣。

（按）今世言政者，必曰法治国。夫国固未有舍法而能以为治者也。而中国儒者讳言之，惟以守祖宗成法自文。彼其所谓祖宗成法者何？袭前代之旧而已，前代又袭前代之旧而已，数千年来，一丘之貉，因陋就简，每下愈况。其以政治家闻于后者，不过就现有之法，综核名实而已。更上焉者，补苴罅漏而已。其一倡变法之议者，惟汉之董子，其言曰："若琴瑟不调甚者，必改弦而更张之，乃可鼓也。"似矣，夷考其条理，则仅在改正朔易服色。夫正朔服色之细故，必非有关于治道，甚易明也，故董子非真能变法之人。而汉武之志不及此，又无论也。自兹以往，则更未闻有人焉。能以制法之业毅然自任者也，盖由以至诚恻怛之心忧国家者。既旷世不一见，即或有之，而识不足以及此。彼其于国家之性质，盖未之知，曰国家者则君主而已，凡法度皆为君主而立也。夫使法度为君主而立，则以数千年霸者之所经验，固已日趋完备矣，其不必改弦而更张之也亦宜。呜呼，三代上勿具论，秦汉以后，其能知国家之性质，至诚恻怛以忧国家者，荆公一人而已。其忧之也既诚，痛心疾首于国家之淹滞而不进化，国民之憔悴而不发达，反复以求其故，若穷河源以达于星宿海。于是敢为一言以断之曰："患在不知法度故也。"

## 第七章　执政前之荆公（下）

呜呼，尽之矣！虽然，论者或以公之诵法先王也，则或疑之为保守家、理想家而不达于今世之务者。顾公不云乎："法先王者法其意而已。"以今世术语解之，则公之所谓"先王"，非具体的之先王，而抽象的之先王也。更质言之，则所谓"先王之意"者，政治上之大原理原则而已。夫公之变法，诚非欲以倾骇天下之耳目、嚣天下之口者，而竟骇焉嚣焉，则非公之罪矣。

虽然，以方今之世揆之，陛下虽欲改易更革天下之事，合于先王之意，其势必不能也。陛下有恭俭之德，有聪明睿智之才，有仁民爱物之意，诚加之意，则何为而不成，何欲而不得？然而臣顾以谓陛下虽欲改易更革天下之事合于先王之意，其势必不能者何也？以方今天下之人才不足故也。臣尝试窃观天下在位之人，未有乏于此时者也。夫人才乏于上，则有沉废伏匿在下而不为当时所知者矣。臣又求之于间巷草野之间，而亦未见其多焉，岂非陶冶而成之者非其道而然乎？臣以谓方今在位之人才不足者，以臣使事之所及，则可知矣。今以一路数千里之间，能推行朝廷之法令，知其所缓急，而一切能使民以修其职事者，甚少。而不才苟简贪鄙之人，至不可胜数。其能讲先王之意以合当时之变者，盖阖郡之间，往往而绝也。朝廷每一令下，其意虽善，在位者犹不能推行使膏泽加于民，而吏辄缘之为奸，以扰百姓。臣故曰：在位之人才不足，而草野间巷之间亦未见其多也。夫人才不足，则陛下虽欲改易更革天下之事，以合先王之意，大臣虽有能当陛下之意而欲领此者，九州之大，四海之远，孰能称陛下之旨以一二推行此而人人蒙其施者乎？臣故曰："其势必未能也。"孟子曰："徒法不能以自行。"非此之谓乎？然则方今之急，在于人才而已，诚能使天下之才众多，然后在位之才，可以择其人而取足焉。在位者得其才矣，然后稍视时势之可否，而因人情之患苦，变更天下之弊法，以趋先王之意甚易也。

（按）法治固急矣，然行法者人也，制法者亦人也，故公既以法度为本原，又以人才为本原之本原，夫法治国固以大多数之人民为元气者也。此公之意也。

今之天下，亦先王之天下，先王之时，人才尝众矣，何至于今而独不足乎？故曰陶冶而成之者非其道故也。商之时，天下尝大乱矣，在位贪毒祸败，皆非其人。及文王之起，而天下之才尝少矣，当是时，文王能陶冶天下之士而使之皆有士君子之才，然后随其才之所有而官使之。《诗》曰："岂弟君子，遐不作人。"此之谓也。及其成也，微贱兔罝之人，犹莫不好德。《兔罝》之诗是也，又况于在位之人乎？夫文王惟能如此，故以征则服，以守则治。《诗》曰："奉璋峨峨，髦士攸宜。"又曰："周王于迈，六师及之。"言文王所用文武各得其材而无废事也。及至夷厉之乱，天下之才又尝少矣。至宣王之起，所与图天下之事者，仲山甫而已。故诗人叹之曰："德輶如毛，维仲山甫举之，爱莫助之。"盖闵人士之少，而山甫之无助也。宣王能用仲山甫，推其类以新美天下之士，而后人才复众。于是内修政事，外讨不庭，而复有文武之境土。故诗人美之曰："薄言采芑，于彼新田，于此菑亩。"言宣王能新美天下之士，使之有可用之才，如农夫新美其田，而使之有可采之艺也。由此观之，人之才未尝不自人主陶冶而成之者也。

（按）是说也，近世曾文正公宗之而加引申焉，其言曰："今之君子之在势者，辄曰'天下无才'。彼自尸于高明之地，不克以己之所向转移习俗，而翻谢曰'无才'，谓之不诬可乎。十室之邑，有好义之士，其智足以移十人者，必能拔十人中之尤者而才之。其智足以移百人者，必能择百人中之尤者而才之。然则转移习俗而陶铸一世之人，非特处高明之地者然也。凡一命之上，皆与有责焉者也。"其言更博深切明矣。顾公之此论，独以陶冶之责归诸人主何也？非徒以其所与语者为人主而已，私人陶冶之范围狭而人主则广，私人陶冶之效力缓而人主则疾，故不居高明之位而勉其责云者，不得已而思其次耳，慰情聊胜于无耳。若夫欲发扬一国之人才而挟之以趋，道固莫有捷于开明专制者，此俾斯麦所造于德国者如彼，而曾文正所造于中国者仅如此也。

所谓陶冶而成之者何也？亦教之养之取之任之有其道而已。所谓教之之道何也？古者天子诸侯，自国至于乡党，皆有学，博置教导之官而严其选，朝廷礼乐政刑之事，皆在于学。士所观而习者，皆先王之法言德行治天下之意，其材亦可以为天下国家之用。苟不可以为天下国家之用，则不教也；苟可以为天下国家之用者，则无不在于学。此教之之道也。所谓养之之道何也？饶之以财，约之以礼，裁之以法也。何谓饶之以财？人之情，不足于财，则贪鄙苟得，无所不至。先王知其如此，故其制禄，自庶人之在官者，其禄已足以代其耕矣，由此等而上之，每有加焉，使其足以养廉耻而离于贪鄙之行。犹以为未也，又推其禄以及其子孙，谓之"世禄"，使其生也。既于父母兄弟妻子之养，婚姻朋友之接，皆无憾矣；其死也，又于子孙无不足之忧焉。何谓约之以礼？人情足于财而无礼以节之，则又放辟邪侈，无所不至。先王知其如此，故为之制度婚丧祭养燕享之事，服食器用之物，皆以命数为之节，而齐之以律度量衡之法。其命可以为之而财不足以具。则弗具也；其财可以具而命不得为之者，不使有铢两分寸之加焉。何谓裁之以法？先王于天下之士，教之以道艺矣，不帅教则待之以屏弃远方终身不齿之法；约之以礼矣，不循礼则待之以流杀之法。《王制》曰："变衣服者其君流。"《酒诰》曰："厥或诰曰，群饮，汝勿佚，尽执拘以归于周，予其杀。"夫群饮变衣服，小罪也；流杀，大刑也。加小罪以大刑，先王所以忍而不疑者，以为不如是不足以一天下之俗而成吾治。夫约之以礼，裁之以法，天下所以服从无抵冒者，又非独其禁严而治察之所能致也，盖亦以吾至诚恻怛之心力行而为之倡。凡在左右通贵之人，皆顺上之欲而服行之，有一不帅者，法之加必自此始。夫上以至诚行之，而贵者知避上之所恶矣，则天下之不罚而止者众矣，故曰此养之之道也。所谓取之之道者何也？先王之取人也，必于乡党，必于庠序，使众人推其所谓贤能书之，以告于上而察之，诚贤能也，然后随其德之大小、才之高下而官使之。所谓察之者，非专用耳目之聪明，而听私于一人之口也。欲审知其德问以行，欲审知其才问以言，得其言行，则试之以事。所谓察之者，试之以事是也。虽尧之用舜，不过如此而已，又况其下乎？若夫九州之大，四海之远，万官亿丑之贱，所须士夫之才则众矣，有天下者又不可以一一自察之也，又不

## 第七章　执政前之荆公（下）

可偏属于一人而使之于一日二日之间试其能行而进退之也。盖吾已能察其才行之大者，以为大官矣，因使之取其类，以持久试之，而考其能者以告于上，而后以爵命禄秩予之而已。此取之之道也。所谓任之之道者何也？人之才德，高下厚薄不同，其所任有宜有不宜，先王知其如此，故知农者以为后稷，知工者以为共工，其德厚而才高者以为之长，德薄而才下者以为之佐属。又以久于其职，则上狃习而知其事，下服驯而安其教，贤者则其功可以至于成，不肖者则其罪可以至于著，故久其任而待之以考绩之法。夫如此，故智能才力之士，则得尽其智以赴功，而不患其事之不终，其功之不就也；偷惰苟且之人，虽欲取容于一时，而顾戮辱在其后，安敢不勉乎；若夫无能之人，固知辞避而去矣，居职任事之日久，不胜任之罪，不可以幸而免故也，彼且不敢冒而知辞避矣，尚何有比周谗谄争进之人乎。取之既已详，使之既已当，处之既已久，至其任之也又专焉，而不一一以法束缚之，而使之得行其意。尧舜之所以理百官而熙众工者，以此而已。《书》曰："三载考绩，三考黜陟幽明"，此之谓也。然尧舜之时，其所黜者则闻之矣，盖"四凶"是也；其所陟者，则皋、陶、稷、契，皆终身一官而不徙。盖其所谓陟者，特加之爵命禄赐而已耳，此任之之道也。夫教之养之取之任之之道如此，而当时人君，又能与其大臣，悉其耳目心力，至诚恻怛思念而行之，此其人臣之所以无疑，而于天下国家之事，无所欲为而不得也。

（按）公所言教育之当兴官吏之当久任等，稍知治体者盖不能持异说，无俟发明。独其论裁之以法，而引加小罪以大刑，则有疑其持申商之术操之过切者，则甚矣其暗于政治之原理也。夫国家之对于人民，有命令服从之关系者也，其统治权至尊无上而不可抗者也，非惟专制国有然，即立宪国亦有然。夫苟不可行者则勿著为令已耳，既著为令而可以不行，则是渎国家之神圣也。后此元祐诸君子，以阻挠新法贬谪迁徙，而积怨发愤于荆公，曾亦思管子之治齐也，曰："亏令者死，益令者死，不行令者死，留令者死，不从令者死。"荆公之所以失败，正坐姑息，不能践此书之言而已。

  方今州县虽有学，取墙壁具而已，非有教导之官长育人才之事也。唯太学有教导之官，而亦未尝严其选，朝廷礼乐刑政之事，未尝在于学；学者亦漠然自以礼乐刑政为有司之事，而非已所当知也。学者之所教，讲说章句而已。讲说章句，固非古者教人之道也。近岁乃始教之以课试之文章，夫课试之文章，非博诵强学穷日之力则不能，及其能工也，大则不足以用天下国家，小则不足以为天下国家之用。故虽白首于庠序，穷日之力以帅上之教，乃使之从政，则茫然不知其方者，皆是也。盖今之教者，非特不能成人之才而已，又从而困苦毁坏之。使不得成材者，何也？夫人之才，成于专而毁于杂，故先王之处民才，处工于官府，处农于畎亩，处商贾于肆，而处士于庠序。使各专其业，而不见异物，惧异物之足以害其业也。所谓士者，又非特使之不得见异物而已，一示之以先王之道，而百家诸子之异说，皆屏之而莫敢习者焉。今士之所宜学者，天下国家之用也，今悉使置之不教，而教之以课试之文章，使其耗精疲神穷日之力以从事于此。及其任之以官也，则又悉使置之，而责之以天下国家之事。夫古之人，以朝夕专其业于天下国家之事，而犹才有能有不能，今乃移其精神夺其日力，以朝夕从事于无补之学，及其任之以事，然后卒然责之以为天下国家之用，宜其才之足以有为者少矣。臣故曰非特不能成人之才，又从而困苦毁坏之使不得成材也。

（按）后之论者，或以八股取士滥觞荆公，而因以为罪，噫抑何其诬公之甚耶！夫公以谓养士必于学校，其言明白如此，其初政犹不废制举者，则学校未普及时，势不得不然也。此于下方更论之。

又有甚害者，先王之时，士之所学者，文武之道也。士之才有可以为公卿大夫，有可以为士，其才之大小宜不宜则有矣。至于武事，则随其才之大小，未有不学者也。故其大者，居则为六官之卿，出则为六军之将也。其次则比闾族党之师，亦皆卒两师旅之帅也。故边疆宿卫，皆得士大夫为之，而小人不得奸其任。今之学者，以为文武异事，吾知治文事而已，至于边疆宿卫之任，则推而属之于卒伍，往往天下奸悍无赖之人，苟其才行足以自托于乡里者，亦未有肯去亲戚而从召募也。边疆宿卫此乃天下之重任，而人主之所当慎重者也。故古者教士以射御为急，其他技能，则视其人才之所宜而后教之，其才之所不能则不强也。至于射，则为男子之事，人之生有疾则已，苟无疾，未有去射而不学者也。在庠序之间，固当从事于射也，有宾客之事则以射，有祭祀之事则以射，别士之行同能偶则以射，于礼乐之事，未尝不寓以射，而射亦未尝不在于礼乐祭祀之间也。《易》曰："弧矢之利以威天下。"先王岂以射为可以习揖让之仪而已乎。固以为射者武事之尤大，而威天下守国家之具也，居则以是习礼乐，出则以是从战伐。士既朝夕从事于此而能者众，则边疆宿卫之任，皆可以择而取也。夫士尝学先王之道，其行义尝见推于乡党矣，然后因其才而托之以边疆宿卫之事，此古之人君，所以推干戈以属之人，而无内外之虞也。今乃以天下之重任，人主所当至慎之选，推而属之奸悍无赖才行不足自托于乡里之人，此方今所以愬愬然常抱边疆之忧，而虞宿卫之不足恃以为安也。今孰不知边疆宿卫之士不足恃以为安哉？顾以为天下学士，以执兵为耻，而亦未有能骑射行陈之事者，则非召募之卒伍，孰能任其事者乎？夫不严其教、高其选，则士之以执兵为耻，而未尝有能骑射行陈之事，因其理也。凡此皆教之非其道故也。

（按）此公所持国民皆兵之主义，今世东西诸国罔不由此道以致强。而我中国自秦汉迄今二千年，前夫公者、后夫公者，无一人能见及者也。而其导国民以尚武也，必在于学校，与今世学校之特重体育者，又何其相吻合耶。中国之贱兵久矣，而自宋以还，其贱弥甚，在募兵制度之下，而欲兵之不贱，是适燕而南其辕也。夫公所谓以天下重任属之奸悍无赖才行不足自托于乡里之人，而天下学士以执兵为耻者，今犹昔也。世无荆公，而一洒此痼在何日哉。

方今制禄，大抵皆薄，自非朝廷侍从之列，食口稍众，未有不兼农商之利而能充其养者也。其下州县之吏，一月所得，多者钱八九千，少者四五千。以守选待除守阙通之，盖六七年而后得三年之禄，计一月所得，乃实不能四五千，少者乃实不能及三四千而已。虽厮养之给，亦窘于此矣，而其养生丧死婚姻葬送之事，皆当于此。夫出中人之上者，虽穷而不失为君子；出中人之下者，虽泰而不失为小人；唯中人不然，穷则为小人，泰则为君子。计天下之士，出中人之上下者，千百而无十一，穷而为小人泰而为君子者，则天下皆是也。先王以为众不可以力胜也，故制行不以己，而以中人为制，所以因其欲而利道之，以为中人之所能守，则其志可以行于天下而推之后世。以今之制禄，而欲士之无毁廉耻，盖中人之所不能也。故今官大者，往往交赂遗营资产以负贪污之毁；官小者，贩鬻乞丐无所不为。夫士已尝毁廉耻以负累于世矣，则其偷惰取容之意起，而矜奋自强之心息，则职业安得而不弛，治道何从而兴乎？又况委法受赂侵牟百姓者，往往而是也，此所谓不能饶之以财也。婚丧奉养服食器用之物，皆无制度以为之节，而天下以奢为荣，以俭为耻，苟其财之可以具，则无所为而不得。有司既不禁，而人又以此为荣，苟其财不足而不能自称于流俗，则其婚丧之际，往往得罪于族人亲姻，而人以为耻矣。故富者贪而不知止，贫者则强勉其不足以追之，此士之所以重困，而廉耻之心毁也，凡此所谓不能约之以礼也。方今陛下躬行俭约以率天下，此左右通贵之臣所亲见，然而其闱门之内，奢靡无节，犯上之所恶以伤天下之教者，有已甚者矣，未闻朝廷有所放绌以示天下，昔周人之拘群饮而被之以杀刑者，以为酒之末流生害有至于死者众矣，故重禁其祸之所自生。重禁祸之所自生，故其施刑极省，而人之抵于祸败者少矣。今朝廷之法，所尤重者独贪吏耳。重禁贪吏而轻奢靡之法，此所谓禁其末而弛其本。然而世之议者，以为方今官冗，而县官财用已不足以供之。其亦蔽于理矣，今之入官诚冗矣，然而前世置员盖甚少，而赋禄又如此之薄，则财用之所不足，盖亦有说矣，吏禄岂足计哉。臣于财利固未尝学，然窃观前世治财之大略矣，盖因天下之力以生天下之财，取天下之财以供天下之费。自古治世，未尝以财不足为天下之公患也，患在治财无其道耳，今天下不见兵革之具，而元元安土乐业，人致己力以生天下之财，然而公私常以困穷为患者，殆以理财未得其道，而有司不能度世之宜而通其变耳。诚能理财以其道而通其变，臣虽愚，固知增吏禄不足以伤经费也。

（按）孔子言重禄所以劝士，后世之论政者，盖亦无不知此之为急。然有难者焉，其一则增吏禄足以伤经费之说也。公固已辨之矣。公之财政意见，此书未及，但其言"因天下之力以生天下之财，取天下之财以供天下之费"，则斯学之原理，具于是矣。凡古今中外之国，无论何国，无论何代，其官俸不过居国家总岁出中百分之三四耳，苟理财得其道，则此百分之三四者，比例而增之，庸足为病？不得其道，则虽并此百分之三四者而裁之，而曾何足以苏司农之涸也。公所谓"增吏禄不足以伤经费"，诚知治之言也。尚有一说，则曰禄虽增犹不足以止贪，彼大张苞苴之门以紊官常者，非受薄禄者而受厚禄者也。此说也，证诸今日之军机大臣督抚而信，证诸优差之局员而信，吾似无以为难也。虽然，使仅优其禄而无法度以督责于其后，则诚如论者所云云矣。故荆公于"饶之以财"之后，而复言"约之以礼""裁之以法"也。然使徒有法度以督责于其后，而廪之者不足以为赡，则法度亦虚文而已。夫有一良法美意于此，必有他之良法美意焉。与之相待而相维系，灭裂而不成体段，虽锦绣亦为天吴而已。夫以我国近数年来增一部分之吏禄，则匪惟足以伤经费，且长奔竞而使人心士习日趣于敝矣。然岂足以为前贤立言之病哉？

（又按）侈靡之戒，古有常训。而近世之人，或见今之欧美，其奢弥甚，而其国与民弥富，则以为奢非恶德者有焉。嘻，甚矣其谬也！凡一国之经济，必母财富然后其子财得以增殖。而奢也者，所以蚀其财而使不得为母者也。故奢也者，亡国之道也。今之欧美，以富而始奢，非以奢而致富。然既有如杜少陵所谓"朱门酒肉臭，路有冻死骨"者，其大多数人之穷困，则奢焉者之朘之而已。而社会问题遂为今日欧美之大患，其将来之决裂，未知所届，今凡稍有识者，未尝不惴惴也。而犹曰"奢不为病"何也？荆公之说，欲立法以惩奢，其事固不可行，然其意则固有当采者矣。

方今法严令具，所以罗天下之士，可谓密矣。然而亦尝教之以道艺，而有不帅教之刑以待之乎？亦尝约之以制度，而有不循理之刑以待之乎？亦尝任之以职事，而有不任事之刑以待之乎？夫不先教之以道艺，诚不可以诛其不帅教；不先约之以制度，诚不可以诛其不循理；不先任之以职事，诚不可以诛其不任事。此三者，先王之法所尤急也。今皆不可得诛，而薄物细故，非害治之急者，为之法禁，月异而岁不同。为吏者至于不可胜记，又况能一一避之而无犯者乎？此法令所以玩而不行，小人有幸而免者，君子有不幸而及者焉。此所谓不能裁之以刑也。凡此皆治之非其道也。

（按）官僚政治，其果足称良政治乎？是非吾所敢言。然近世自士达因以治普鲁士行之而大效，俾斯麦踵之以推及于德意志而益效，各国始渐渐慕之。而我中国者，则二千年来舍官僚之外，无政治者也。而其

053

敝既若此，岂官僚政治之绝对的不可任耶？士达因之治普也，所以训练督责其官僚者，如将帅之训练督责其校卒也。是故有整齐严肃之气，而收使臂使指之效。夫整齐严肃者，官僚政治之特长也，而所以致之者必有道，荆公其知之矣。

方今取士，强记博诵而略通于文辞，谓之"茂才异等贤良方正"。茂才异等贤良方正者，公卿之选也。记不必强，诵不必博，略通于文辞，而又尝学诗赋，则谓之"进士"。进士之高者，亦公卿之选也。夫此二科所得之技能，不足以为公卿，不待论而后可知。而世之议者，乃以为吾常以此取天下之士，而才之可以为公卿者常出于此，不必法古之取人而后得士也。其亦蔽于理矣。先王之时，尽所以取人之道，犹惧贤者之难进，而不肖者之杂于其间也。今悉废先王所以取士之道，而驱天下之才士，悉使为贤良进士，则士之才可以为公卿者，固宜为贤良进士。而贤良进士，亦固宜有时而得才之可以为公卿者也。然而不肖者，苟能雕虫篆刻之学，以此进至乎公卿，才之可以为公卿者，困于无补之学，而以此绌死于岩野，盖十八九矣。夫古之人有天下者，其所以慎择者公卿而已。公卿既得其人，因使推其类以聚于朝廷，则百司庶物，无不得其人也。今使不肖之人，幸而至乎公卿，因得推其类聚之朝廷，此朝廷所以多不肖之人，而虽有贤智，往往困于无助，不得行其意也。且公卿之不肖，既推其类以聚于朝廷；朝廷之不肖，又推其类以备四方之任使；四方之任使者，又各推其不肖以布于州郡，则虽有同罪举官之科，岂足恃哉？适足以为不肖者之资而已。其次九经五经学究明法之科，朝廷固已尝患其无用于世，而稍

## 第七章　执政前之荆公（下）

责之以大义矣。然大义之所得，未有以贤于故也。今朝廷又开明经之选，以进经术之士。然明经之所取，亦记诵而略通于文辞者则得之矣。彼通先王之意而可以施于天下国家之用者，顾未必得与于此选也。其次则恩泽子弟，庠序不教之以道艺、官司不考问其才能，父兄不保任其行义，而朝廷辄以官予之，而任之以事。武王数纣之罪，则曰"官人以世"。夫官人以世而不计其才行，此乃纣之所以乱亡之道，而治世之所无也。又其次曰"流外"，朝廷固已挤之于廉耻之外，而限其进取之路矣。顾属以州县之事，使之临士民之上，岂所谓以贤治不肖者乎？以臣使事之所及，一路数千里之间，州县之吏出于流外者，往往而有，可属任以事者殆无二三。而当防闲其奸者皆是也。盖古者有贤不肖之分，而无流品之别，故孔子之圣而尝为季氏吏，盖虽为吏而亦不害其为公卿。及后世有流品之别，则凡在流外者，其所成立固尝自置于廉耻之外，而无高人之意矣。夫以近世风俗之流靡，自虽士大夫之才，势足以进取，而朝廷尝奖之以礼义者，晚节末路，往往怵而为奸，况又其素所成立无高人之意，而朝廷固已挤之于廉耻之外，限其进取者乎？其临人亲职，放辟邪侈，固其理也。至于边疆宿卫之选，则臣固已言其失矣。凡此皆取之非其道也。

（按）科举取士之制，荆公所绝对排斥者也。读此书而有以知其然矣。其变诗赋而用经义也，乃其一时之权法而非以为安也。其熙宁初《乞改科条制札子》云："伏以古之取士，皆本于学校，故道德一于上，而习俗成于下，其人材皆足以有为于世。自先王之泽竭，教养之法无所本，士虽有美材而无学校师友以成就之，议者之所患也。今欲追复古制以革其弊，则患于无渐，宜先除去声病对偶之文，使学者得以专意经义，以俟朝廷兴建学校，讲求三代所以教育选举之法施于天下。"合此两文读之，公之意不已较然可见也耶？而后世动以八股之毒天下府罪于荆公，何其诬也！

　　方今取之既不以其道，至于任之又不问其德之所宜，而问其出身之后先；不论其才之称否，而论其历任之多少。以文学进者且使之治财；已使之治财矣，又转而使之典狱；已使之典狱矣，又转而使之治礼。是则一人之身，而责之以百官之所能备，宜其人才之难为也。夫责人以其所难为，则人之所能为者少矣；人之能为者少，则相率而不为。故使之典礼，未尝以不知礼为忧。以今之典礼者未尝学礼故也。使之典狱，未尝以不知狱为耻，以今之典狱者未尝学狱故也。天下之人，亦以渐渍于失教，被服于成俗，见朝廷有所任使，非其资序，则相议而讪之。至于任使之不当其才，未尝有非之者也，且在位者数徙，则不得久于其官。故上不能狃习而知其事，下不肯服驯而安其教，贤者则其功不可以及于成，不肖者则其罪不可以至于著。若夫迎新将故之劳，缘绝簿书之弊，固其害之小者不足悉数也。设官大抵皆当久于其任，而至于所部者远，所任者重，则尤宜久于其官，而后可以责其有为。而方今尤不得久于其官，往往数日辄迁之矣。取之既已不详，使之既已不当，处之既已不久，至于任之则又不专，而又一一以法束缚之，不得行其意；臣故知当今在位多非其人，稍假借之权而不一一以法束缚之，则放恣而无不为。虽然，在位非其人，而恃法以为治，自古及今，未有能治者也。即使在位皆得其人矣，而一一以法束缚之，不使之得行其意，亦自古及今，未有能治者也。夫取之既已不详，使之既已不当，处之既已不久，任之又不专，而又一一以法束缚之，故虽贤者在位，能者在职，与不肖而无能者殆无以异。夫如此，故朝廷明知其贤能足以任事，苟非其资序，则不以任事而辄进之。虽进之，士犹不服也。明知其无能而不肖，苟非有罪为在事者所劾，不敢以其不胜任而辄退之。虽退之，士犹不服也。彼诚不肖无能，然而士不服者何也？以所谓贤能者任其事，与不肖而无能者，亦无以异故也。臣前以为不能任人以职事，而无不任事之刑以待之者，盖谓此也。夫教之养之取之任之有一非其道，则足以败天下之人才，又况兼此四者而有之，则在位不才苟简贪鄙之人，至于不可胜数，而草野闾巷之间，亦少可任之才，固不足怪。《诗》曰："国虽靡止，或圣或否。民虽靡膴，或哲或谋，或肃或艾。如彼流泉，无沦胥以败。"此之谓也。

（按）此其言，何其与今日官僚社会之情状无铢黍之异耶？昔西人有读马可波罗之游记，见所绘罗盘针图，谓此物自中国发明而欧人袭之，其式已视马图精百倍。彼创之之地，历数百年，其改良当更不知何若。乃游中国适市而购一具，视之则与马氏所图曾无异毫发也。乃嗒然而退。吾观今日之政治，而不能不有感于公之斯文。

夫在位之人才不足矣，而闾巷草野之间，亦少可用之才，则岂特行先王之政而不得也。社稷之托，封疆之守，陛下其能久以天幸为常而无一旦之忧乎？盖汉之张角，三十六万同日而起，所在郡国，莫能发其谋；唐之黄巢，横行天下，而所至将吏，无敢与之抗者，汉唐之所以亡，祸自此始。唐既亡矣，陵夷以至五代，而武夫用事，贤者伏匿，消沮而不见，在位无复有知君臣之义，上下之礼者也。当是之时，变置社稷，盖甚于弈棋之易。而元元肝脑涂地，幸而不转死于沟壑者无几耳！夫人才不足，其患盖如此，而方今公卿大夫，莫肯为陛下长虑后顾。为宗庙万世计，臣窃惑之。昔晋武帝趣过目前而不为子孙长远之谋，当时在位，亦皆偷合苟容，而风俗荡然。弃礼义，捐法制，上下同失，莫以为非，有识固知其将必乱矣。而其后果海内大扰，中国列于夷狄者二百余年。伏惟三庙祖宗神灵所以付属陛下，固将为万世血食，而大庇元元于无穷也。臣愿陛下鉴汉唐五代之所以乱亡，惩晋武苟且因循之祸，明诏大臣，思所以陶成天下之才，虑之以谋，计之以数，为之以渐，期为合于当世之变，而无负于先王之意，则天下之人才不胜用矣。人才不胜用，则陛下何求而不得，何欲而不成哉？

（按）文之切直而沉痛，至此蔑以加矣！当举国酣醉于太平之日，而乃为此无忌讳之言，虽贾生之痛哭流涕，何以过之？而惜乎仁宗之不寤也！

夫虑之以谋，计之以数，为之以渐，则成天下之才甚易也。臣始读《孟子》，见孟子言王政之易行，心则以为诚然。及见与慎子论齐鲁之地，以为先王之制国，大抵不过百里者，以为今有王者起，则凡诸侯之地或千里或五百里，皆将损之至于数十百里而后止。于是疑孟子虽贤，其仁智足以一天下，亦安能毋劫之以兵革，而使数百千里之强国，一旦肯损其地之十八九，比于先王之诸侯？至其后观汉武帝用主父偃之策，令诸侯王地悉得推恩封其子弟，而汉亲临定其号名，辄别属汉，于是诸侯王之子弟，各有分土，而势强地大者，卒以分析弱小，然后知虑之以谋，计之以数，为之以渐，则大者固可使小，强者固可使弱，而不至乎倾骇变乱败伤之衅。孟子之言不为过，又况今欲改易更革，其势非若孟子所为之难也。臣故曰："虑之以谋，计之以数，为之以渐，则其为甚易也。"然先王之为天下，不患人之不为，而患人之不能；不患人之不能，而患己之不勉。何谓不患人之不为，而患人之不能？人之情所愿得者，善行、美名、尊爵、厚利也，而先王能操之以临天下之士，天下之士能遵之以治者，则悉以其所愿得者以与之。士不能则已矣，苟能，则孰肯舍其所愿得而不自勉以为才？故曰"不患人之不为，而患人之不能"。何谓"不患人之不能，而患己之不勉"？先王之法，所以待人者尽美，自非下愚不可移之才，未有不能赴也。然而不谋之以至诚恻怛之心力行而先之，未有能以至诚恻怛之心力行而应之者也。故曰"不患人之不能，而患己之不勉"。陛下诚有意乎成天下之才，则臣愿陛下勉之而已。臣又观朝廷异时欲有所施为变革，其始计利害未尝不熟也。顾有一流俗侥幸之人，不悦而非之，则遂止而不敢。夫法度立则人无独蒙其幸者，故先王之政，虽足以利天下，而当其承弊坏之后侥幸之时，其创法立制，未尝不艰难也。使其创法立制，而天下侥幸之人，亦顺悦以趋之，无有龃龉，则先王之法，至今存而不废矣。惟其创法立制之艰难，而侥幸之人不肯顺悦而趋之，故古之人欲有所为，未尝不先之以征诛而后得其意。《诗》曰："是伐是肆，是绝是忽，四方以无拂。"此言文王先征诛而后得意于天下也。夫先王欲立法度以变衰坏之俗而成人之才，虽有征诛之难,犹忍而为之,以为不若是不可以有为也。及至孔子,以匹夫游诸侯。所至则使其君臣捐所习,逆所顺,强所劣,憧憧如也,卒困于排逐。然孔子亦终不为之变,以为不如是不可以有为,此其所守盖与文王同意。夫在上之圣人莫如文王,在下之圣人莫如孔子,而欲有所施为变革,则其事盖如此矣。今有天下之势,居先王之位,创立法制,非有征诛之难也,虽有侥幸之人不悦而非之,固不胜天下顺悦之人众也。然而一有流俗侥幸不悦之言,则遂止而不敢为者,惑也。陛下诚有意乎成天下之才,则臣又愿断之而已。夫虑之以谋,计之以数,为之以渐,而又勉之以成,断之以果,然而犹不能成天下之才,则以臣所闻盖未有也。

(按)读此则夫公后此之执政,其见掎龁于流俗也。公固计之夙矣,其百折而不悔,则公之能践其言也。惜乎仁宗之不足以语于此也!夫以范文正之执政,所变革者不过二三节目而已。然犹以不见容于侥幸之人,仅三月而去其位。仁宗之优柔寡断,盖可知矣。而公则虽不听而反复言之,岂所谓齐人莫如我敬王者耶!

然臣之所称,流俗之所不讲,而今之议者,以谓迂阔而熟烂者也。窃观近世士大夫所欲悉心力耳目以补助朝廷者有矣。彼其意非一切利害,则以为当世所能行者,士大夫既以此希世,而朝廷所取于天下之士,亦不过如此。至于大伦大法礼义之际,先王之所力学而守者,盖不及也。一有及此,则群聚而笑之以为迂阔。今朝廷悉心于一切之利害,有司法令(脱字)于刀笔之间,非一日也,然其效可观矣。则夫所谓迂阔

## 第七章　执政前之荆公（下）

而熟烂者，惟陛下亦可以少留神而察之矣。昔唐太宗贞观之初，人人异论，如封德彝之徒，皆以为非杂用秦汉之政，不足以为天下，能思先王之事开太宗者，魏文正公一人尔。其所施设，虽未能尽当先王之意，抑其大略可谓合矣。故能以数年之间，而天下几致刑措，中国安宁，蛮夷顺服，自三王以来，未有如此盛时也。唐太宗之初，天下之俗，犹今之世也，魏文正公之言，固当时所谓迂阔而熟烂者也。然其效如此。贾谊曰："今或言德教之不如法令，胡不引商周秦汉以观之？"然则唐太宗之事，亦足以观矣。臣幸以职事归报陛下，不自知驽下无以称职，而敢及国家之大体者，以臣蒙陛下任使而当归报，窃谓在位之人才不足而无以称朝廷任使之意，而朝廷所以任使天下之士者或非其理，而士不得尽其才，此亦臣使事之所及，而陛下之所宜先闻者也。释此不言，而毛举利害之一二以污陛下之聪明，而终无补于世，则非臣所以事陛下惓惓之意也。伏惟陛下详思而择其中，天下幸甚！

（按）此文为秦汉以后第一大文。其稍足方之者，惟汉贾生之《陈政事疏》而已。然贾生所言，大半皆为人主自保其宗庙社稷之计，其论国事民事者，又往往不揣其本而齐其末，岂若公此书廓然大公，责天子以为国民忠仆，而正本清原，一一适于道者耶？李商隐诗曰"公之斯文若元气"，此足以当之矣。先是范文正公应诏条陈十事，所援《易》言"穷则变，变则通，通则久"，甚切。谓国家革五代之乱垂八十年，纲纪制度，日削月侵，官壅于上，民困于下，不可不更张以救之，此其所见，殆与公同。而盈廷已沸起而与之为难，仁宗莫能右也。夫岂独仁宗之过而已。流俗狃于其所安，习非胜是，虽有雷霆万钧之力，往往莫得而夺矣。尝读公《与司马谏议书》，曰："人习于苟且非一日，士大夫多不恤国事，同俗自媚于众为尚。"当时社会之心理，可以见矣，而独于仁宗乎何尤？汉文之于贾生，宋仁之于荆公，盖极相类。贾生不遇而以忧卒，荆公得神宗而事之，故彼仅以文章显，而此能以事业著。然以荆公之遇神宗，而所成就者乃仅若是，则牛羊又从而牧之，是以若彼濯濯也。自荆公见诟病于当时，数百年讫今而莫之白，而习于苟且，不恤国事，同俗自媚于众者，为世之所称尚，而中国遂千年如长夜，仅留此文为射策者讽籀挦扯奢之资，悲夫！

此书既上不省，至嘉祐五年，复上《上时政疏》云：

> 臣窃观自古人主享国日久，无至诚恻怛忧天下之心，虽无暴政虐刑加于百姓，而天下未尝不乱。自秦已下，享国日久者，有晋之武帝、梁之武帝、唐之明皇。此三帝者，皆聪明智略有功之主也。享国日久，内外无患，因循苟且，无至诚恻怛忧天下之心。趋过目前，而不为久远之计，自以祸灾可以无及其身，往往身遇灾祸而悔无所及。虽或仅得身免，而宗庙固已毁辱，而妻子固以困穷，天下之民固以膏血涂草野。而生者不能自脱于困饿劫束之患矣。夫为人子孙，使其宗庙毁辱，为人父母，使其比屋死亡，此岂仁孝之主所宜忍者乎？然而晋梁唐之三帝以晏然致此者，自以为其祸灾可以不至于此，而不自知忽然已至也。盖夫天下至大器也，非大明法度不足以维持，非众建贤材不足以保守。苟无至诚恻怛忧天下之心，则不能询考贤才请求法度。贤才不用，法度不修，偷假岁月，则幸或可以无他，旷日持久，则未尝不终于大乱。伏惟皇帝陛下有恭俭之德，有聪明睿智之才，有仁民爱物之意，然享国日久矣。此诚

当恻怛忧天下而以晋梁唐三帝为戒之时。以臣所见,方今朝廷之位,未可谓能得贤才。政事所施,未可谓能合法度。官乱于上,民贫于下,风俗日以薄,才力日以困穷,而陛下高居深拱,未尝有询考讲求之意,此臣所以窃为陛下计,而不能无慨然者也。夫因循苟且逸豫而无为,可以侥幸一时,而不可以旷日持久。晋梁唐三帝者不知虑此,故灾稔祸变生于一时,则虽欲复询考讲求以自救,而已无所及矣。以古准今,则天下安危治乱,尚可以有为。有为之时,莫急于今日。过今日,则臣恐亦有无所及之悔矣。然则以至诚询考而众建贤才,以至诚讲求而大明法度,陛下今日其可以不汲汲乎?《书》曰:"若药不瞑眩,厥疾弗瘳。"臣愿陛下以终身之狼疾为忧,而不以一日之瞑眩为苦。臣既蒙陛下采擢,使备从官,朝廷治乱安危,臣实预其荣辱,此臣所以不敢避进越之罪,而忘尽规之义。伏惟陛下深思臣言以自警戒,则天下幸甚!

此书亦本前书之意而反复陈说之,然其词愈危,其志愈苦矣。盖公实怵于当时累卵之势,不能坐视,而以仁宗之犹足以为善,而冀其庶几改之也。然仁宗亦既耄,更不能用,越二年而遂崩矣。

**(考异四)** 邵伯温《闻见录》云:王安石知制诰,一日赏花钓鱼宴,内侍各以金碟盛钓饵药置几上,安石食尽之。明日,仁宗谓宰辅曰:"王安石诈人也!使误食钓饵一粒则止矣,食之尽,不情也!"常不乐之。后安石自著《日录》,厌薄祖宗,仁宗尤甚。蔡氏上翔曰:"人臣侍君赏花钓鱼,天威咫尺,朝士并列。一钓饵也,内侍既以金碟盛之,夫人皆知其为钓饵也,焉有误食之王安石而又为天子亲见之者哉!夫以天子亲见之，而必待明日为宰辅言之，岂其有所畏于安石而不敢言耶？且由是'常不乐之'，又何故隐忍不堪至此？且一钓饵也，安石既知其误矣，必食之尽以行诈，其诈术安在？君亦必以食之尽而后知其诈，其说又安在？君既以此不乐于其臣，臣复以此大怨于其君，以至他日撰《日录》，'薄仁庙尤甚'，何邵氏造谤，一至此极！"按蔡氏所驳，可谓如快刀断乱麻。此等小节，本不足辨，所以录之者，以荆公之纯洁精白，而谤者以诈诬之，则虽有善言善行，皆抹杀于一"诈"字矣，天下尚有公论耶？

（**考异五**）当熙丰间，举朝与荆公之新法为难，而从未有诋及荆公之人格者。其有之，则自世所传苏洵之《辨奸论》始也。其言曰："误天下苍生者，必此人也！"曰："王衍、卢杞合为一人。"曰："口诵孔老之书，身履夷齐之行，收召好名之士、不得志之人，相与造作言语私立名字。"曰："阴贼险狠，与人异趣。"曰："囚首丧面而谈诗书。"曰："不近人情者鲜不为大奸慝，竖刁、易牙、开方是也。"其言极丑诋，无所不至。近世李穆堂始证其伪，其《书〈辨奸论〉后》云："老泉《嘉祐集》十五卷，原本不可见，今行世有《辨奸》一篇，世人咸因此文称老泉能先见荆公之误国。"其文始见于《邵氏闻见录》中。《邵氏闻见录》编于绍兴二年，至十七年，沈斐编老苏文集附录二卷，有载张方平所为墓表，中及《辨奸》。又东坡《谢张公作墓表书》一通，专序《辨奸》事。窃意此三文皆赝作，以当时情事求之，参差不合。按墓表言嘉祐初王安石名始盛，党友倾一时。其命相制曰："生民以来数人而已。"造作言语，至以为几于圣人。欧阳修亦已善之，劝先生与游，而安石亦愿交先生。先生曰："吾知其人矣,是不近人情者,鲜不为天下患。"而《闻见录》叙《辨奸》缘起,与墓表正同,其引用之耶?当明言墓表云云,不当作自叙语气。其暗合耶?不应词句皆同。考荆公嘉祐之初,未为时所用,党友亦稀。嘉祐三年,始除度支判官,上万言书,并未施行。明年命修起居注,辞章八九上,始受知制诰,旋忤执政,遂以母忧去,终英宗之世召不赴,乃云嘉祐初党友倾一时,误亦甚矣。以荆公为圣人者,神宗也。命相之制辞,在熙宁二年,而老泉卒于英宗治平三年,皆非其所及闻也。(中略)若夫收召好名之士不得志之人,相与造作言语,以为颜渊、孟轲复出,则荆公本传与荆公全集具存。并无此事。荆公执政之后,或有依附之徒,而老泉已没,匪能逆知。若老泉所及见之荆公,则官卑迹远,非有能收召之力,吾不知所谓好名而不得志者果何人。夫人之作奸,必有所利而为之。荆公生平,以皋、夔、稷、契自命,千驷弗视,三公不易,此天下所共信者,复何所为而为奸?彼诚见夫宋之积弱,僛然不可以终日,而公卿大臣,如处堂之燕雀,晏然自以为安,不得不出而任天下之事,而又幸遭大有为之主,遂毅然相与立制度变风俗,排众议而行之,凡以救国家之弊,图万世之安,非有丝毫自私自利之意。其术即未善,而心则可原,曾何奸之有哉!又云:余少时阅俗刻本老泉集,尝书其《辨奸论》后,力辨其非老泉作,览者犹疑信参半,欲得宋本参考之,而购求多年,未之得也。盖马贵与《经籍考》列载苏明允《嘉祐集》十五卷,而世俗所刻,不称"嘉祐",书名既异,又多至二十余卷,意必有后人赝作,阑入其中。近得明嘉靖壬申年太原守张镗翻刻巡按御史澧南王公家藏本,其书名卷帙,并与《经籍考》同,而诸论中独无所谓《辨奸论》

者，乃益信为邵氏赝作，确然无疑。而又叹其心劳日拙，盖伪固未有不破者也。余按穆堂此文可谓温淳然犀，物无遁形。蔡氏上翔引申之，凡数万言，其确证《辨奸》及墓表之伪，更足令人呼快。今以文繁不具引。夫明允非圣人，就令其赏为此文以诋荆公，亦何足为荆公病！然伪者自伪，不得以为真也。邵氏之流，以诬荆公者并诬明允，其鬼蜮之丑态，吾实无以测之，独恨后之编史者，悉奉此等谰言以为实录，而沉沉冤狱，遂千古而莫伸也，吾亦安能已于言哉？

（**考异六**）朱子《名臣言行录外集·邵康节传》云：治平间与客散步天津桥上，闻杜鹃声，惨然不乐。客问其故，则曰："洛阳旧无杜鹃，今始至，有所主。"客曰："何也？"先生曰："不二年。上，用南士为相，多引南人，专务变更，天下自此多事矣。天下将治，地气自北而南；将乱，自南而北。今南方地气至矣。"按此文亦见《邵氏闻见录》，而朱子采之，其诞妄俚陋，不值识者一笑。康节即前知，而杜鹃岂亦前知哉？盖缘当时小人儒疾荆公已甚，而又各有其所崇拜之人，因托于其所崇拜者先见之言以自重。此濂溪之三谒不见，老泉之《辨奸》，康节之闻杜鹃，所由来也。考《宋史·司马光传》，言神宗尝问光："近相陈升之，外议云何？"光曰："闽人狡险，楚人轻易，今二相皆闽人，二参政皆楚人，必将援引乡党之士，天下风俗，何由得更淳？"此言褊陋媢嫉，稍知大体者，当不能出诸口。其果温公有此言，或谤者依托温公，未之敢断。然即此可见当时之小人儒，其南北门地之见甚重。荆公以南人骤入相，北人妒焉，此又天津闻杜鹃之说所由来也。而此等谬种流传，直至今日，变本加厉，以成省界，而妨及国家之统一，悲夫！

# 第八章　荆公与神宗

汤之于伊尹，桓公之于管仲，孟子皆称其学焉然后臣之。盖在专制政体之下，其政治家苟非得君之专，而能有所建树者，未之闻也。是故非秦孝公不能用商君，非汉昭烈不能用诸葛武侯，非苻坚不能用王景略，非英玛努埃不能用加富尔，非威廉不能用俾斯麦。若其君不足以有为，而以诡遇得之者，则下之将为王叔文、王伾，上之亦不过为张居正，是故欲知荆公者，不可以不知神宗。

《宋史·神宗纪赞》曰："帝天性孝友，其入事两宫，必侍立终日，虽寒暑不变。尝与岐、嘉二王读书东宫，侍讲王陶讲谕经史，辄相率拜之，由是中外翕然称贤。其即位也，小心谦抑，敬畏辅相，求直言，察民隐，恤孤独，养耆老，振匮乏，不治宫室，不事游幸。"夫《宋史》本成于嫉恶荆公者之手，其于神宗，往往有微词焉。然即如其所称述，则其君德已为秦汉以下所不一二睹矣。顾神宗之所以为神者犹不止此，彼其痛心于数世之国耻，夙夜淬厉，而思所以振之，乃以越勾践卧薪尝胆之精神，行赵武灵胡服骑射之英断，史称艺祖尝欲积缣帛二百万易胡人首，又别储于景福殿。帝即位，乃更景福殿库名，自制诗以揭之曰：

五季失固，狁犹孔炽。艺祖肇邦，思有惩艾。爰设内府，基以募士。曾孙守之。敢忘厥志。

自是设为三十二库，其后积羡赢，又揭以诗曰：

每虔夕惕心，妄意遵遗业。顾予不武姿，何日成戎捷？

由此观之，帝之隐痛与其远志，不已昭然与天下后世共见耶？善夫王船山之论曰："神宗有不能畅言之隐，当国大臣无能达其意而善谋之者。帝初莅政，谓文彦博曰：'养兵备边，府库不可不丰。'此非安石导之也，其志定久矣。（中略）神宗若处梓棘之台，尽然不容已于伤心，奋起而思有以张之。然而弗能昌言于众，以启劲敌之心，但曰养兵备边，侍廷臣之默喻，宰执大臣，恶容不与其焦劳，而思所以善处之者乎！"其于论神宗，可谓窥见至隐矣。若神宗者，诚荆公所谓"有至诚恻怛忧天下之心，而非因循苟且趋过目前。以终身之狼疾为忧，而不以一日之瞑眩为苦"。凡公之所以期于仁宗而不得者，至是而乃得之。而帝亦环顾廷臣，无一可语，见公然后若获左右手，其鱼水相投，为二千年来未有之佳话，岂偶然哉？

荆公既耻其君不为尧舜，而神宗亦毅然以学尧舜自任，则荆公之事业，皆神宗之事业，今不沓述，惟录公奏议一二，以著其辅相之勤焉。其《进戒疏》曰：

臣窃以为陛下既终亮阴，考之于经，则群臣进戒之时，而臣待罪近司，职当先事有言者也。窃闻孔子论为邦，先放郑声而后曰远佞人。仲虺称汤之德，先不迩声色，不殖货利，而后曰用人惟已。盖以谓不淫耳目于声色玩好之物，然后能精于用志；能精于用志，然后能明于见理；能明于见理，然后能知人；能知人，然后佞人可得而远，忠臣良士与有道之君子类进于时，有以自竭。则法度之行，风俗之成，甚易也。若夫人主虽有过人之材，而不能早自戒于耳目之欲，至于过差，以乱其心之所思，则用志不精；用志不精，则见理不明；见理不明，则邪说诐行必窥间乘殆而作，则其至于危乱也，岂难哉？伏惟陛下即位以来，未有声色玩好之过闻于外，然孔子圣人之盛，尚自以为七十而后敢从心所欲也。今陛下以鼎盛之春秋，而享天下之大奉，所以惑移耳目者为不少矣。则臣之所豫虑，而陛下之所深戒，宜在于此。天之生圣人之材甚吝，而人之值圣人之时甚难。天既以圣人之材付陛下，则人亦将望圣人之泽于此时。伏惟陛下自爱以成德，而自强以赴功，使后世不失圣人之名，而天下皆蒙陛下之泽，则岂非可愿之事哉！

其《论馆职札子》第一云：

（前略）自尧舜文武，皆好问以穷理，择人而官之以自助，其意以为王者之职，在于论道，而不在于任事；在于择人而官之，而不在于自用。愿陛下以尧舜文武为法，则圣人之功，必见于天下。至于有司从脞之务，恐不足以弃日力劳圣虑也。（中略）自备位政府，每得进见，所论皆有司从脞之事，至于大体，粗有所及，则迫于日晷，已复旅退。而方今之事，非博论详说，令所改更施设本末先后小大详略之方，已熟于圣心，然后以次奉行，则治道终无由兴起。然则如臣者，非蒙陛下赐之从容，则所怀何能自竭？盖自古大有为之君，未有不始于忧勤，而终于逸乐。今陛下仁圣之质，秦汉以来人主，未有企及者也。于天下事又非不忧勤，然所操或非其要，所施或未得其方，则恐未能终于逸乐，无为而治也。

读此二书，则公之所以启沃其君者，可以见矣。其所谓"不淫耳目，然后能精于用志；能精于用志，然后能明于见理；能明于见理，然后能知人"，岂惟君德，凡治学治事者皆当服膺矣。其所谓改更施设本末先后小大详略之方，宜博论详说，则又事业之本原，而神宗后此所以能信之笃而不惑于铄金之口者，盖有由也。

其《论馆职札子》第二云：

> 陛下自即位以来，以在事之人或乏材能，故所拔用者，多士之有小材而无行义者。此等人得志则风俗坏，风俗坏则朝夕左右者皆怀利以事陛下，而不足以质朝廷之是非；使于四方者皆怀利以事陛下，而不可以知天下之利害。其弊已效见于前矣，恐不宜不察也。欲救此弊，亦在亲近忠良而已。

呜呼！吾读此而知熙丰间用人有失当者，其责固不尽在荆公矣。神宗求治太急，而君子之能将顺其美者太寡，故于用人若有不暇择焉。此则神宗之类累，而亦荆公之类累也。

# 第九章　荆公之政术（一）

## 总　论

世之议荆公者，徒以其变法。故论公之功罪，亦于其所变之法而已。吾固崇拜公者，虽然，史家之职，不容阿其所好。今请熟考当时之情实，参以古今中外之学说，平心以论之。

元祐以降，指凡公所变之法，皆曰"恶法"。其为意气偏激，固无待言。然则公所变之法，果皆"良法"乎？此又吾所未能遽从同也。吾常谓天下有绝对的恶政治，而无绝对的良政治。苟其施政之本意而在于谋国利民福者，殆可谓之良也已。虽然，谋焉而得焉，则其结果为良；谋焉而不能得焉，则本意虽良，而结果反极不良者有矣。故夫同一政策也，往往甲国行之而得极良之结果，乙国行之而得极不良之结果；甲时代行之而得极良之结果，乙时代行之而得极不良之结果。此政策者，果为良耶？不为良耶？曰："是无可言。"其有可言者，则适不适而已。

荆公所变之法，吾欲求其一焉为绝对的不良者而不可得，以其本意固皆以谋国利民福也。然以荆公而行之，则其适焉者与其不适焉者盖相半而已。荆公诵法三代，谓其法皆三代所已行之而有效者也，三代则邈矣，而载籍又不可尽信，其果曾行之与否，吾未敢言。虽然荆公则尝以小试诸一郡一邑，而固有效矣。不宁惟是，以吾所见闻，今世欧洲诸国，其所设施，往往与荆公不谋同符，而新兴之德意志为尤夥，而其成绩灿然。既若是矣，荆公同操此术，而又以至诚恻怛忧天下之心出之，而效不大睹何也？殊不思三代以前之政治家，其所经划者，千里之王畿耳，否则数百里之侯封耳。而今世欧洲诸国，其大者不过比吾一二省，其小者乃比吾一二县也。故以三代以前行之而有效者，今世欧洲各国行之而有效者，荆公宰鄞时行之，其收效当与彼相等，是敢断言。及夫宰天下时行之，其收效能否与彼相等，是不敢断言也。

吾读国史，而得成功之政治家数人焉，曰管仲，曰子产，曰商君，曰诸葛武侯。夷考其所处者，则皆封建时代或割据时代也；其所统治者，则比今之一省或数州县也。乃若大一统时代，综禹迹所淹而理之，则欲求其运精思、宏远猷，使全国食其赐如彼数子者，差未之有。其有一焉，则荆公也。而所成就，固瞠乎后矣。吾于是窃窃疑吾国之政治家，宜于治小国，而不宜于治大国。及环而思夫吾国以外之以政治家闻于后者，彼来喀瓦士何人耶？梭伦何人耶？吾国之一里正耳。彼士达因何人耶？加富尔何人耶？俾斯麦何人耶？格兰斯顿何人耶？吾国之一巡抚或总督耳。若夫罗马帝国之盛，与夫今之俄罗斯，求其比迹彼数子者，又何无人也。吾乃深思而得其故矣。所谓大政治家者，不外整齐划一其国民，使之同向于一目的以进行，因以充国力于内而扬国威于外云尔。欲整齐划一其国民，则其为道也，必出于干涉。今之以放任不以干涉而能为治者，惟英美等二三国而已。然其所谓放任，已非犹夫吾之所谓放任，而况乎其前此，盖皆尝经莫大之干涉而始有今日也。自余诸国，则莫不以干涉为治者也。非惟今东西诸国有然，即吾国古代亦莫不有然。管、商、诸葛，皆以干涉其民而成治者也。《周官》为周公之书与否，吾不敢知，其尝实行之与否，吾不敢知。使果为周公之书也，果尝实行也，则干涉其民最密者，莫周公若也。准此以谈，则干涉为政治家唯一之手段，抑章章矣。而此手段者，行诸小国则易，行之大国则

## 第九章　荆公之政术（一）

难。小国行之则利余于弊，大国行之则弊余于利。是故畴昔之治大国者，惟有二法焉：一曰威劫，二曰放任。威劫者字曰"民贼"，其不足语于政治家无论也。而放任亦决不足以称政治家，未闻以政治家而卧而治其国者也。且既曰放任矣，则夫人而能之，且并土木偶而能之，而安用此种政治家为也？我国数千年之历史，凡一姓之初兴，必以威劫为政策，如汉高祖、宋艺祖之时代是也。及经数叶，则必以放任为政策，如汉文景、宋真仁之时代是也。放任既久则有乱，乱则有亡，亡则有兴，有兴则有威劫，威劫既倦，则返于放任，如是迭为循环，若一丘之貉焉。此政治家所以不产公其间也。虽然，吾无惑乎其然也。舍威劫与放任两者之外，执其中者惟有干涉之一途，而大国之难于干涉，且弊余于利既若彼矣，故吾窃以为太大之国，利于洸洸之武夫以为舞台，利于碌碌之余子以为藏身薮，而最不利于发强刚毅、文理密察之大政治家。自今以往，交通机关日渐发达，其大国壹如畴昔之小国，则政治家之成就也较易。而在畴昔，则天下至难之业殆未有过是也。以荆公之时、荆公之地，而欲行荆公之志，其难也，非周公比也，非管仲、商君、诸葛武侯比也，非来喀瓦士、梭伦比也，非士达因、加富尔、俾斯麦、格兰斯顿比也。其难如彼，则其所成就仅如此，固其宜也。其难如彼，而其所成就尚能如此，则荆公在古今中外诸政治家中，其位置亦可想见也。

且同是干涉政治也，而其程度亦有浅深之异焉。程度浅者行之较易，程度深者行之愈难。荆公之干涉政治，有为立宪国所能行，而专制国极难行者，甚且有近于国家社会主义，为今世诸立宪国所犹未能行者，夫以数千年未经干涉之民，而卒焉以此加之，其群起而哗也亦宜。然则公之法其果为良乎？为不良乎？吾卒无以名之也。此外尚有公所以致失败之一原因焉，曰所用者非其人，此则夫人能言之。然吾对于此说，亦与畴昔之论者稍有异同，别具下方，此不豫也。

# 第十章　荆公之政术（二）

## 民政及财政

俗士之论荆公，大率以之与掊克聚敛之臣同视，此大谬也。公之事业，诚强半在理财。然其理财也，其目的非徒在增国帑之岁入而已。实欲苏国民之困而增其富，乃就其富取赢焉，以为国家政费，故发达国民经济，实其第一目的，而整理财政，乃其第二目的也。而其所立诸法，则于此两者皆有关系者也。故不名之曰"财政"，而名之曰"民政及财政"。

### 第一　制置三司条例司

制置三司条例司者，公所创立之财政机关也。公之言曰：

　　周置泉府之官，以榷制兼并，均济贫乏，变通天下之财。后世惟桑弘羊、刘晏粗合此意。学者不能推明先王法意，更以为人主不当与民争利，今欲理财，则当修泉府之法。

熙宁二年二月，遂设立此可。诏曰：

　　朕以为欲致天下于治者，必先富之而后可为也。今县官之费不给，而民财大屈，故特诏辅臣，置司于内，以革其弊。夫事颛于所习，则能明得失之原。今将权天下之财，而资之予有司，有司能习知其事，则其所得必精，其所言必通，物聚而求足，是洵富吾民之术也。若夫苛刻之论，朘削其下而敛怨于上者，朕所不取。宜令三司判官、诸路监司及内外官，受诏后两月，各具财用之利害以闻。

司既立，以公及陈升之领之。时升之为宰相，公则参知政事也。今世各立宪国，往往以总理大臣兼度支大臣，盖财务为庶政之本，公深知其意也。

公之志，在制兼并，济贫乏，变通天下之财，以富其民而致天下于治。制置三司条例司之职在此，而后此所立之法，亦无不本此意以行。史称公尝与司马温公廷辩理财，温公曰："善理财者不过头会箕敛耳。"公曰："不然，善理财者不加赋而国用足。"温公曰："天下安有此理？天地所生财货百物，不在民则在官，彼设法夺民，其害乃甚于加赋。"争议不已。夫温公之言，其果衷于事理也耶？彼财货百物，果为天地所生而终古不变者耶？抑亦人所生而得其道可以增殖者耶？夫财货百物，固有既不在民亦不在官者矣，则弃之于地，是也。如其增殖之，则既可以在民，而同时亦可以在官。今世欧美诸国，其明效矣。荆公欲整理财政，而以发达国民经济为下手之方，孔子所谓"百姓足，君孰与不足也"。中国自古言理财者，其识未有能及此也。

荆公之意，以为国民经济所以日悴者，由国民不能各遂其力以从事生产也。国民所以不能各遂其力以从事生产者，由豪富之兼并也。国中豪富少而贫民多，而豪富又习于奢汰，不以其所得为母财，而贫民涓滴之母财，又为兼并家岁月蚀尽。则一国之母财举匮，而民之生无以复聊，于是殚精竭虑求所以拯救，其道莫急于摧抑兼并。而能摧抑兼并者谁乎？则国家而已。荆公欲举财权悉集于国家，然后由国家酌盈剂虚，以均诸全国之民，使各有所藉以从事于生产。其诗曰："三代子百姓，公私无异财。人主擅操柄，如天持斗魁。赋予皆自我，兼并乃奸回。奸回法有诛，势亦无自来。"其青苗、均输、市易诸法，皆本此意也。此义也，近数十年来乃大盛于欧美两洲，命之曰社会主义，其说以国家为大地主，为大资本家，为大企业家，而人民不得有私财。诚如公所谓"赋予皆自我，兼并乃奸回"者也。彼都学者，往往梦想之以为大同太平之极轨，而识者又以为兹事体大，非易数世后，未或能致也。夫以欧美今日犹未能致者，而荆公乃欲于数百年前之中国致之，其何能淑？虽曰其造端非若彼之弘大，其条目非若彼之纤悉，其程度非若彼之极端，然其终不能全适于荆公之时与地，可断言矣。荆公之所蔽，惟在于是。若其学识之精卓，规模之宏远，宅心之慈仁，则真只千古而无两也，温公安足以知之？

社会主义所以难行者不一端，而为国家分掌此理财机关之人，甚难其选，而集权既重，弊害易滋，此其著者也。夫以彼都所倡社会主义者，行之于立宪政体确立之后，犹以为难，而况在专制之代乎？本意欲以摧抑兼并，万一行之不善，而国家反为兼并之魁，则民何诉焉？而盗臣之因缘以自肥，又无论也。故荆公之政策，其于财政上所收之效虽颇丰，而于国民经济上所收之效滋啬，良以此也。

宋财政之敝，至仁宗晚年而极，前既言之矣。神宗即位，首命翰林学士司马光等置局看详裁减国用制度，仍取庆历二年数，比今支费不同者，开析以闻。后数日，光言国用不足，在用度太奢，赏赐不节，宗室繁多，官职冗滥，军旅不精，必须陛下与两府大臣及三司官吏深思救敝之术，磨以岁月，庶几有效，非愚臣一朝一夕所能裁减。及制置条例司既设，乃考三司簿籍，商量经久废置之宜，凡一岁用度及郊祀大费，皆编著定式，所裁省冗费十之四。夫财政之敝，既已如彼，即不言兴利，而节费亦安得已？温公亦非不知之矣，而颠顶其词，曰"磨以岁月，骤不能减"，而徒欲诿其难于君上，何其不负责任乃尔耶！且温公所谓不能者，何荆公骤裁其十之四，而不见其有他变耶？夫以数十年相沿之岁费，而骤减其十之四，此诚天下至难之业。而制置条例司之初设，即奏此肤功，则领此司者，其任事之忠勤，其才识之明敏，其魄力之毅伟，可想见矣。以视不负责任之温公，何相反耶？而后之论荆公者，于此等伟绩，没而不道，抑何心也！

史所称"编著定式"，即今世立宪国之所谓"豫算案"也。史又言三司上新增吏禄数，京师岁增四十一万三千四百余缗，监司诸州六十八万九千余缗，省冗费以增官禄，诚整理行政之根本哉！当时制置三司条例司所举善政或更多，史阙不可考，而此东鳞西爪，已非流俗所能及矣。

《文献通考》二十四引元祐元年苏辙奏：

> 言熙宁初，于三司取天下所上帐籍视之，至有到省三二十年不发其封者。盖州郡所发文帐、随帐皆有贿赂，各有常数。常数已足者，皆不发封。一有不足，即百端问难，要足而后已。至是特设帐司默磨文帐云。前此财政机关之腐败，可见一斑。

### 第二　青苗法

青苗法者，颇有类于官办之劝业银行，荆公惠民之政也。《宋史·食货志》上之四载其缘起云：

> 熙宁二年，制置三司条例司言，诸路常平广惠仓钱谷，略计贯石可及千五百万贯石以上，敛散未得其宜，故为利未

博。今欲以见在斛斗，遇贵量减市价粜，遇贱量增市价籴，可通融转运司苗税及钱斛，就便转易者，亦许兑换，仍以见钱。依陕西青苗钱例，愿预借者给之，随税输纳斛斗，半为夏料，半为秋料，内有请本色或纳时价贵愿纳钱者，皆从其便。如遇灾伤，许展至次料丰熟日纳。非惟足以待凶荒之患，民既受贷，则兼并之家，不得乘新陈不接以邀倍息。又常平广惠之物，收藏积滞，必待年俭物贵，然后出粜，所及者不过城市游手之人。今通一路有无，贵发贱敛，以广蓄积，平物价，使农人有以赴时趋事，而兼并不得乘其急。凡此皆以为民，而公家无所利其入，是亦先王散惠兴利以为耕敛补助之意也。欲量诸路钱谷多寡，分遣官提举，每州选通判幕职官一员，典干转移出纳，仍先自河北、京东、淮南三路施行，俟有端绪，推之诸路。其广惠仓除量留给老疾贫穷人外，余并用常平仓转移法。诏可，既而条例司又言常平广惠仓条约，先行于河北、京东、淮南三路，访问民间，多愿支贷，乞遍下诸路转运司施行。

此青苗法之大略及其施行之缘起也。名曰"青苗"者，盖当时陕西转运司李参，以部内多戍兵而粮储不足，令民自隐度麦粟之赢，先贷以钱，俟谷熟还官，号"青苗钱"。经数年，廪有余粮，至是仿行之，故袭其名也。荆公之怀此政策久矣，其少作《寓言》诗，既有此意。及为鄞令，复行之而有效。及其当国，乃欲举而措之于天下也。窃尝论之，无论何国，无论何时，彼力田之民，能终岁勤动者，苟非有水旱之灾，则所入恒足以自赡。而以数年之通，则必能有所羡余，以为冠昏丧祭之计。然而往往不然者，则缘初时母财不裕。牛种之资，以及青黄不接时食指之所需，不能不称贷于豪右，或遇偏灾而又贷焉，或遇嘉凶诸

## 第十章　荆公之政术（二）

礼而又贷焉，而豪右乘其急以持其短长，于是一岁所入，见蚀于息者泰半，及夫来年，其不能不举债如故也。债日以重，息日以加，而终岁之勤动，遂为豪右作牛马走已耳。此民之所以日悴，而国民经济之所以日蹙也。在昔泰西之希腊、罗马，富者往往贷金谷于贫民，其后负责日重，无以为偿，则鬻身以为之奴。泰西古代奴隶之多，盖起于此。历数千年，此制终无由革。西纪一千五百年以降，各国政府纷纷以法律定取息之率，逾率者罪之，然其不能禁如故也。及近世银行制度兴，此弊始稍苏，其效不能及于农民。近数十年来，有所谓劝业银行、农工银行、信用组合等，利渐溥矣，然犹未能尽人而蒙其泽也。故此贫富不均之问题，实为数千年来万国所共苦而卒未能解决之一宿题。而欲解决之，则非国家振其枢焉而不可得也。其圆满之解决法，则如吾国古代之所谓井田，如泰西近世所谓社会主义，使人民不得有私财是也。未能圆满而思其次，则国家设贷贷之机关而自当其冲，使豪右居奇之技，无所得施，则荆公所计划者是也。吾国之前乎荆公而为此者，亦有人焉，景公之于齐，子皮之于郑，司城子罕之于宋，皆以斯道得民，而荆公则师其意者也。

时苏辙亦尝著论云："天下之人，无田以为农，无财以为商，禁而勿贷，不免转死于沟壑。使富民为贷，则用不仁之法，收泰半之息，不然，亦不免脱衣避屋以为质。民受其困，而上不享其利。周官之法，使民之贷者，与其有司辨其贵贱，而以国服为之息。今可使郡县尽贷，而任之以其土著之民。"按颍滨此论，正与荆公育苗吻合，不知其尝闻其绪余与，抑自创见也。然颍滨后卒以攻青苗自乞罢，岂文士之言之者，非其所欲行之者耶？

荆公既欲实施此法，然行之不可以无资本也。由国库拨给资本，力又有所不逮也。适有常平广惠仓者，诸路诸州县莫不有之，而其所储，实弃置于无用之地，公乃变无用为有用，而利用之为资本。其用意之周详，其眼光之锐敏，至可佩也。而司马温公乃言："常平仓为三代之良法，放青苗钱之害小，废常平仓之害大"。然常平仓之无实惠可以及民，如彼条例司原奏中所述，温公其能为之辩护乎？则亦强辞而已。

法既行，举朝汹汹，起与为难，不可究诘。其人与其言，皆不备述。惟有公《答司马谏议》一书，录之可见当时议论之一斑，而公所以坚于主持之故亦见焉。

> 昨日蒙教，窃以为与君实游处相好之日久，而议事每不合，所操之术多异故也。虽欲强聒，终必不蒙见察，故略上报，不复一一自辨。重念蒙君实视遇厚，于反复不宜卤莽，故今具道所以，冀君实或见恕也。盖儒者所争，尤在于名实，名实已明，而天下之理得矣。今君实所以见教者，以为侵官、生事、征利、拒谏，以致天下怨谤也。某则以谓受命于人主，议法度而修之于朝廷，以授之于有司，不为侵官；举先王之政，以兴利除弊，不为生事；为天下理财，不为征利；辟邪说，难壬人，不为拒谏。至于怨诽之多，则固前知其如此也。人习于苟且非一日，士大夫多以不恤国事，同俗自媚于众为善，上乃欲变此，而某不量敌之众寡欲出力助上以抗之，则众何为而不汹汹？然盘庚之迁，胥怨者民也，非特朝廷士大夫而已。盘庚不为怨者故改其度，度义而后动，是而不见可悔故也。如君实责我以在位久，未能助上大有为以膏泽斯民，则某知罪矣。如曰今日当一切不事事，守前所为而已，则非某之所敢知。无由会晤，不任区区向往之至。

此书文虽甚简，然其任事之艰贞，自信之坚卓，跃见纸上。千载下读之，如见公之精神焉，可以兴矣。当时之制，贷青苗钱者，官取其息二分，故议公者指以为聚敛之据。公有《答曾公立书》云：

示及青苗事，治道之兴，邪人不利，一兴异论，群聋和之，意不在于法也。孟子恶言利者。为利吾国利吾身耳。至狗彘食人食则检之，野有饿莩则发之，是所谓政事。政事所以理财，理财乃所谓义也。一部《周礼》，理财居其半，周公岂为利哉？奸人者，缘名实之近而欲乱之以眩上下，其如民心之愿何？始以为不请，而请者不可遏；终以为不纳，而纳者不可却。盖因民之所利而利之，不得不然也。然二分不及一分，一分不及不利而贷之，贷之不若与之。然不与之而必至于二分者何也？为其来日之不可继也。不可继则是惠而不知为政，非惠而不费之道也，故必贷。然而有官吏之俸，辇运之费，水早之逋，鼠雀之耗，而必欲广之以待其饥不足而直与之也。则无二分之息可乎？则二分者，亦常平之中正也，岂可易哉？公立更与深于道者论之，则某之所论，无一字不合于法，而世之哓哓者不足言也。

此书殆可谓解释法意之理由书也。当时举朝汹汹，除公所共事之数人外，殆无一不致难于青苗。累其劾状，殆可隐人。而公卒不为之动，而神宗亦不为之动者，非徒以公自信之坚，得君之专，而当时言者，实无一语能批其窾要故也。言者咸指为掊克聚敛，损下益上，而公立法之本意，乃适与之相反。盖其立法之本意，实以惠民，无一毫借此以佽助帑藏之心，条例司原奏所言，非饰词，乃真相也。而论者乃拟之以桑孔之用心，是所谓无的而放矢，宜公之不敢服，而神宗亦目笑存之也。公之断断于名实之辩，非以此乎？其谓治道之兴，邪人不利，而倡异论者意不在于法。呜呼！何其一语破的而言之有余痛也！昔罗马伟人格力加士为执政时，倡限民名田之制，全国人民欢声雷动，而议院几于全数反对之，卒被丛殴以死于院中，盖亦有不利于治道之兴者，而其意非在于法也。荆公初政，裁冗费十之四，彼廷臣大半衣食于冗费者，其不利之也久矣。而青苗本意，凡以抑豪右之兼并，而廷臣者又皆豪右，而其力足以行兼并者也。其不利之，亦固其所。当时之汹汹为难者，安保其不挟此心？即二三贤者，未必尔尔，然亦群聋之和而已。况彼之所谓贤者，皆习于苟且偷惰，以生事为大戒，不问其事之善恶利病，但有所生则骇而哗之，宜乎其与公与神宗枘凿而不相入也。而数百年以后之今日，其社会之情状乃一如公之时，而公之言乃不啻为今而发也，悲夫！

青苗法立法之本意，其善美既若是矣，然则可行乎？曰："不必其可行也。"善而不可行何也？且公在鄞行之而效，而犹疑其不可行何也？曰："一县非全国之比也。一县者，公之所得自为也；全国者，非公之所得自为也，是故当时抑配有禁矣。而有司以尽数俵散为功，虽欲不抑配焉而不可得也。灾伤则有下料造纳之条矣，而年岁丰凶不常，凶之数尤夥，而有司因得以上下其手，虽欲不至于累年积压而不能也。"此二弊者，惟韩魏公、欧阳公之奏议言之至详，殆可称公之义诤臣也。

（韩、欧奏议文长不录，此段即举其大意也。）

问者曰："韩、欧二公所言既中其弊，而公犹不寤，则虽谓之执拗，宁得为过？"应之曰："不然。"当时诸君子之攻新法也，其有弊者固攻之，其无弊者亦攻之，诚有如公之所云，意不在于法也。为公之计，惟有一事不办，偃然与彼辈同流，庶可以免于罪戾，而无如非公之本意何也。且法既已善矣，其有弊焉，则非法弊而人弊也。即如青苗法者，公在鄞行之而既有效矣，李参在陕行之而又既有效矣，使县县皆得如公者以为之令，则县县皆鄞也。即不能焉，而使路路皆得如参者以为之转运使，而因以综核名实之法督其县，则亦路路皆陕也。据条例司所核定，凡全国置提举官四十一人，以当时贤才之众，欲求得如李参者四十一人，谅非难也。而公又非不欲与诸君子共之也，而无如诸君子者。闻有一议为公之所发，则掩耳而不听，初不问其所发为何议也，见有一诏为公所拟，则闭目而不视，初不问其所拟为何诏也。责以奉行，非挟贤挟长以抗，则投劾而去耳。诸君子既不屑为公助，而公又不能忍心害理一事不办以自谢于诸君子，而又不能以一身而尽任天下之事，然则非于诸君子之外而别求其助我者，安可得耶？况诸君子非徒不助之而已，又煽之嗾之挠之于其旁，私幸其弊之日滋、功之不就以为快，是青苗本可以行之而无弊者，而以诸君子之故，则欲其无弊焉，安可得也？夫他事亦若是则已耳。

由此言之，则吾所谓青苗法虽善而不必其可行者，可以见矣。使得人人如公者以为县令，则诚可行；而不得焉，故不可行也。无已而思其次，得人人如公者以为提举，则犹可行；而不得焉，故不可行也。无已而更思其次，得人人如公者以为执政，则于不可行中而犹有可行；而不得焉，故不可行也。

然则青苗法之弊，果尽如当时诸君子之所言乎？公之良法美意，而民竟未尝一蒙其泽乎？曰："是又不然。"史成于谤公者之手，其旨在扬恶而隐善。凡有可以表公之功者，划之惟恐不尽。虽然，固有不能尽划者。公《与曾公立书》，言"始以为不请，而请者不可遏；终以为不纳，而纳者不可却"，则当时民之欢欣鼓舞可想见也。其《上五事札子》云（熙宁五年）"昔之贫者，举息之于豪民；今之贫者，举息之于官，官薄其息而民救其乏"，是其行之既数年而有成效也。其《谢赐元丰敕令格式表》云"创法于群几之先，收功于异论之后"，则是公罢相后而其效益著也。然犹得曰公自言之未可为信也，请征诸旁观之言。河北转运司王广廉入奏，则谓民皆欢呼感德矣。李定至京师，李常见之，问曰："君从南方来，民谓青苗如何？"定曰："民便之，无不喜者。"常曰："举朝方共争此事，君勿为此言。"定曰："定但知据实以言，不知京师。"是一时舆论所在，有欲扪其舌而不可得者矣。然犹得曰是依附公以希宠者言之，未可为信也，请更征诸反对党之口。朱子《金华社仓记》云："以予观于前贤之论，而以今日之事论之，则青苗者，其立法之本意，固未为不善也。"子程子尝论之，而不免悔于其已甚而有激。是程子晚年知其攻难青苗之为误，而朱子且歌诵之矣。苏子瞻《与滕达道书》云："吾侪新法之初，辄守偏见，至有同异之论，虽此心耿耿，归于忧国，而所言差谬，少有中理者。今圣德日新，众化大成，回视向之所执，益觉疏矣。"是子瞻晚年深自忏悔，而咸叹于众化之大成。其言与公所谓"收功于异论之后"者盖吻合。所谓"众化"者，盖指凡新法而言，而青苗必其一矣。以程苏二人为当时反对最力者，而皆如是，非确有成效，而能得耶？以此度之，与程苏同心而其言不传于后者，当更何限？不宁惟是，元祐初政，尽芟新法。元年二月，罢青苗。三月，范纯仁以国用不足，请复之矣。八月，司马光奏称散青苗本为利民，惟当禁抑配矣。是皆形诸奏牍载诸正史者。夫司马君实、范尧夫非当时首攻青苗之人，且攻之最力者耶？曷为于十八年之后，乃复津津乐道之如此？由此观之，则知当时之青苗法，实卓著成效，而民之涵濡其泽者既久，虽欲强没其美而有所不可得也。然则前此之哓哓，果何为也哉？语曰："凡民不可与虑始而可以乐成。"然则诸君子者，毋亦凡民而已矣。夫以吾侪居今日以论之，而犹觉青苗法之难行也如彼，而荆公当日行之，虽其弊非所能免，其效抑已章章。吾于是益叹公之才之不可及，而诋当时奉行新法皆为小人者，吾卒未之敢信也。

更平心以论之，青苗法者，不过一银行之业耳，欲恃之以摧抑兼并，其效盖至为微末。而银行之为业，其性质乃宜于民办而不宜于官办。但使国家为之详定条例，使贷者与贷者交受其利而莫能以相病，而国家复设一中央银行，以为各私立银行之枢纽，而不必直接与人民相贷贷，则其道得之矣。荆公之为此，所谓代大匠斫，易伤其手也。虽然，此立夫今日以言之耳，若在当时，人民既无有设立银行之能力，而举国中无一金融机关，而百业坐是凋敝。荆公能察受敝之原，而创此法以救治之，非有过人之识力而能若是耶？夫中国人知金融机关为国民经济之命脉者，自古迄今，荆公一人而已。

后此有阴窃青苗法之实而阳避其名者，则朱子之社仓是也。其法取息十二，夏放而冬收之，此与青苗何异？朱子行之于崇安而效，而欲以施之天下，亦犹荆公行之于鄞而效，而欲以施之天下也。夫朱子平日固痛诋荆公，谓其汲汲财利，使天下嚣然丧其乐生之心者也。及倡社仓议，有诘之者，则奋然曰："介甫独散青苗一事是耳！"夫介甫果汲汲财利耶？介甫之是者，果独青苗一事耶？毋亦是其所谓是而已。

### 第三　均输法

均输法者，所以通天下之货，制为轻重敛散之术，使输者既便，而有无得以懋迁，亦一种惠民之政也。熙宁二年二月，制置三司条例司上言云：

> 窃观先王之法，自畿之内，赋入精粗，以百里为之差，而畿外邦国，各以所有为贡。又为经用通财之法以懋迁之，其治市之货财，则无者使有，害者使除。市之不售，货之滞于民用，则吏为敛之，以待不时而买者，凡此非专利也。盖聚天下之人，不可以无财；理天下之财，不可以无义。夫以义理天下之财，则转输之劳逸，不可以不均；用度之多寡，不可以不通；货贿之有无，不可以不制；而轻重敛散之权，不可以无术。今天下之财用，窘急无余，典领之官，拘于弊法，内外不以相知，盈虚不以相补。诸路上供，岁有定额，丰年便道，可以多致，而不敢或赢，年俭物贵，难于供备，而不敢不足。远方有倍蓰之输，中都有半价之鬻。三司转运使，按簿书促期会而已，无所可否增损于其间。至遇军国郊祀之大费，则遣使划刷，殆无余藏。诸司财用事往往为伏匿不敢实言，以备缓急。又忧年计之不足，则多为支移折变以取之。民纳租税

数，至或倍其本数，而朝廷所用之物，多求于不产，责于非时。富商大贾，因时乘公私之急，以擅轻重敛散之权。臣等以谓发运使总六路之赋入，而其职以茶盐矾税为事。军储国用，多所仰给，宜假以钱货，继其用之不给，使周知六路财赋之有无，而移用之。凡籴买税敛上供之物皆得徙贵就贱，用近易远；令在京库藏年支见在之定数所当供办者，得以从便变卖以待上令。稍收轻重敛散之权，归之公上，而制其有无，以便转输。省劳费，去重敛，宽农民，庶几国用可足，民财不匮矣。

《宋史·食货志》记均输法施行之始末略云：

书既上，诏本司具条例以闻，而以发运使薛向领均输平准事，赐内藏钱五百万缗，上供米三百万石。时议虑其为扰，向既董其事，乃请设置官属。神宗使自择之，向于是辟刘忱、卫琪、孙珪、张穆之、陈倩为属，又请有司具六路岁当上供数，中都岁用，及见储度可支岁月，凡当计置几何，皆预降有司，从之。其后侍御史刘琦、侍御史里行钱顗、条例司检详文字苏辙、知谏院范纯仁、谏官李常等屡疏言其不便，且劾向，帝皆不听，且下诏奖薛向。然均输后迄不能成。

均输之法，始于汉桑弘羊，至唐刘晏而益完密。荆公实师其制，非创作也。古代货币之用未周，民以实物为市，其国家之征租税，亦以实物。故缘道里之远近，而输送之劳佚有所不均，缘年岁之丰歉，而供求之相剂有所不调，下既大受其害，而上亦不蒙其利，诚有如条例司原奏所云者。故桑刘行均输法，不加赋而国用足，史家美之，良非无由。今世交通之利大开，货币之用益溥。吾辈读史，见其不惮烦为此，几苦索解，而不知当时治事者之苦心孤诣，夐乎其不可及也。而当时议者嚣然攻之何也？史称其卒不能成，其所以不成之故未言之，岂以攻者多而中止耶？

## 第四　市易法

市易法者，本汉平准，将以制物之低昂而均通之，实一种之专卖法也。今记其缘起及其内容如下：

> （《宋史·食货志》）熙宁三年保平军节度推官王韶，倡为缘边市易之说，丐假官钱为本，诏秦凤路经略司以川交子易货物给之，因命韶领其事。韶欲移司于古渭城，李若愚以为多聚货以启戎心，文彦博、曾公亮、冯京、韩绛、陈升之皆以为疑。王安石乃言："今蕃户富者，往往蓄缗钱二三十万。彼尚不畏劫。岂朝廷威灵，乃至衰弱如此？今欲连生羌，则形势欲张，应接欲近。古渭边砦，便于应接，商旅并集，居者愈多，因建为军，增兵马，择人守之，则形势张矣。且蕃部得与官市，边民无复逋负，足以怀来其心，因收其赢，更辟荒土，异日可以聚兵。"

由此观之，市易之起，本出于荆公之殖民政策。盖边徼未开之地，而欲以人力助长之，使趋于繁盛，其下手必在商务。然地既未开，商贾裹足，非以国力行之，莫为功也，此荆公之所以排群议而行之也。后此既有成效，乃推以及腹地。

> （《宋史·食货志》）熙宁五年，遂诏出内帑钱帛，置市易务于京师。先是有魏继宗者，上言："京师百货无常价，富人大姓，乘民之亟，牟利数倍。财既偏聚，国用亦

屈，请假榷货分钱置常平市易司，择通财之官任其责，求良贾为之转易，使审知市物之价，贱则增价市之，贵则损价鬻之，因收余息以给公上。"于是中书奏在京置市易务官，凡货之可市，及滞于民而不得售者，平其价市之，愿以易官物者听。若欲市于官，则度其抵而贷之钱，责期使偿，半岁输息十一，及岁倍之。凡诸司配率，并仰给焉。……其后诸州皆设市易务。

窃尝疑当时均输法，何以暂行之而遽废？彼神宗与荆公决非摇于人言者，始因市易行而均输遂罢也。市易与均输，其立法之意略同，惟均输所及者，仅在定额之租税；而市易所及者，则在一般之商务，故其范围有广狭之异。而既有市易，则均输之效，已可并寓于其中也。考荆公所以行市易法者，其用意盖有二：一则专注重于经济学上所谓分配之一方面，用以裁抑豪富，保护贫民。盖小农小工，有所获殖制造，鬻之于市，往往为豪富联行抑勒不予善价，则贫民之生产者病；豪商既以贱价得之，及其转鬻也，又联行而昂其值，则贫民之消费者又病。荆公思有以救济之，故其法，遇有客人物货，出卖不行，愿卖入官者，许至务中投卖，勾行人、牙人与客人平其价而买之。其卖出亦随时估价，不得过取。凡以求分配之均也。一则更注重于经济学上所谓生产之一方面，使金融机关得以流通，而母财之用愈广。盖小农小工之从事生产者，其资本大率有限，必待所生产之货物卖讫，然后能回复其资本以再从事于生产，则中间往往隔断不相属，而生产力缘此而萎微。荆公思有以救济之，故其法，凡人民能得五人以上为之保证者，或以产业金银抵当者，官可以贷以钱，而以所借期限之长短，而取其息十之一或十之二。凡以广生产之资也。

市易法立法之本意如此，荆公之尽心于民事，亦可谓至矣。然则其

## 第十章 荆公之政术（二）

法果可行乎？曰："以吾论之，荆公诸法之不可行者，莫此若也。"请言其故。由后之说，则市易务实一银行也。

夫以荆公生八百年前，乃能知银行为国民经济最要之机关，其识固卓绝千古。虽然，银行之为物，其性质宜于民办而不宜于官办。虽以今世各国之中央银行，犹且以集股而成，不过政府施严重之监督而已，而其他之大小银行，无一不委诸民办，更无论也。今一一由政府躬亲之，而董之以官吏，靡论其琐碎而非治体也，而又断不足以善其事，此欧洲各国皆尝试之而不胜其敝者也。由前之说，则为一种专卖制度，夫其立法之本意，不过曰货之不售者，而官乃为收之耳。而及其末流，则必至笼天下之货，而悉由官司其买卖。即不然，亦须由官估其价值，盖非是而其所谓平物价之目的不得达也。夫笼天下之货而司以官吏，此近世社会主义派所主张条理之一种，顾彼有与之相辅者焉。盖从其说则以国家为唯一之资本家，为唯一之企业家，更无第二者以与之竞争，夫是以可行，然其果可行与否，犹未敢断言也。若在现今社会制度之下，欲行此制，云胡而可？现今之经济社会，惟有听其供求相剂，而自至于平，所谓自由竞争者，实其不可动之原则也。今乃欲取营运之职，而悉归诸国家，靡论其必不能致也，苟能致焉，而其危险，乃将愈甚。盖其初意本欲以裁抑兼并者，而其结果，势必至以国家而自为兼并者也。夫兼并者之病民诚烈矣。然有一兼并者起，不能禁他之兼并者不起，而与之相竞，相竞则可以渐底于平矣。若国家为唯一之兼并者而莫与抗焉，则民之憔悴，更安得苏也？凡此皆市易不可行之理由也。且尤有一说焉：荆公欲以一市易法而兼达前此所举之两目的，而不知此两目的非能以一手段而并达之也。银行之性质，最不宜于兼营其他商务，而普通商业，又最忌以抵当而贷出其资本。今市易法乃兼此两种矛盾之营业，有两败俱伤耳。故当时诸法中，惟此最为厉民，而国库之食其利也亦甚薄，则荆公之意虽善，而行之未得其道故也。

### 第五　募役法

募役法者，变当时最病民之差役制以为募役制，而令民出代役之税以充募资，实近于一种之人身税，而其办法极类今文明国之所得税，荆公救时惠民之第一良政也。吾侪生当今日，自本朝康、雍间实行一条鞭法以后，政府从无役其民之事。语及役法，往往莫解其为何物。而岂意数千年来，国民之宛转以死于是者不知凡几，自大政治家王荆公出，乃始启其苏生之路，今日犹食其赐也。

考差役之法，其源甚古，经传所称有"力役之征"，即所述先王之政，亦只言用民之力岁不过三日。准此以谈，则力役之征，虽三代以前，未尝免矣。盖古代租税之制未备，国家财政极微，有所兴作，不得不用民力。揆以人民对于国家之义务，此亦未足云厉。然君主每滥用之而无节制，故孟子称夺其民时使不得耕耨以致冻饿离散，其水深火热之状，可以想见。秦汉以还，沿而勿革，逮宋而其敝益甚。今撮录当时士大夫所记事实与其所建议，以见荆公之改革，乃应于时势之要求，万不容已，而其法之完善而周密，亦以校诸前此之论者而可见也。

仁宗皇祐中知并州韩琦上疏曰："州县生民之苦，无重于里正衙前。兵兴以来，残剥尤甚，至有孀母改嫁，亲族分居，或弃田与人以免上等，或非分求死以就单丁。规图百端，苟脱沟壑之患。每乡被差疏密，与赀力高下不均。假有一县甲乙二乡，甲乡第一等户十五户，计赀为钱三百万；乙乡第一等户五户，计赀为钱五十万，番休递役，即甲乡十五年一周，乙乡五年一周、富者休息有余，贫者败亡相继，岂朝廷为民父母之意乎？"英宗时，谏官司马光言："置乡户衙前以来，民益困乏，不敢营生，富者反不如贫，贫者不敢求富。臣尝行于村落，见农民生具之微，而问其故，皆言不敢为也。今欲多种一桑，多置一牛，蓄二年之粮，藏十匹之帛，邻里已目为富室，指抉以为衙前矣，况敢益田畴葺间舍乎？臣闻其事，怒焉伤心，安有圣帝在上，四方无事，而立法使民不敢为久生之计者乎？"

及神宗即位，知谏院吴充亦上言："衙前被差之日，官吏临门，籍记杯杆匕箸，皆计资产，定为分数，以应须求。至有家赀已竭，而逋负未除，子孙既没，而邻保犹逮。是以民间规避重役，土地不敢多耕而避丁等，骨肉不敢义聚而惮入上，无以为生，乞定早定乡役利害，以时施行。"

三司使韩绛亦言："害农之弊，无过差役。重者衙前，多致破产；次则州役，亦须重费，向闻京东有父子二丁，将为衙前，其父告其子云：'吾当求死，使汝曹免冻馁。'自经而死。又闻江南有嫁其祖母及与母析居以避役者。此大逆人理，所不忍闻。又有鬻田产于富户，田归不役之家，而役并增于本等户，其余戕贼农民，未易遍数。望今中外臣庶，条具利害，委侍从台省官集议，考验古制裁定，使力役无偏重之患，则农民知为生之利，有乐业之心矣。"

凡此所称述，十分未得其一端，然千载下读之，犹使人肤栗鼻酸涕泗而不能禁。则当时躬遭斯厄者，尚得有人趣矣乎？此所云衙前者，不过役之最苦累者耳。自余名目，更仆难数。盖衙前以主官物，里正、户长、乡书手以课督赋税，耆长、弓手、壮丁以逐捕盗贼，承符、人力、手力、散从以给官使令，县曹司至押录、州曹司至孔目官、下至杂职、虞候、拣掏等，不可悉纪。各以乡户等第定差，而命官、将、吏、僧、道皆得复役。黠者或投身彼辈，为之佣奴，亦得随免。民以得度牒出家为脱苦难，度牒之值，重于地契。而乡氓贱族，应役愈繁数而生计愈窘，观前所录诸奏议，则当时国民经济之困顿，岌岌乎不可终日，可以想见。而史家犹称仁宗之世家给人足，此孟子所以"不如无书"之叹也。而其致敝之根原，则莫甚于役法。前此范文正以天下县多，故役蕃而民瘠，乃首废河南府诸县，将以次及他州。韩魏公欲验乡之阔狭、役之疏密而均之，然此皆补苴罅漏，于根本救治咸无当也。司马温公言衙前当募民为之，其余诸役则农民为之，是亦五十步之与百步耳。而募之必有所酬，所酬将安出？温公未及计也。及神宗立，荆公相，乃廓然与之更始，而募役法以起。《文献通考》卷十二记其略云：

熙宁二年，诏制置条例司讲立役法。条例司言：考合众论，悉以使民出钱雇役为便，即先王之法致民财以禄庶人在官者之意也。愿以条目付所遣官分行天下，博尽众议，奏可。于是条谕诸路曰：衙前既用，重难分数，凡买扑酒税坊场，旧以酬衙前者，从官自卖，以其钱同役钱随分数给之。其厢镇场务之类，旧酬奖衙前不可令民买占者，即用旧定分数为投名衙前酬奖。如部水陆运及领仓驿场务公使库之类，旧烦扰且使陪备者，今当省使无费。承符、散从等旧苦重役偿欠者，今当改法除弊使无因。凡有产业物力而旧无役者，今当出钱以助役。皆其条目也。久之，司农寺言：今立役条，所宽优者皆村乡朴愿不能自达之穷氓，所裁取者乃仕宦兼并能致人言之豪右。若经制一定，则衙司县吏，又无以施诛求巧舞之奸，故新法之行，尤所不便。筑室道谋，难以成就。欲自司农申明

## 第十章　荆公之政术（二）

所降条约，先自一两州为始，候其成就，即今诸州军仿视施行。若其法实便百姓，当特奖之，从之，于是提点府界公事赵子几以其府界所行条目奏上之。帝下之司农寺，诏判寺邓绾、曾布更议之。绾布上言：畿内乡户计产业若家资贫富之上下分为五等，岁以夏秋，随等输钱，乡户自四等、坊郭自六等以下勿输。两县有产业者，上等各随县中等并一县输。析居者随所析而升降其等，若官户、女户、寺观、未成丁减半输，皆用其钱募三等以上税户代役，随役重轻制禄。开封县户二万二千六百有奇，岁输钱万二千九百缗，以万二百为禄，赢其二千七百以备凶荒欠阙。他县仿此。然输钱计等高下，而户等著籍，昔缘巧避失实，乃诏责郡县。坊郭三年，乡村五年，农隙集众，稽其物业，考其贫富，察其诈伪，为之升降。若故为高下者，以违制论。募法三人相任（案：任者，保证也），衙前仍供物产为抵，弓手试武艺，典吏试书计，以三年或二年乃更。为法既具，揭示一月，民无异辞，著为令，于是颁其法天下。天下土俗不同，役重轻不一，民贫富不等，从所便为法。凡当役人户以等第出钱，名"免役钱"，其坊郭等第户，及成丁单女户，寺观品官之家旧无色役而出钱者，名"助役钱"。凡敷钱，先视州若县应用雇直多少，而随户等均取。雇直既已足用，又率其数增取二分，以备水旱欠阙，虽增毋得过二分，谓之"免役宽剩钱"。

呜呼！吾读条例司及司农寺所拟役法条目，而叹荆公及其僚属，真所谓体大思精，可以为立法家之模范矣！夫差役之病民，既已若彼其甚，则势不能以不革明矣。然前此诸役，固有其烦苛而可以径蠲之者，亦有其为国家所必需而不能蠲之者。今熙宁新法，于其可蠲者而既已蠲之矣，其不可蠲者既不复以役诸民，又不能以不役民之故而废其事，则不得不由国家募民之愿充者以充之，此事理至易见者也。然既募充矣，则非复义务的性质，而变为合意契约的性质，非有报酬，而孰肯为之？然国家者，非能如私人之自有财产也，其有所需，则取诸民而已。而此等义务，人民本已负之者既数十年，徒以立法不善，故朴愿而弱者益病，黠而豪强者幸免。今因其固有之义务而修明之，易征徭之性质为赋税之性质，视前非有所增也。此免役钱所以为衷乎理也，而其征收之也，以财产之高下列为等第，富者所征较重，贫者所征愈微，其尤贫者，则尽豁免之，此与今世各文明国收所得税之法正同。各国之收所得税，凡人民之收入少而仅足以维持其生计者不税，其有羡则税之。而其税之也，定其等级比例而累进之。此实极均平之课税法，而各国财政学家所最称道也。乃荆公当数百年前各国未发明此法之时，而所定与之暗合，所谓计产业若家资贫富之上下分为等第，随等输钱。乡户自四等、坊郭自六等以下勿输者是也。豪族僧侣，不供赋役，而国家一切负担，尽责诸弱而无力之平民。此欧洲中世以来之弊政，而法国之大革命，与夫近百年来欧洲诸国之革命，其动机之泰半，皆坐是也。荆公痛心疾首于此等不平之政，不惮得罪于巨室，而毅然课彼辈以助役钱，此欧洲诸国流亿万人之血乃得之者，而公纡筹于庙堂，顷刻而指挥若定也。夫其立法之完善而周备，既若是矣，犹不敢自信，乃揭示一月，民无异辞，然后著为令。而其行之也，又不敢急激，先施诸一两州，候其成就，乃推之各州军。所谓劳谦君子有终吉者非耶？自此法既行，后此屡有变迁，而卒不能废。直至今日，而人民不复知有徭役之事，即语其名亦往往不能解，伊谁之赐？荆公之赐也。公之此举，取尧舜三代以来之弊政而一扫之，实国史上、世界史上最有名誉之社会革命也。吾侪生今日，

## 第十章　荆公之政术（二）

淡焉忘之久矣！试一观当时诸人所述旧社会颠沛杌陧之情形，又考欧洲中世近世之历史，见其封建时代右族僧侣朘削平民之事实，两两相印证，则夫对于荆公，宜如何尸祝而膜拜者。而乃数百年来，一犬吠形，百犬吠声，至今犹曰迂阔也，执拗也，苛酷也，甚者则曰营私也，佥壬也。呜呼，我国民之薄于报恩，可以慨矣！

当时立法者之言曰："今所宽优皆村乡朴愿不能自达之穷氓，所裁取者乃仕宦兼并能致人言之豪右，知新法之行，不便彼辈，而挠之者必众矣。"果也当时所谓士君子者交起而攻之，而其所持之理由，则不外出于自利。今略举一二：

> 苏辙之言曰："役人之不可不用乡户，犹官吏之不可不用士人。"
>
> 苏轼之言曰："自古役人之必用乡户，犹食之必用五谷，衣之必用丝麻，济川之必用舟楫，行地之必用牛马，虽其间或有以他物充代。然终非天下所可常行。"又曰："士大夫捐亲戚弃坟墓以从官于四方者，宣力之余，亦欲取乐，此人之至情也。厨传萧然，则似危邦之陋风，恐非太平之盛观。"
>
> 神宗尝与近臣论免役之利，文彦博言："祖宗法制具在，不须更张以失人心。"上曰："更张法制，于士大夫诚多不悦，然于百姓何所不便？"彦博曰："为与士大夫治天下，非与百姓治天下也。"

呜呼，当时之攻新法者，其肺肝如见矣！如二苏言，认乡民之服役为天经地义而不可拔，此陷溺于阶级制度之陋俗，以为天之生民生而有贵贱也。法国大革命时之贵族，俄国现今之贵族，皆持此论以自拥护其不正之权利，而不意吾国所谓贤者乃若此也！夫在今日，无论中国外国，皆无所谓役人，无所谓用乡户者矣。是得毋不以五谷而得食，不以丝麻而得衣耶？东坡见此，其将何说之辞！况东坡所痛恨于免役者，徒以"厨傅萧然，无以供从官于四方者之取乐"云尔。如其所言，以此饰太平之盛观，夫盛则诚盛矣，曾不记吾民缘此，有孀母改嫁、亲族分居、弃田与人以免上等、非分求死以就单丁者乎？曾不记吾民缘此，而不敢多种一桑、多置一牛、蓄二年之粮、藏十匹之帛乎？夫以少数官吏取乐之故，而使多数人民离析冻馁祈死惟恐不速，是直饮人之血以为乐耳，是豺狼之言也！稍有人心者何忍出诸口？不意号称贤士大夫者，靦然言之，而数百年之贤士大夫且附和焉，以集矢于为民请命之谊辟哲相，吾有以见中国之无公论也久矣。至如文潞公所言，尤有深可骇者，曰："与士大夫治天下，非与百姓治天下。"信如后言，则尽戕夺百姓之生命财产，以求容悦于士大夫者，其得非郅治之极也耶？吾请正告天下后世之读史者曰：荆公当时之新法，无一事焉非以利民，亦无一事焉非不利于士大夫。彼士大夫之利害与人民之利害固相冲突者也，今吾辈所能考见者，则当时士大夫之言也。其人民之言，则无一而可考见者也。而撼一面之词以成信谳，则其冤岂直莫须有云尔哉？夫免役则其一端而已。

当时造作言说以相谤讪者不可殚纪。据《文献通考》载有同判司农寺曾布条奏辩诘之文，则夫谤者之虚构诬词与夫不审情实而漫为揣测者，皆可以见。今录其略云：

> 畿内上等户，尽罢昔日衙前之役，故今所输钱，比旧受役时，其费十减四五。中等人户旧充弓手、手力、承符、户长之类，今使上等及坊郭、寺观、单丁、官户，皆出钱以助之，故其费十减六七。下等人户，尽除前日冗役，而专充壮丁，且不输一钱，故其费十减八九。大抵上户所减之费少，下

# 第十章　荆公之政术（二）

户所减之费多，言者谓优上户而虐下户，得聚敛之谤，臣所未谕也。提举司以诸县等第不实，故首立品量升降之法。开封府司农寺方奏议时，盖不知已尝增减旧数，然旧敕每三年一造簿书，等第常有升降，则今品量增减，亦未为非。又况方晓谕民户，苟有未便，皆与厘正，则凡所增减，实未尝行。言者则以为品量立等者，盖欲多敛雇钱，升补上等，以足配钱之数。至于祥符等县，以上等人户数多，减充下等，乃独掩而不言，此臣所未谕也。凡州县之役，无不可募人之理。今投名衙前半天下，未尝不典主仓库、场务、纲运，而承符、手力之类，旧法皆许雇人行之久矣。惟耆长、壮丁，以今所措置，最为轻役，故但轮差乡户，不复募人。言者则以为专典雇人，则失陷官物；耆长雇人，则盗贼难止。又以为近边奸细之人应募，则焚烧仓廪，或守把城门，则恐潜通外境，此臣所未谕也。免役或输见钱，或纳斛斗，皆从民便。为法至此，亦已周矣。言者则谓直使输钱，则丝帛粟麦必贱；若用他物准直为钱，则又退拣乞索，且为民害。如此则当如何而可？此臣所未谕也。昔之徭役，皆百姓所为，虽凶荒饥馑，未尝罢役。今役钱必欲稍有余羡，乃所以为凶年蠲减之备，其余又专以兴田利增吏禄。言者则以为助钱非如税赋，有倚阁减放之期，臣不知昔之衙前、弓手、承符、手力之类，亦尝倚阁减放否？此臣所未谕也。两浙一路，户一百四十余万，所输缗钱七十万耳。而畿内户十六万，率缗钱亦十六万。是两浙所输财半畿内，然畿内用以募役，所余亦自无几。言者则以为吏缘法意，广收大计，如两浙欲以羡钱徼幸，司农欲以出剩为功。此臣所未谕也。

观此则知当时之谤者，皆务扬恶而隐善，又于变法前之利病，与变法后之利病，未尝一比较而权其轻重，其言悉为意气之私，而非义理之公，夫免役则其一端而已。及神宗殂落，司马温公执政，首罢募役法，复差役法。而前此攻新法最力之范尧夫，则谓差役之事当熟讲，不然，滋为民害矣。前此以差用乡户比诸丝麻五谷之苏子瞻，又极言役可雇不可差，虽圣人复起不能易，且谓农民应差，官吏百端诛求，比于雇役苦乐十倍矣。同是一人也，而前后十余年，其言论之相反如此，岂非前者骇于其所未经见，及成效卓著，乃始不得不从而心折耶？语曰："非常之愿，黎民惧焉。"又曰："凡人可与乐成，难与虑始。"以尧夫、子瞻之贤，而其识乃不过与黎民凡人同科，则荆公概目之为流俗，岂得曰"诬"。然尧夫、子瞻，悟前说之非而幡然以改，终不失为君子之过。独怪彼司马温公者，当荆公未行此法以前，已极言差役之弊，首倡募役之说。及其继相，乃听一金壬反复之蔡京，以尽反故相之所为，且并弃前此己所持说而不顾焉，谓其恶功名之不出自我，而倾人以自快取私耶！以温公之贤，吾固不敢以此疑之，然舍此以外，吾又不能得其居心之何在也。

**第六　其他关于民政财政诸法**

以上青苗、均输、市易、募役四法，皆当时荆公特创之法之关于民政财政者也。其他就旧法而整顿改良之者尚多，今略论焉。

（甲）农田水利

荆公初执政，即分遣诸路常平官使专领农田水利。吏民能知土地种植之法、陂塘圩埠堤堰沟洫利害者皆得自言，行之有效，随功利大小酬赏。其后在位之日，始终汲汲尽瘁于此业。史称自熙宁三年至九年，府界及诸路所兴修水利田凡一万七百九十三处，为田三十六万一千一百七十八顷云。

荆公所开水利，不可悉数，其大者曰浚黄河、清汴河。公之言浚黄河也,曰:"北流不塞,占公私田至多,又水散漫,久复淀塞。昨修二股,费至少,而公私田皆出,向之泻卤,俱为沃壤。"时司马、欧阳二公皆沮之。欧阳之言曰:"开河如放火,不开如失火。与其劳人,不如勿开。"荆公曰:"劳人以除害,所谓毒天下而民从之者。"夫即此二说,而一为偷安,一为任劳,其孰贤盖易见矣。清汴之议,则荆公早倡之,直至乞休后,元丰元年始行之,用功四十五日而成。此两事者,为利为害,吾未能言之。要之足以证公之尽心民事而已。而当时苏轼上书诋之,谓"天下久平,民物滋息,四方遗利已尽,今欲凿空访寻水利,必大烦扰"。此皆以一切不事事为主义者,当时之士风然也。夫中国直至今日,遗利犹且遍地,况宋代承大乱之后,而真仁间之凋敝,又如前所述耶!谓曰已无遗利,抑谁欺哉!

(乙)方田均税

方田均税者,荆公整理田赋之政也。史记其始末如下:

熙宁五年八月,诏司农以均税条约并式颁之天下,以东西南北各千步,当四十一顷六十六亩,一百六十步为一方。岁以九月,县委令佐,分地计量。随陂原平泽而定其地,因赤淤黑垆而辨其色,方量毕,以地及色参定肥瘠,而分五等以定税则。至明年三月毕,揭以示民,一季无讼,即书户帖,连庄账付之,以为地符。均税之法,县各以其租额税数为限,旧尝取麂零,如米不及十合而收为升,绢不满十分而收为寸之类,今不得用其数均摊增展,致溢旧额,凡越额增数皆禁之。若瘠卤不毛及众所食利山林陂塘路沟坟墓,皆不立税。凡田方之角,立土为埒,植其野之所宜木以封表之。有方账,有庄账,有甲帖,有户帖,其分烟析生典卖割移,官给契,县置簿，皆以今所方之田为正。令既具，乃以济州巨野尉王曼为指教官，先自京东路行之，诸路仿焉。

此盖当时调查土地、整顿赋税之一政策，虽非荆公所特创，然亦言理财者所首当有事也。方田法盖如近世所谓土地台账法，言地税者称此法最善焉，但其每年厘定一次，未免太烦数，不能持久耳。先揭以示民，一季无讼，乃著为令，此又至仁之政也。方账、庄账、甲帖、户帖，虽其内容今不可考，然与今世文明国之法度，盖甚有合矣。严禁越额增数，豁免瘠卤及公利之地，惠民之意尤多，孰谓公之立法损下益上哉？

（丙）漕运

累朝建都北部，仰食东南，故漕运实为国家一大政，北宋时尤甚。前此漕运吏卒，上下共为侵盗贸易，甚则托风水沉没以灭迹，官物陷折，岁不减二十万斛。熙宁二年，荆公荐薛向为江淮等路发运使，始募客舟与官舟分运，互相检察，旧弊乃去。岁漕常数既足，募商舟运至京师者，又二十六万余石而未已云。此在荆公相业中，虽甚为微末，然其知人善任综核名实之效，盖可见也。

以上所列，皆荆公兴举民政财政之大略也。其条目班班可考，其本意无一不出于利民，乌有所谓损下益上如俗吏掊克之所为乎？虽其时奉行不实，致有与立法之本意相迕，而收效不如其所期者，盖亦有焉。然吾固言之矣，当交通未便之时代，而欲以干涉政策治大国，其事实难，然则是固不足为荆公罪也。况当时所谓廉洁之君子，莫肯为之助，则虽有用人不当，而其咎则所谓君子者当分之矣。吾故详述当时财政之真相，俾后之读史者省览焉。

# 第十一章　荆公之政术（三）

## 军　政

### 第一　省兵

宋以养兵敝其国，拥百余万之兵，所费居岁入三之二，而不能以一战，稍有识者未尝不尽焉忧之，然而卒莫之能革者。积重之势，非豪杰不足以返之。而当时士大夫习于偷惰，其心力未有足任此者也。今请先述当时诸贤所论养兵之弊，次乃及荆公省兵之策。仁宗嘉祐间知谏院范镇上书云：

> 今田甚旷，民甚稀，赋敛甚重，国用甚不足者，正由兵多故也。议者必曰以为契丹备也，且契丹五十年不敢南入为寇者，金缯之利厚也。就使弃利为害，则大河以北，妇人女子，皆是乘城之人，其城市无赖陇亩力田者，又将焉用？而预蓄养之以困民？夫取兵于民则民稀，民稀则田旷，田旷则赋役重，赋役重则民心离；寓兵于民则民稠，民稠则田辟，田辟则赋役轻，赋役轻则民心固。与其离民之心以备契丹，契丹未至而民力先已匮，孰若固民之心以备契丹，虽至而民力有余，国

用有备？其利害若视白黑、若数一二，而今以为难者，臣所以深惑也。昔汉武以兵困天下者，用兵以征匈奴空漠北得所欲也。陛下以兵困天下者，不用兵养兵以至是也，非以快所欲也，何苦而为是乎？

欧阳修亦论之云：

国家自景德罢兵，三十三岁矣。兵尝经用者，老死几尽，而后来者未尝闻金鼓识战阵也。生于无事而饱于衣食也，其势不得不骄惰。今卫士入宿，不自持被，而使人持之。禁兵给粮，不自荷而雇人荷之。其骄如此，况肯冒辛苦以战斗乎？前日西边之吏，如高化军、齐宗举，两用兵而辄败，此其效也。夫就使兵耐辛苦而能斗战，虽耗农民为之可也，奈何有为兵之虚名，而其实骄惰无用之人也。古之凡民长大壮健者，皆在南亩，农隙则教之以战。今乃大异，一遇凶岁，则州郡吏以尺度量民之长大而试其壮健者，招之去为禁兵；其次不及尺度而稍怯弱者，籍之以为厢兵。吏招人多者有赏，而民方穷时争投之，故一经凶荒，则所留在南亩者，惟老弱也，而吏方曰不收为兵则恐为盗。噫，苟知一时之不为盗，而不知终身骄惰而窃食也！古之长大壮健者任耕，而老弱者游惰；今之长大壮健者游惰，而老弱者留耕也。何相反之甚邪！然民尽力乎南亩者，或不免乎狗彘之食；而一去为增兵，则终身安佚而享丰腴。则南亩之民，不得不日减也。故曰，有诱民之弊者，谓此也。

又云：

# 第十一章 荆公之政术（三）

古之善用兵者，可使之赴水火；今厢禁之军，有司不敢役，必不得已而暂用之，则谓之"借倩"。彼兵相谓，亦曰"官倩我"，而官之文符亦曰"倩"。夫赏者所以酬劳也，今以大礼之故，不劳之赏，三年而一遍，所费八九十万，有司不敢缓月日之期。兵之得赏，不以无功知愧，乃称多量少，比好嫌恶，小不如意，则持梃而呼，群聚欲击天子之命吏。无事之时犹若此，以此知兵骄也。兵之敢骄者，以用之不得其术，而法制不立也。前日五代之乱，可谓极矣。五十三年之间，易五姓十二君，而亡国被弑者八，长者不过十余岁，甚者三四岁而亡。其主岂皆愚邪？其心岂乐祸乱而不欲为久安之计乎？顾其力不能者，时也。当时东有汾晋，西有岐蜀，北有强胡，南有江淮闽广吴越荆潭，天下分为十三四，四面环之以至。加之中国又有叛将强臣割而据之，其君天下者，类皆为国日浅，威德未洽，强君武主，力而为之，仅以自守，不幸孱子弱孙，不过一再传而复乱败。是以养兵如儿子之啖虎狼，犹恐不为用，尚何敢制天下之势？方若敝庐，补其奥则隅坏，整其楣则栋倾，支撑扶持，苟存而已，尚何暇法象规矩而为制度。今宋之为宋，八十年矣。外平僭乱，无抗敌之国；内削方镇，无强叛之臣。天下为一，海内晏然。为国不为不久，天下不为不广也。然而兵不足以威于外而敢骄于内，制度不可为万世法，而日益丛杂，一切苟且，不异五代之时，此甚可叹也！

苏轼亦论之云：

夫兵无事而食，则不可使聚，聚则不可使无事而食，此二者相胜而不可并行，其势然也。今夫有百顷之闲田则足以牧马千驷，而不知费，聚千驷之马而输百顷之刍，则其费百倍，此易晓也。昔汉之制，有践更之卒，而无营田之兵，虽皆出于农夫，而方其为兵也，不知农夫之事。是故郡县无常屯之兵，而京师亦不过有南北军期门羽林而已。边境有事，诸侯有变，皆以虎符调发郡国之兵，至于事已而兵休，则涣然各复其故。是以其兵虽不离农，而天下不至于弊者，未尝聚也。唐有天下置十六卫府兵，天下之府八百余所，而屯于关中者至有五百，然皆无事则力耕而积谷，不惟以自赡养，而又足以广县官之储，是以兵虽聚于京师，而天下亦不至于弊者，未尝无事而食也。今天下之兵，不耕而聚于畿辅者以数十万计，皆仰给于县官。有汉唐之患，而无汉唐之利，择其偏而兼用之，是以兼受其弊而莫之分也。天下之财，近自淮甸，而远至于吴楚，凡舟车所至，人力所及，莫不尽取以归于京师。晏然无事，而赋敛之厚，至于不可复加，而三司之用，犹苦其不给，其弊皆起于不耕之兵聚于内而食四方之贡赋。非特如此而已，又有循环往来屯戍于郡县者。昔建国之初，所在分裂，拥兵而不服。太祖太宗，躬擐甲胄，力战而取之，即降其君而籍其疆土矣。然其故基余孽，犹有存者。上之人见天下之难合而恐其复发也，于是出禁兵以戍之，大自藩府而小至于县镇，往往皆有京师之兵。由此观之，则是天下之地，一尺一寸，皆天子自为守也，而可以长久而不变乎？费莫大于养兵之费，养兵之费莫大于征行。今出禁兵而戍郡县，远者或数千里，其月廪岁给之外，又日供其刍粮，三岁而一迁，往者纷纷，来者累累，虽不过数百为辈，而要其归，无以异于数十万之兵。三岁而一出征也，农夫之力，安得不竭？馈运之卒，安得不疲？且今天下未尝有战斗之事，武夫悍卒，非有劳伐可以邀其上之人，然皆不得为休息闲居无用之兵者，其意以为为天子出戍也。是故美衣丰食，开府库辇金帛，若有所负，一逆其意，则欲群起而噪呼，此何为者也？天下一家，且数千百年矣。民之戴君，至于海隅，无以异于畿甸，亦不必举疑四方之兵而专信禁兵也。曩者蜀之有均贼，近岁贝州之乱，未必非禁兵致之。臣愚以为郡县之士兵，可以渐训而阴夺其权，则禁兵可以渐省而无用。天下武健，岂有常所哉？山川之所习，风气之所咻，四方之民一也。昔者战国常用之矣。蜀人之怯懦，吴人之短小，皆尝以抗衡于上国，夫安得禁兵而用之？今之士兵，所以钝弊劣弱而不振者，彼见郡县皆有禁兵，而待之异等，是以自弃于贱隶役夫之间，而将吏亦莫训也。苟禁兵渐省，而以其资粮益优郡县之士兵，则彼固以欢欣踊跃，出于意外，戴上之恩，而愿效其力，又何遽不如禁兵邪？夫士兵日以多，禁兵日以少，天子扈从捍城之外，无所复用。如此则内无屯聚仰给之费，而外无迁徙供亿之劳，费之省者，又过半矣。

又云：

三代之兵，不待择而精，其故何也？出兵于农，有常数而无常人，国有事要，以一家而备一正卒，如斯而已矣。是故老者得以养，疾病者得以为闲。民而役于官者，莫不皆其壮子弟。故其无事而田猎，则未尝发老弱之民；师行而馈粮，则未尝食无用之卒。使之足轻险阻，而手易器械，聪明足以赴旗鼓之节，强锐足以犯死伤之地，干城之众，而人人足以自捍，故杀人少而成功多，费用省而兵卒强。及至后世，兵民既分，兵不得复而为民，于是始有老弱之卒。夫既已募民而为兵，其妻子屋庐，既已托于营伍之中，其姓名既已书于官府之籍，行不得为商，居不得为农，而仰食于官，至于衰老而无归，则其道诚不可以弃去，是故无用之卒，虽薄其资粮，而皆廪之终身。凡民之生自二十以上至于衰老，不过四十余年之间，勇锐强力之气，足以犯坚冒刃者，不过二十余年。今廪之终身，则是一卒凡二十年无用而食于官也。自此而推之，养兵十万，则是五万人可去也；屯兵十年，则是五年为无益之费也。今天下募兵至多，往者陕西之役，举籍平民以为兵，加以明道、宝元之间，天下旱蝗，次及近岁，青齐之饥与河朔之水灾，民急而为兵者日益众。举籍而按之，近世以来，募兵之多，无如今日者。然皆老弱不教，不能当古之十五，而衣食之费，百倍于古，此甚非所以长久而不变者也。凡民之为兵者，其倍于古，此甚非所以长久而不变者也。凡民之为兵者，其类多非良民。方其少壮之时，博亦饮酒，不安于家，而后能捐其身，至其少衰而气沮，盖亦有悔而不复者矣。臣以谓五十以上，愿复而为民者，宜听。自今以往，民之愿为兵者，皆三十以下则收，限以十年，而除其籍。民三十而为兵，十年而复其归，其精力思虑，犹可以养生送死，为终身之计。其应募之日，心知其不出十年，而为十年之计，则除其籍而不怨。以无用之兵终身坐食之费而为重募，则应者必众，如此县官常无老弱之兵，而民之不任战者，不至于无罪而死。彼皆知其不过十年而复为平民，则自爱其身而重犯法，不至于叫呼无赖以自弃于凶人。今夫天下之患，在于民不知兵，故兵常骄悍而民常怯，盗贼攻之而不能御，戎狄掠之而不能抗。今使民得更代而为兵，兵得复还而为民，则天下之知兵者众，而盗贼戎狄将有所忌。

读此则当时养兵之积弊，其万不能以不革也明矣。则范、欧、苏诸公所建议者，乃即荆公后此所实行者也。而其必有待于荆公者何也？则甚矣言之易而行之难，天下大业，终非坐论者之所能了也。夫仁宗固优柔之主，不可以语于大计矣。若夫神宗则英断天纵，宜若可辅之以行其言。然帝一议及实行，则群臣相率动色，莫敢负此责任矣。其首阻挠者则司马光也，其言曰：

沙汰既多，人情皇惑，大致愁怨，虽国家承平，纪纲素张，此属恟恟，亦无能为。然诏书一下，万一有道路流言，惊动百姓，朝廷欲务省事，复为收还，则顿失威重，向后不复可号令骄兵。若遂推行，则众怨难犯，梁室分魏博之兵，致张彦之乱，此事可鉴者也。

温公此论，殆可为当时反对党之代表矣。问其理由，则不过虑骄兵之不可制，一省之遂激而为变，而务为姑息以养痈而已。使非有荆公，则此举亦以筑室道谋而废耳。当帝与公议省兵也，帝曰："密院以为必有唐建中之变。"公对曰："陛下躬行德义，忧勤政事，上下不蔽，必无此理。建中所以致变，以德宗用卢杞之徒而疏陆贽，其不亡者幸也。今但当断自圣心，详立条制，以渐推行。"帝意遂决。于是熙宁元年，诏诸路监司察州兵不如法者按之，不任禁军者降厢军，不任厢军者免为民。寻又诏拣诸路半分年四十五以下胜甲者，升为大分，五十以上愿为民者听之。旧制兵至六十一始免，犹不即许也，至是免为民者甚众，冗兵由是大省。二年，遂诏废并诸军营，陕西马步军营三百二十七，并为二百七十，马军额以三百人，步军以四百人。其后总兵之拨并者，马步军五百四十五营，并为三百五十五，而京师之兵，类皆拨并畿甸诸路及厢军，皆总会畸零，各定以常额。自熙宁至元丰，岁有废并甚众，而增置武卫军，严其训练之法，不数年皆为精兵云。

夫冗兵之当省，当时夫既尽人而知之，然而不敢发难者，谓惧兵之为变也。然以荆公毅然行之，匕鬯不惊，则其所谓可惧者安在？毋亦诸贤惮于兴作，不肯负责任，不肯贾劳怨，宁坐视国家之凋敝，而终不以己之爵位名誉尝试于成败不可知之数也。夫自为计则得矣，但不知国家果何取乎有此大臣也。治平间之兵，凡一百十六万二千，至熙宁，省为五十六万八千六百八十八。元丰稍有增置，亦仅为六十一万二千二百四十三，盖视前省其半矣。夫以荆公初执政，而能省宫廷费及其他冗费十之四，执政十年，而能次第省冗兵十之五，此其魄力之雄伟果毅，岂复可以测度耶！而其任事之艰贞劳瘁，亦可以想见矣。夫此二者，皆当时言论家所日日鼓舌以谈之者也。谈之而不能行，荆公行焉，则又从而诋之，其可谓无人心者也。而后之论史者，于此伟绩，熟视若无睹焉，其可谓无目者也。荆公所省之兵，《宋史·兵志》详胪其废并之迹，以建隆以来之制与熙宁以后之制两两比较，学者欲知其细，可以覆视，今弗具也。

### 第二　置将

荆公之省兵，非退婴政策，而进取政策也。宋之兵所以虽多而不可用者，其原因不一，而其最病者，则将与兵不相知、兵与将不相习也。艺祖鉴晚唐五季之敝，惧将之能私有其兵也，于是创为更戍之法，分遣禁旅，戍守边城，其以弭悍将骄卒之跋扈，计良得矣。然其敝也，非徒践更旁午，蚀财病民而已。而以将不知兵、兵不知将之故，而有兵等于

## 第十一章　荆公之政术（三）

无兵。及荆公执政，始部分诸路将兵，总隶禁旅，使兵知其将，将练其士，平居知有训厉，而无番戍之劳，有事而后遣焉，此实宋兵制一大改革也。今考当时将兵之数及其配置之地，列表如下：

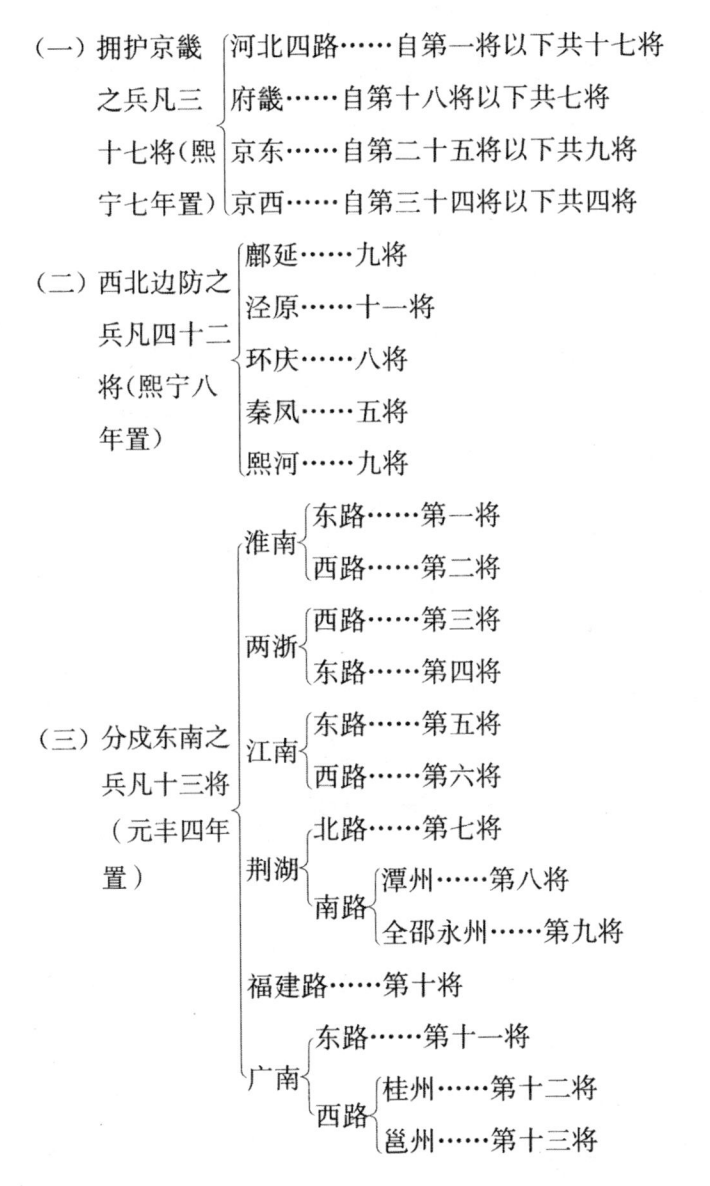

（一）拥护京畿之兵凡三十七将（熙宁七年置）
- 河北四路……自第一将以下共十七将
- 府畿……自第十八将以下共七将
- 京东……自第二十五将以下共九将
- 京西……自第三十四将以下共四将

（二）西北边防之兵凡四十二将（熙宁八年置）
- 鄜延……九将
- 泾原……十一将
- 环庆……八将
- 秦凤……五将
- 熙河……九将

（三）分戍东南之兵凡十三将（元丰四年置）
- 淮南
  - 东路……第一将
  - 西路……第二将
- 两浙
  - 西路……第三将
  - 东路……第四将
- 江南
  - 东路……第五将
  - 西路……第六将
- 荆湖
  - 北路……第七将
  - 南路
    - 潭州……第八将
    - 全邵永州……第九将
- 福建路……第十将
- 广南
  - 东路……第十一将
  - 西路
    - 桂州……第十二将
    - 邕州……第十三将

总天下都为九十二将，而尚有马军十三指挥，忠果十指挥，土军两指挥，都为二十五指挥，与将并行，此荆公所定常备兵之编制也。其一将一指挥之下所属之兵数几何，史无明文，今不可考。但知其忠果十指挥额各五百人，而东南路诸将所属兵有在三千人以下者耳。大约各随屯地之险易以为多寡，其额非一定也。

其所谓将者，非将帅之谓，而一团体之名称也。殆有类于今日新军制之所谓"镇"，有类于日本军制所谓"师团"。其以第一将、第二将等为之记号，亦与今制暗合，而其择全国险要扼塞之地，而分配之各得其宜，则又今之治兵者所未能望其项背也。其第一项之三十七将，所以拥卫京师，且防契丹也。韩琦请撤之以免契丹之疑者即此也。其第二项之四十二将，所以图西夏也。公之于二虏，处心积虑以图之，故其兵力之集于此者特厚焉。其第三项之十三将，则以保境内之治安而已，故置之远在后，而其兵力亦仅全国五之一也。将兵之制，所以与晚唐五代之制异者，以其悉为禁旅，天子自为大元帅以统之，将官不得私有其兵，故兵权无旁落之患也。其所以与建隆以来之制异者，则将与士相习，有训练之实，而无更戍之烦也。求诸今世，惟德国、日本之陆军编制法最近之，若中国现今之制，则犹学焉而未能至者也。呜呼，荆公倜乎远矣！

自元祐推翻新政，将兵之制，虽未尽废，然兼令州县官得统辖兵队，与将官分权，军令不出于一，而兵之偷惰乃日甚。驯至女真长驱，莫之能御，而宋遂以此南渡矣，悲夫！

第三　保甲

省兵也，置将也，皆荆公一时权宜之政策，聊救时弊而已。若其根本政策，尚不在是。荆公者，盖持国民皆兵之主义者也，欲达此目的，则必废募兵以为征兵，于是乎保甲法兴。

保甲之性质有二，其一则为地方自治体之警察，其一则为后备兵及国民兵也。荆公办保甲之意，本欲以改革兵制，而其下手则先自警察始，请先言警察之保甲。熙宁三年，始颁保甲法，其内容如下：

（一）十家为一保，五十家为一大保，十大保为一都保。其同保不及五家者，附于地保。有自外入保者，则收为同保，俟满十家乃别置焉。

（二）每保置保长一人，每大保置大保长一人，以主户有干力者充之。每都置都保正一人，副一人，以众所服者充之。凡任保正副保长，皆以选举。

（三）每户有两丁以上者，选一人为保丁，附保两丁以上，有余丁而壮勇者亦附之。

（四）凡不在禁内之兵器，许保丁习之。

（五）每一大保，夜轮五人徼盗，凡告捕所获，以赏从事者。

（六）凡同保中有犯强盗、杀人、放火、强奸、略人、传习妖教、造畜蛊毒等罪，知而不以告者罚之，但非法律所听纠者，毋得告发。

（七）有窝藏强盗三人以上经三日以上者，邻保虽不知情，亦科以失觉之罪。

（八）此法先行诸畿甸，以次推及诸路。

由此观之，则保甲法最初之性质，与今世所谓警察者正相类，明甚。而其警察权，则委诸地方自治之团体者也。警察权当集诸中央乎，抑当分诸地方乎？当以官吏专任其职乎，抑当以人民兼任其职乎？此两者各有利害，至今言政者犹未能断定。而在境宇寥廓之国，中央政府之力，苦难综核以及于微末，则以官吏谋之，良不如使民自为谋。而荆公之保甲法，则地方警察之性质也。荆公之行保甲，非徒以为警察而已，实欲改募兵以为征兵，而借保甲为之造端。当时宋制，有所谓义勇兵者，数颇不少，然其无用亦与禁兵厢兵等。公乃欲用其形式，而变其精神，此立保甲之本意也。草创伊始，廷臣莫或以为然，公与神宗及诸臣反复辨诘，乃克实行。今据《宋史·兵志》录其辨诘之词如下：

> 帝谓府兵须与租庸法相须。
>
> 安石曰："今义勇土军，上番供役，既有廪给，则无贫富皆可以入卫出戍。虽无租庸调法，亦自可为。第义勇皆良民，当以礼义奖养，今皆倒置者，以涅其手背也，教阅而靡费也，使之运粮也，三者皆人所不乐。若更驱之就敌，尤人所惮也。"
>
> 冯京曰："义勇亦有以挽强得试推恩者。"
>
> 安石曰："挑强而力有不足，则绝于进取，是朝廷有推恩之滥，初非劝奖，使人趋武用也。今欲措置义勇，皆当反此，使害在于不为义勇，而利在于为义勇，则俗可变而众技可成。臣愿择乡间豪杰以为将校，稍加奖拔，则人自悦服。矧今募兵为宿卫，及有积官至刺史以上者，移此与彼，固无不可，况不至如此费官禄，已足使人乐为哉！陛下诚能审择近臣，皆有政事之材，则异时可使分将此等军矣。今募兵出于无赖之人，尚可为军厢主，则近臣以上，岂不及此辈哉？此乃先王成法，社稷之长计也。"
>
> 帝曰："然。"
>
> 帝又言节财用。
>
> 安石曰："减兵最急。"
>
> 帝曰："比庆历数已甚减矣。"因举河北、陕西兵数，虑募兵太少，缓急或阙事。
>
> 安石曰："精训练募兵，而鼓舞三路之民习兵，则兵可省。臣屡言河北旧为武人割据，内抗朝廷，外敌四邻，亦有御奚契丹者，兵储不外求而足。今河北户口蕃息，又举天下财物

奉之，常若不足以当一面之敌，其设施乃不如武人割据时，则三路事有当讲画者，在专用其民而已。"

帝又言边兵不足以守，徒费衣廪，然固边围又不可悉减。

安石曰："今更减兵，则诚无以待缓急，不减则费财困国无已时，臣以为倘不能理兵稍复古制，则中国无富强之理。"

帝曰："唐都长安，府兵多在关中，则为强本。今都关东而府兵盛，则京师反不足待四方。"

安石曰："府兵在处可为，又可令入卫，则不患本不强。"

韩绛、吕公弼皆以入卫为难。

文彦博曰："如曹濮人专为盗贼，岂宜使入卫？"

安石曰："如曹濮人岂无应募？皆暴猾无赖之人，尚不足以为虑。义勇皆良民，又以物力户为将校，岂当复以为可疑也？"

陈升之欲令义勇以渐戍近州。

安石曰："陛下若欲去数百年募兵之敝，则宜果断，详立法制，令本末备具，不然无补也。"

帝曰："制而用之在法，当预立条制，以渐推行。"

彦博等又以为土兵难使千里出戍。

安石曰："前代征流求，讨党项，岂非土兵乎？"

帝曰："募兵专于战守，故可恃。至民兵，则兵农之业相半，可恃以战守乎？"

安石曰："唐以前未有黥兵，然亦可以战守。臣以为募兵与民兵无异，顾所用将帅何如耳。将帅非难求，但在人主能察识而善驾御之，则人材出而为用，不患无将帅，有将帅则不患民兵不为用矣。"

帝曰："经远之策，必当什伍其民，费省而兵众，且与募兵相为用矣。"

安石曰："欲公私财用不匮，为宗社久长计，募兵之法，诚当变革。"

帝曰："密院以为必有建中之变。"

安石曰："陛下躬行德义，忧勤政事，上下不蔽，必无此理。建中所以致变，德宗用卢杞之徒而疏陆贽，其不亡者幸也。"

时有造作谣言，谓朝廷教练保甲，将徙之戍边者。乡民惊扰，或父子聚首号泣，或自残伤以避团。韩维等请暂停以安民。

安石曰："乃者保甲，人得其愿上番状，然后使之，宜于人情无所惊疑。且今居藏盗贼及为盗贼之人，固不便新法。陛下观长社一县，捕获府界剧贼为保甲迫逐出外者至三十人，此曹既不容京畿，又见捕于辅郡，其计无聊，专务煽惑。自古作事，未有不以势率众而能令上下如一者。任其自去来，即孰肯听命？若以法驱之，又非人所愿为。且为天下者，如止欲任民情所愿而已，则何必立君而为之张置官吏也？今宜遣官先谕上旨，然后以法推行之。"

帝一日谓安石曰："曾孝宽言民有斩指诉保甲者。"

安石曰："此事得于蔡骃，赵子几使骃验问，乃民因斫木误斩指，参证者数人。大抵保甲法，上自执政大臣，中则两制，下则盗贼及停藏之人，皆所不欲，然臣召乡人问之，皆以为便。虽有斩指以避丁者，不皆然也。况保甲非特除盗，固可渐习为兵。既人皆能射，又为旗鼓变其耳目，且约以免税上番代巡检兵，又自正长而上，能捕贼者奖之以官，则人竞劝，然后使与大兵相参，则可以销募兵之骄志，且省财费，此国家长久之计也。"

## 第十一章　荆公之政术（三）

帝遂变三路义勇如府畿保甲法。

冯京曰："义勇已有指挥使，指挥使即其乡里豪杰，今复作保甲，令何人为大保长？"

安石曰："古者民居则为乡，伍家为比，比有长。及用兵即五人为伍，伍有伍司马。二十五家为闾，闾有闾胥。二十五人为两，两有两司马。两司马即闾胥，伍司马即比长，第随事异名耳。此三代六乡六军之遗法，其法见于《书》，自夏以来至周不改。秦虽决裂阡陌，然什伍尚如古制，此所以兵众而强也。近代唯府兵为近之。今舍已然之成宪，而乃守五代乱亡之余法，其不足以致安强无疑。然人皆恬然，不以因循为可忧者，所见浅近也。"

或曰："保甲不可代正军上番。"

安石曰："俟其习熟，然后上番，然东兵技艺，亦弗能优于义勇保甲。臣观广勇虎翼兵固然，今为募兵者，大率皆偷惰顽猾不能自振之人。为农者朴力一心听令之人，则缓急莫如民兵可用。"

冯京曰："太祖征伐天下，岂用农兵？"

安石曰："太祖时接五代困极，豪杰多以从军为利。今百姓安业乐生，而军中不复有如向时拔起为公侯者，即豪杰不复在军，而应募者皆偷惰不能自振之人耳。"

文彦博曰："以道佐人主者，不以兵强天下。"

安石曰："以兵强天下者非道也，然有道者，固能柔能刚，能弱能强，方其能刚强，必不至柔弱。张皇六师，固先王之所尚也，但不当专务兵强耳。"

帝曰："保甲义勇刍粮之费，当预为之计。"

115

安石曰："当减募兵之费以供之，所供保甲之费，才养兵十之一二。"

帝曰："畿内募兵之数，已减于旧，强本之势，未可悉减。"

安石曰："既有保甲代其役，即不须募兵。今京师募兵，逃死停放，一季乃数千，但勿招填，即为可减。然今厢军既少，禁兵亦不多，臣愿早训练民兵，民兵成则募兵当减矣。且今保甲阅艺八等，劝奖至优，人竞私习，不必上番然后就学。臣愚愿期以数年，其艺非特胜义勇，必当胜正兵。正兵技艺，取应官法而已，非若保甲人人有劝心也。"

以上皆初设保甲时荆公廷辩之言。所以不惮冗沓而详录之者，一以此法为荆公精神所寄，宜有以传之；一以《宋史》所载荆公政绩，恒务为简略，无以考见其立法之精意，惟兵志于此事，言之稍详，更不可以不表而出之也。呜呼！吾读此而叹荆公识见之远，忧国之诚，任事之勇，诚旷古而无其匹矣！夫服兵役者，国民对于国家至大之义务，无所逃于天地之间者也。故士农工商，举宜为兵，而万不容于士农工商以外，别有所谓兵之一阶级者存。使于士农工商以外别有所谓兵之一阶级者存，则此阶级必为藏垢纳污之所，而其兵未有能用者也。宋以募兵之故，而致兵别为一阶级，彼其积弊，当日诸贤言之既详。然岂必远征诸宋，即以近今之旗兵绿营防勇，其腐败之迹，固已与我辈以共见矣。荆公欲清其病源，乃发明专用乡民农民之义，此曾胡江罗之治湘军所以能有功也。其言曰："农民朴力一心听令，缓急惟民兵足恃。"试翻曾文正函牍中，其类此之言，不可悉数，盖非实心治事而有经验者，未易能见及此也。而其所以用之之法，则首在奖养之以礼义，而鼓舞之以名

## 第十一章　荆公之政术（三）

誉。夫曾罗诸贤之所以克建大业者，恃此而已。夫日本人所日日自夸炫以为大和魂，遂以屡奏奇捷使天下万国瞠目而相视者，恃此而已。而中国自秦汉以后二千年间所称贤士大夫，其能知之者有几人耶？其能知之而复能行之者更有几人耶？荆公当时所行诸新法中，惟保甲法所注心力尤多，而其受谤贾怨也亦最重。盖其他诸法，大率专以便民，故非之者惟朝廷意气之徒，民莫或和也。独至保甲法以其与减兵交相为用也，故募兵从而怨之者一矣。以其职司警察以维治安也，则为盗者与藏盗者从而怨之者二矣。然此犹未足以为病也，乃其为法也，举天下成年之壮夫，无贫无富，无贵无贱，而悉劳之以武事，范之以纪律，则夫不愿从事而从而怨之者三矣。夫常人之情，好逸而恶劳，好放纵而恶束缚。况以中国数千年来久惯放任之人民，重以有宋中叶，纪纲荡然，上下习于偷惰，以为成性，乃一旦欲取而衔勒之，劳其筋骨而张其负担，民之以为厉已，固其所耳。故夫当时廷臣耳目所接，谓有斩指以避丁、聚首以号泣者，此实情理所宜有，未必纯为虚构诬罔之词也。虽然，此足以为保甲病乎？子产有"孰杀"之歌，孔子有"麛裘"之谤，凡一政党改革之始，则必有多数人大感其苦痛者矣。缘是而遂废法不行，则天下宁复有能革之弊耶？公之言曰："自古作事，未有不以势率众而能令上下如一者。"又曰："如此欲任民情所愿而已，则何必立君？"此岂漫为法家专制之言哉？盖政治之大原理，实如是也。夫所恶乎专制者，恶其病民病国而自以为利耳，若夫事之关于国利民福，而总揽主权者强制以执行之，则何恶之有？夫强国民以服兵役之义务，则正国家之所当有事也，其有抗焉，则是对于国家而行叛逆也。而荆公当时对于此辈，曾未尝一惩艾焉，惟反复劝谕，且多为其途以诱导奖劝之使徐以自悟，吾但见其仁心之盎然而已。而议者乃反以为束湿之政，则甚矣群盲之论不足以为是非也。

史记训练保甲以为民兵之次第云：

熙宁二年十一月，始立府界集教大保长法。以王中正、狄谘兼提举府界教保甲大保长，总二十二县为教场十一所。大保长凡二千八百二十五人。每十人一色事艺，置教头一。凡禁军教头二百七十，都教头三十，使臣十。弓以八斗、九斗、一石为三等，弩以二石四斗、二石七斗、三石为三等，马射九斗、八斗为二等，其材力超拔者为头等。当教时，月给钱三千，日给食，官予戎械战袍，又具银碟酒醪为赏犒。

三年，大保长艺成，乃立团教法，以大保长为教头，教保丁焉。凡一都保相近者分为五团，即本团都副保正所居空地聚教之，以大保长艺成者十人衮教，五日一周之，五分其丁，以其一为骑，二为弓，三为弩。

府界法成，乃推之三路，各置文武官一人提举，河北则狄谘、刘定，陕西则张山甫，河东则黄廉、王崇拯，以封椿养赡义勇保甲，钱粮给其费。是岁引府界保甲武艺成，帝亲阅，录用能者，余赐金帛。

四年，改五路义勇为保甲。其年，府界、河北、河东、陕西路会校保甲，都保凡三千二百六十六，其正长壮丁凡六十九万一千九百四十五，岁省旧缗钱一百六十六万一千四百八十三，岁增费缗钱三十一万三千一百六十六，而团教之赏，为钱一百万有奇，不与焉。

迄熙宁九年，凡义勇保甲及民兵，七百一十八万二千二十八人云。

此保甲法推行之大略也。

荆公之治保甲，成效卓著。始焉用之为警察，而盗贼大息。前此环畿群盗，攻劫杀掠，岁辄二百起，至是则无复一也。仅长野一县，而捕获近畿剧贼为保甲迫逐出外者，且三十人也。继焉用之为民兵，教阅之初，众论沸腾，教艺既成，乃胜正兵。其劝奖赏赉所需，皆取诸封桩及禁军阙额所省溢者，未尝费户部一钱。司农官亲任其事，督责检察极精密，县令是强使保甲置衣装非理骚扰者，皆予处分，故人莫敢不奉法。而奖励既优，仕宦及有力之家，子弟皆欣然趋赴也。由此观之，则荆公与神宗十余年经营之苦习，其亦可谓不负矣。而岂意神宗之骨未寒，而良法美意遂破坏以尽也。

元丰八年，哲宗嗣位，知陈州司马光即首上疏乞罢保甲，其言曰：

（前略）自唐开元以来，民兵法坏，戍守战攻，尽募长征兵士，民间何尝习兵？国家承平，百有余年。戴白之老，不识兵革，一旦畎亩之人皆戎服执兵，奔驱满野，耆旧叹息，以为不祥。事既草创，调度无法，比户骚扰，不遗一家。又朝廷时遣使者，遍行按阅，所至犒设赏赉，靡费金帛，以巨万计。此皆鞭挞平民铢两丈尺而敛之，一旦用之如粪土，而乡村之民，但苦劳役，不感恩泽。农民之劳既如彼，国家之费又如此，终何所用哉？若使之捕盗贼卫乡里，则何必如此之多？使之戍边境事征伐，则彼远方之民，以骑射为业，以攻战为俗，自幼及长，更无他务。中国之民，大半服田力穑，虽复授以兵械，教之击刺，在教场之中，坐作进退，有似严整，必若使之与敌人相遇，填然鼓之，鸣镝始交，其奔北溃败，可以前料，决无疑也。（后略）

呜呼！温公之所以难保甲法者，其所持之理由，不过如此而已。吾今试得取而辨之。其谓民不知兵者已百余年，故民兵势不可复。夫人之所以贵于万物者，以其学焉而能也，就令前此未尝经见之事，苟国家有以奖教之，则无不可以驯致，而况于百年前之遗迹，湮没未尽者耶？如温公言，则国家之一切教养大政，皆可不举，宁独保甲也？其言"耆老不识兵革，见有戎服执兵者，叹息以为不祥"，其随义之可笑，抑更甚焉。大臣为国家谋百年大计，而其政策乃取决于乡鄙之耆老，天下事可知矣！夫正惟人民不识兵革，则执政之所以振厉之，愈不容已。此神宗与荆公所为剑及履及而克期以观武德之成也。如温公言，举国讳兵，而执冰以嬉，其于歌舞太平良得矣，而后此胡骑长驱，百城尽靡，吾又不知其何祥也！其言"草创之初，调度无法，比户骚扰"。夫事属草创者，未积经验，举措乖方，谅所难免，然亦闻事之当行否耳。苟其当行，则虽累挫失，犹不当戛然止也。况温公建言之时，距熙宁草创十七年矣，吏已习其事，而法已睹其效。追罪往昔，宁得谓平？而况乎昔以民所未习之而兴举之，固为骚扰；今以民所已安者而废坏之，宁得曰非骚扰乎？以暴易暴，犹且不可，而矧于以暴易仁也。其言"犒设赏赉，靡费国用"，似矣。独不思保甲之所费，咸取诸封椿及省兵之羡饷，未尝动户部一文乎！不观熙宁四年之统计，以改行保甲之故，岁省百六十余万，而保甲与赏犒所需仅百三十余万，两者比较，所省犹不下三十万乎！夫为保持国家起见，虽费亦不可以已。今世各国，不惜掷数亿万以造舰队是也，而况乎其有省于前也！温公此言，得毋亦欲荧人主之听而已。至其最后所论，谓中国之民，虽教之以武事，亦无所用。此言也，对于国民而科以大不敬之罪焉可也。如彼言，则是外国之民，在理宜永为征服者，而中国之民，在理宜永为被征服者也。夫人民既虽教焉而不可以战矣，彼募兵者，独非人民之一分子乎？前此募兵之不可以御侮，五尺童子皆能知之，宁以温公而不知者？今但言保甲之不可战而已，而不更求其所以恃为可战者，则推温公之意，岂非以臣妾于北虏为天经地义而莫敢或畔也。呜呼！以当时诸贤所不慊于新法者，其理由乃仅如此，即保甲一端，而他可推矣！

自元祐废保甲以后，元符二年，虽议恢复而不可果行。至徽宗崇宁间，蔡京以反复小人，托言绍述，乃复倡之，然其精神形式，皆非复荆公之旧矣。善夫高安陈氏汝锜之言也！曰："宋，武衰而积弱之国也，将权释于杯酒，而藩方之兵弱。天子之禁军，以戍边备征讨，而王畿之兵弱。招游手而涅刺之，既违土著，兼困民供，而所在防御之兵弱。以故金房一讧，陷朔代，围太原，下燕蓟，直捣汴京，有南朝无人之叹。而太后手诏，亦有人不知兵之恨。使保甲不废，则训练以时，韬钤日熟，家有干橹，而人皆敌忾，纵胡马南嘶，亦何至掉臂行数千里，无一城一垒撄其锋者！而又何至纷纷召集，下哀痛勤王之诏也哉！故吾以为编保甲法习民兵，已逆知他日之必有靖康，而靖康之所以河决鱼烂者，正以保甲之法坏，蒙其名而弃其实，额日广而锐日销，驱病妇弱子，张空拳以与饿豺狼斗，而立碎于爪吻之下耳。尚介甫之诅且罟乎！"呜呼，此言可谓先得我心矣！保甲之法既废，将兵之制复坏，宋欲不南，更可得耶？然则祸宋者，果荆公乎哉？抑温公乎哉？

### 第四　保马

保马法者，官给民以马，使代养之，且奖励民自养之，俟有缓急时，则偿其直而收其用也。马为战阵一利器，治兵者不容忽之，故历代皆以马政为国家大政之一，即今世各国亦有然。宋代马极缺乏，前此特置群牧监，常以枢府大臣领之，以重其事。然官马作弊甚多，靡费浩大，而不能收蕃息之效，至荆公而有保马法。

熙宁五年五月，诏开封府界诸县保甲愿养马者听，仍以陕西所市马选给之。六年，又诏司农寺立养马法，于是曾布等上其条约：凡五路义勇保甲愿养马者，户一匹。物力高者愿养二匹者，听。皆以监牧见马给之，或官予其直令自市，毋或强予。府界毋过三千匹，五路无过五千匹。袭逐盗贼之外，乘越三百里者皆有禁。在府界者免输粮草二百五十束，加给以钱布。在五路者，岁免折变缘纳钱，三等以上十户为一保，四等以下十户为一社，以待病毙补偿者。保户马毙，马户独偿之；社户马毙者，社人半偿之。岁一阅其肥瘠。禁苛留者。凡十有四条，先从府界颁焉，五路委监司经略司州县更度之。

荆公所创诸新法中，其最不衷于学理者，莫如保马法。盖马者生物，其肥瘠生死，往往不尽由人力，而责民养之，有失则令其赔偿，此非政体也。元祐初政，建议者争言其病民，以理卜之，殆为可信。虽然荆公当时所以行此者，亦自有故。盖荆公所最注重者，为训练民兵，即保甲是也。而练民兵不可以无马，官不给则缺于用，官给之则马无所出，故贷马于民而使之自养，凡以与保甲法相维系而已。然即为此计，亦自有道。保马之法，于其所不宜干涉者而干涉之，斯千虑之一失也。今世各国，所以筹划马政之法颇多，以非关宏旨，不缕述也。

**第五　军器监**

器械不精，以卒予敌，军器之重，自昔然矣。宋自仁宗以来，狃于太平，军器皆朽窳不可复用。熙宁五年，崇政殿说书王雱上疏曰：

汉宣帝号中兴贤主，而史称技巧工匠，独精于元成之时，是虽有司之事，而上系朝廷之政。方今外御边患，内虑盗贼，而天下岁课弓弩甲胄入充武库者以千万数，乃无一坚好精利实可为用者。臣尝观诸州作院，兵匠乏少，至拘市人以备役，所作之器，但形质而已。武库之吏，计其多寡之数而藏之，未尝责其实用。故所积虽多，大抵敝恶。夫为政如此，而欲抗威决胜，外攘内修，未见其可也。倘欲驰武备示天下以无事，则金木丝枲筋胶角羽之材，皆民力也。无故聚工以毁之，甚可惜也。莫若更制法度，敛数州之作，聚为一处，若今钱监之比，择知工事之臣，使专其职，且募天下良工，散为匠师，而朝廷内置工官以总制其事，察其精窳而赏罚之，则人人务胜，不加责而皆精矣。

上然其言，明年，遂置军器监，总内外军器之政，置判一人，同判一人。先是军器领于三司，至是罢之，一总于监。凡知军器利害者听诣监陈述，于是吏民献器械法式者甚众云。

按，元泽为荆公爱子，其学行才能皆有大过人者，惜早卒不得表见，而后人诋之，不遗余力，即《宋史》载此奏，亦以为逢迎上意，欲妄更旧制。夫旧制之敝坏，既已若此，即欲不更之，其可得乎？观其所言，与今东西诸国之法正暗合。盖国家而欲强兵，非先利其器不可。而欲利戎器，非设专官以董其事不可。若如宋前此之制，委各州官吏循例供献，即欲求其不朽窳而差堪用，犹不可得，况能改良以日新者哉？夫军器监之设，虽以今日之中国，尚为当务之急，而执政者且惜惜未见及也。而元泽于千年前能言之，其识不亦远耶？以《宋史·兵志》所载，自军器监置之后，其发明新式之军器，不一而足。劝工之效，亦可见矣。而元祐更张，又一举而废之，还责诸诸路坊作，斯真元泽所谓聚工以毁天地有用之材耳！宋之为宋如此，虽欲不南，安可得也？

综观荆公之军政，其大体悉衷于学理，与今世各国之军政略相近。而其欲变募兵以为民兵，更经国之远谟。今之中国犹未能行，而非断行之不足以图强者也。但其保甲之法，全仿古制，非徒使人人为兵而已，又欲使人人无时而不为兵，夫人人为兵，宜也；人人无时而不为兵，此在古代小国寡民，或可行之，而非可以施诸秦以后泱泱之大国。何也？古代部落，以战争为国家第一大事，而经济不过为供给战争之资。及夫世运日进文明，则以经济为国家第一大事，而战争不过保护经济之具。人人无时而不为兵，则虽曰农隙讲武，而有妨于生产者终不少焉。法之未尽善，此其一也。又古代小国寡民，非尽籍为兵，不足以御侮。后世禹域一家，民数自数千万以增至数万万，使人人无时而不为兵，则国家固无需此多兵，且即尽搜一国之财，亦不足以供其费。法之未尽善，此其二也。故唐府兵之所以变为犷骑，虽曰执政之无术，然亦势所必至者矣。然曰荆公人人皆兵之主义，竟不能实行乎？曰："是又不然。"今世各国之区别常备兵、预备兵、后备兵，得其道矣。人人皆有执干戈卫社稷之义务，然其服此义务也，或一年，或二年、三年，过此以往，则散而归农，非有大故，则征调不及也。此各国已然之成法，虽有后圣，亮无以易矣。曰："然则以荆公之学识，胡乃见不及此乎？"曰："荆公盖已见及之。"曰："既见及则何为不行？"曰："是当论其世也。"彼荆公执政之时，国家固已有募兵百余万，此即比于各国之常备兵者也。以荆公之计划，固欲尽废之而代以民兵也。然中唐以来数百年之积弊，革之不能骤也，故以渐焉。于一方面减募兵，同时于一方面以民兵补其所省之额，于是乎有所谓上番者，其上番之民兵，即服常备兵之义务者；其退番之民兵，即服预备兵、后备兵之义务者也。孰谓荆公而见不及此也？使无反对党之阻挠，而荆公更久于其位，则安知现今各国通行之军制，我国不于千年前创之，以为世界模范耶？

# 第十二章　荆公之政术（四）

## 教育及选举

民政、财政、军政，荆公之新法，殆尽于是矣。此外尚有一二，请括而论之。

### 第一　教育

教育行政，荆公平昔所最重也，其《上仁宗书》言之最切。及执政，首注意于学校。熙宁元年，增太学生员。四年，以锡庆院、朝集院为大学讲舍，厘学生员为三等：初入学为外舍，外舍升内舍，内舍升上舍。上舍员百，内舍二百，外舍不限员。其后内舍生增至三百人，外舍生限二千人。其年，置京东、京西、河东、河北、陕西五路学，以陆佃等为诸州学官。其后诸路州府皆悉立学，而学官共五十三人。马氏端临谓是时大兴学校，而教官只有此数者，盖重师儒之官，不肯轻授滥设故也。

其所教者，以经为主，人专一经。至熙宁八年，以荆公所编著《三经新义》颁于学官焉。"三经"者，《周官》及《诗》《书》也。

按《三经新义》，亦为当时及后世攻击荆公之一大口实。史称苏嘉在太学，颜复尝策问王莽后周变法事，嘉极论其非，在优等。荆公怒，遂逐诸学官，以李定常秩同判监事，选用学官，非执政所喜者不与，其后遂颁《三经新义》云。考荆公平日言论，多以一学术为正人心之本，则史所云云，谅非诬辞，此实荆公政术之最陋者也。盖欲社会之进化，在先保其思想之自由，故今世言政治者，无一不以整齐划一为贵，而独于学术则反是，任其并起齐苗，而信仰各从乎人之所好，则理以辨而愈明，人心之灵，浚之而不竭矣。强束而归于一，则是敝之也。自汉武帝罢黜百家，而中国学术史上，光耀顿减。以荆公之贤，而犹蹈斯故智，悲夫！

考荆公当时，亦非于新义之外，悉禁异说，不过大学以此为教耳。夫既设学校，则必有教者，教者必有其所主张之说。学校既为一国学术所从出，则此说遂若占特别势力于社会，此亦事势所必至，无可逃避者。即如今之日本，其帝国大学二三老辈之学说，颇为新进诸彦所抨击。然举国学者，大率仍诵习之，此亦无可如何也。然则是亦不足深为荆公罪矣。盖使荆公而禁异说，则为戕贼思想之自由，然公固未尝禁之，不过提倡己之所主张而已。夫学者有其所主张之说，则必欲发挥光大之以易天下，非徒于理不悖，抑责任亦应尔也，于公乎何尤？若夫学者不求自立，而惟揣摩执政之所好尚，欲以干禄，此则学者之罪，而非倡新说者之罪也。《三经新义》，自元祐废黜以后，南宋学者，更抨击不遗余力，自是数百年来承学之士羞称之。《诗书义》出荆公子雱及其门人之手，已佚。惟《周官义》乃荆公所手著，本朝乾隆间修四库书，从《永乐大典》掇拾重编，尚可得而见焉。吾尝窃取读之，其精要之处盖甚多，实为吾中国经学辟一新蹊径，自汉以迄今日，未有能过之者也。此当于第二十章别论之，今不先赘。而学者不察，随声附和肆为诋排，昌黎所谓"蚍蜉撼大树，可笑不自量"者非耶？荆公未尝禁人习王氏以外之学说，而反对荆公者，则禁人习王氏学说。然则束缚思想自由、言论自由者，为荆公耶？为反对荆公者耶？是又不可以不察也。哲

## 第十二章　荆公之政术（四）

宗元祐元年，国子司业黄隐焚《三经义》之版，禁诸生诵习矣。大学诸生闻荆公之薨，欲设斋致奠，且禁之矣。二年，下诏禁科举用王氏经义字说矣。钦宗靖康间，祭酒杨时奏言王安石著为邪说以涂学者耳目，请追夺王爵，使邪说淫乱不能为学者惑矣。高宗绍兴六年，张浚为相，又申临川学禁矣。由此观之，以荆公视诸贤何如哉？当杨时之诋王学也，御史中丞王过庭劾之云：

> 五经义微，诸家因而异见，所不能免也。以所是者为正，所否者为邪，此乃一偏之大失也。顷者指苏轼为邪学而加禁切，已弛其禁，许采其长而用之，实为通论。祭酒杨时矫枉太过，复诋王氏以为邪说，此又非也。诸生习用王学，率众见时而诋詈之，时引避不出，乃得散退，此亦足以见时之不能服众矣。

此言可为笃论。杨时何人？即程门高弟，依附蔡京以干进，而学者尊之为"龟山先生"，从祀孔子庙庭至今未废者也。而诸儒所以尊之者，盖又以其排斥王学之功独高也。当时程氏之徒，自以其学为孔子之正统，凡异己者，皆攘斥之。夫著书讲学，辟他人之说以申己说，此固学者本分所当然，独奈何欲挟帝者之力以箝天下之口也！有宋之党争，前此不过在政见之异同耳。及程氏之徒得志，始焉禁锢苏氏之蜀学，继焉禁锢王学，自是学党之争日烈。而政界又益相水火。以至终宋之世，谁生厉阶，君子不能不深恶痛绝于杨时辈也。后此庆元伪学之禁，读史者咸能斥之。夫韩侂胄之禁伪学则诚非矣，然亦曾思作俑者谁乎？侂胄所为，亦请君入瓮而已。夫吾于程朱之学，虽非所愿学者，然固敬仰之，岂敢妄诋？然于诸君子之妄自尊大排斥异己，非直不敢附和，且以为中国近数百年来学术之不发达，厥由程朱之徒务束缚人思想自由，实尸其咎，故今因论荆公经义而及之。

熙宁五年，又建武学于武成王庙，选文武官知兵者为教授，教以诸家兵法，纂次历代用兵成败、前世忠义之节，足以训者解释之，生员以百人为额。

熙宁六年，又于大学置律学教授四员，凡命官学人，皆得自占入学。同年，又诏进士诸科及选人任子，并令试断案、律令、大义。

又于大学置医学教授，以翰林医官以下与上等学生及在外良医为之，学生常以春试，取三百人为额。有方脉科、针科、疡科，考察升补，略如诸学之法。其选用最高者为尚药医师以次医职，余各以等补官，为本学博士正录及外州医学教授云。

此荆公教育行政之大概也。观其所设施，大率注重于京师大学，而各州县之学，规模似未大完。不知史失载耶，抑当时之力，尚有所不暇给也。至其大学，以校诸今日欧美各国，虽未可云备，然观其有律学、医学等科，与经学并重，则是分科大学之制，实滥觞于是，其起原视英之阿士弗大学为尤古矣。使非中道废弃，能继续其业以至今日，则岂不足以自豪于世界耶？然即此昙花一现，已足为我国学术史之光矣。当荆公之初置法科也，司马光奏言："律令敕式，皆当官者所必须，何必置为一科？使为士者预习之，夫礼之所去，刑之所取，为士者果能知道义，自与法律冥合，若其不知，则习法徒成刻薄，为政岂有循良？非所以长育人材、敦厚风俗也。"呜呼！温公此论，在今日法治论大昌之时，稍有识者当知其非，无俟深辩。果如其言，则今世诸文明国，非曾治法学者不得任官，宜其无一循吏矣。吾壹不解温公之于荆公一举一措，无论大小，而必反抗之不遗余力，其用心果何在也？吾又不解后世读史者，于当时一举一措，无论大小，而必袒温公以抑荆公，其用心果又何在也？

## 第二　选举

科举取士，非荆公意也，其上仁宗书论其弊详矣。乃及其执政，而犹不革之者何也？则公自言之矣。其《请改科条制札子》云："今欲追复古制以革其弊，则患于无渐，宜先除去对偶声病之文，使学者得以专意经义，以俟朝廷兴建学校，讲求三代所以教育选举之法，施于天下。"由此观之，则仅罢诗赋而试经义，不过荆公权宜之制，而非其心之所以为安也，然当时攻之者已云起矣。

熙宁二年，议更贡举法，罢诗赋、明经诸科，以经义、论策试进士，直史馆苏轼上议，略云：

> 得人之道，在于知人；知人之法，在于责实。使君相有知人之明，朝廷有责实之政，则胥吏皂隶未尝无人，而况于学校贡举乎？虽用今之法，臣以为有余。使君相无知人之明，朝廷无责实之政，则公卿侍从常患无人，况学校贡举乎？虽复古之制，臣以为不足矣。夫时有可否，物有兴废，使三代圣人复生于今，其选举亦必有道，何必由学乎？且庆历间尝立学矣，天下以为太平可待，至于今惟空名仅存。今陛下必欲求德行道艺之士，责九年大成之业，则将变今之礼，易今之俗，又当发民力以治宫室，敛民财以养游士。置官立师，而又时简不帅教者屏之远方，徒为纷纷，其与庆历之际何异？至于贡举，或曰乡举德行而略文章，或曰专取策论而罢诗赋，或欲举唐故事，兼采誉望而罢封弥，或欲变经生朴学，不用帖墨而考大义，此皆知其一未知其二者也。夫欲兴德行，在于君人者修身以格物，审好恶以表俗。若欲设科立名以取之，则是教天

129

下相率而为伪也。上以孝取人，则勇者割股，怯者庐墓；上以廉取人，则敝车羸马，恶衣菲食，凡可以中上意者，无所不至。德行之弊，一至于此。自文章言之，则策论为有用，诗赋为无益。自政事言之，则诗赋论策均为无用矣。虽知其无用，然自祖宗以来，莫之废者，以为设法取士，不过如此也。近世文章华丽，无如杨亿，使亿尚在，则忠清鲠亮之士也。通经学古，无如孙复、石介，使复介尚在，则迂阔诞谩之士也。矧自唐至今，以诗赋为名臣者，不可胜数，何负于天下而必欲废之？

上读轼疏，疑焉，以问荆公。公曰："若谓此科尝多得人，自缘仕进别无他路，其间不容无贤，若谓科法已善则未也。今以少壮时，正当讲求天下正理，乃闭门学作诗赋，及其入官，世事皆所不习，此乃科法败坏人才，致不如古。"于是上意决，乃罢明经及诸科进士，罢诗赋，各占治《诗》《书》《易》《周礼》《礼记》一经，兼以《论语》《孟子》。每试四场，初大经，次兼经，大义凡十道，次论一首，次策三道，礼部试即增二道，中书撰大义式颁行。此当时科举制之大略，而此沿之数百年以至于今者也。呜呼！荆公之良法美意何限，皆废绝无一遗，独此权宜不得已之制，为荆公所欲废而及身未能废之者，则沿袭数百年以毒天下，悲夫！

能悉废科举而代以学校，善之善矣！而当学校未成，而国家又不可以一日不取士也，则科举固不能骤废矣。既不能骤废，则与其试诗赋又不如试经义，彼善于此，又至易见者也。乃东坡之言，一则曰三代圣人复生于今，其选举亦不由学；再则曰诗赋虽无用，然设法取士不过如此；三则曰诗赋何负于天下，而又痛诋兴学之政为徒为纷纷劳民伤财。

此真所谓莠言乱政,宜荆公斥彼辈为流俗也。今科举已废,稍有识者皆知其说之非,不俟深辩。然犹著之者,凡以见当时反对新法之人,其所言皆持之不能有故、言之不能成理,率类此也。

以上三章,荆公当时所设施者,大端备矣。自余小节亦所在多有,非关一代兴亡大计,则不著也。

（**考异七**）世传荆公当国,设宫观祠禄之官以处异己者,万口相传,莫知其所自来。王渔洋《池北偶谈》乃更确指为熙宁二年所增置,非祖宗故事。且引邱文庄《世史正纲》以为证,而《御批通鉴辑览》亦沿之。吾不知邱氏所据者果又为何书,但考诸《宋史·职官志》云:"祠禄之官,以佚老优贤,先时员数绝少,熙宁以后增置焉。"又曰:"在京宫观旧制以宰相执政充使,前宰执留京师者,多除宫观以示优礼。"然则此制不创于荆公甚明。《宋史》诸传中前大臣罢政领宫观者不可悉数,即以见于《临川集》者论之,王德用以同中书门下平章事除会灵观使,在庆历八年。贾文元以检校太师充景灵宫使,在嘉祐二年。凡此皆远在熙宁以前者也。熙宁初朝廷议废宫观使副都监,荆公曰:"宫观置使提举都监,诚为冗散,然今所置,但为兼职,其有特置,则朝廷礼当尊宠,不以职事责之者也。废与置其为利害亦不多,若议冗费,则宫观之类,自有可议,非但置使提举都监为可省也。"据此则荆公当国,安有增置员数之事?《职官志》殆亦缘谤者之言而采入之耳,而琼山、渔洋之徒,于祠禄所由来载于诸书者若全未入目,亦何足与语史事哉!因论荆公新法而附辨之如此。

# 第十三章　荆公之武功

俗儒诋荆公最甚者二事，其一则聚敛，其一则黩武也。荆公之理财，绝非聚敛，吾既极言之矣。荆公之用兵，独得云黩武乎？是又不可以不辨。

今外人动诮我为不武之国。我之不武，非自昔而然也，宋以后之学说误之也。宋人之以忍耻包羞为德也久矣。自澶渊议和以后，举国以得免兵革为幸，自是而增岁币，求割地，若小侯之事大国，匪敢不从，若乃蕞尔西夏，自继迁德明以来，叛服不常，虽韩范迭为安抚经略，议战议守，而环庆延鄜诸州，仍累年救死伤不赡，曷尝闻有人焉，出一步建一策为进取之计者。孙子曰："毋恃敌之不来，恃我有以待之。"若前此宋之君臣，则不谋所以待敌，而惟侥幸于其不来者也。重以西南土蛮，屡思蠢动，为心腹之患，而安南边场，又数不靖。夫摄于两大敌之间，已一日不能即安，况重以小丑之窃窃议其后者乎？荆公之政策，先肃清小丑，且借此以增长军事上之经验，然后从事于大敌。而其策二敌也，谓彼若合以谋我，则吾所以应之者且殆，则先图其较易图者，然后及其难图者，复河湟以制西夏，制西夏以弱契丹，此荆公毕生之抱负，而当国时即着着实行之者也。今论次当时战绩以示世之读史者，以证黩武之谤果为当焉否也。

# 第十三章　荆公之武功

**第一　河湟之役**

河湟者何？即今甘肃巩昌以西岷州、洮州之地，沿洮河一带是也。秦筑长城，起于临洮，汉置武威、张掖、酒泉、敦煌四郡，称为断匈奴右臂。自古与西北夷争强弱，未有不注重此地者。且以逼近秦陇之故，若为敌有，则中国将无宁日。蜀汉末，姜维数出狄道以挠陇西，魏人建为重镇，维不能以得志。晋之衰也，河西扰乱，大约举狄道则足以侵陇西，狄道失而河西有唇齿之虞，拓跋魏兼有秦凉，以狄道为咽喉之地，列置郡县，恃为藩蔽。唐拒吐蕃，以临州为扼控之道。及临州不守，而陇右遂成荒外矣，此古今得失之林也。

自唐中叶以后，此地没于吐蕃，中更五季，以迄宋有天下，百年莫有议恢复者。熙宁元年，前建昌军司理参军王韶诣阙，上《平戎策》三篇，其略云：

> 国家欲取西夏，当先复河湟，河湟复则夏人有腹背受敌之忧。夏人比年攻青唐不得克，万一克之，必并兵南向大掠秦渭之间，牧马于兰会，断古渭境，尽服南山生羌，西筑武胜，遣兵时掠洮河，则陇蜀诸郡当尽惊扰，瞎征兄弟，其能自保耶？今唃氏子孙，惟董毡粗能自立，瞎征欺巴温之徒，文法所及，各不过一二百里，势岂能与西人抗哉？武威之南，至于洮河兰鄯，皆故汉郡县，土地肥美，宜五种者在焉。其地可以耕而食，其民可以役而使，幸今诸羌瓜分，莫相统一，此正可合并而兼抚之时也。陛下诚能择通材明敏之士周知其情者，令往来出入于其间，推忠信以抚之，使其倾心向慕，欢然有归附之意，但能得大族首领五七人，则其余小种，皆可驱迫而用之。诸种既失，唃氏敢不归？唃氏归，即河西李氏在吾掌握中

矣。急之可以荡覆其巢穴，缓之可以胁制其心腹，所谓见形于彼而收功于此也。

疏上，上奇其言，荆公亦力赞之，于是以韶为管干秦凤司经略机宜文字。熙宁之年，韶请筑渭泾上下两城，屯兵以抚纳洮河诸部，下秦凤经略使李师中议，师中以为不便，乃诏师中罢帅事。韶又言，渭原至秦州，缘河五六百里，良田不耕者万顷，治千顷，则岁可得三十万斛，请置市易司，取其赢以治田。从之，命韶领市易事。师中屡与韶为难，谓韶所指田，不过极边弓箭手地，置市易司，所得不补所亡。荆公力主韶议，为罢师中，以窦舜卿代之。后帅郭逵劾韶盗贷市易钱，荆公以为莫须有，即有亦不足校，徒逵泾原。四年，置洮河安抚司，命韶主之。五年，建古渭砦为安远军，以韶兼知军事，行教阅法。韶首降青唐部大首领，赐姓名曰"包顺"。八月，韶击吐蕃，大破之，复武胜。武胜者，唐之临州，今兰州府狄道也，遂城之，以为镇洮军。韶寻破木征于巩令城。《荆公集》中有《与王子醇第一书》，即此时也。书略云：

洮河东西，蕃汉附集，即武胜必为帅府，今日筑城，恐不当小，若以目前功多难成，城大难守，且为一切之计，亦宜勿隳旧城。审处地势，以待异时增广。城成之后，想当分置市易务，为蕃巡检作大廨宇，募汉有力人，假以官本，置坊列肆，使蕃汉官私两利，则其守必易，其附集必速矣。

十月，升镇洮军为熙州镇洮军节度，置熙河路，以韶为经略安抚使。十一月，河州首领瞎药等来降。十二月，筑熙州南北关及诸堡砦，荆公有《与韶第二书》云：

## 第十三章　荆公之武功

　　承已筑武胜，又讨定生羌，甚善。闻郢成珂等诸酋，皆聚所部防拓，恩威所加，于此可见矣。然久使暴露，能无劳费，恐非所以慰悦众心。今见内附之利，谓宜喻成珂等，放散其众，量领精壮人马防拓，随宜犒劳，使悉怀惠。城成之后，更加厚赏，人少则赏不费财，赐厚则众乐为用，不知果当如此否，请更详酌。荡除强梗，必有谷可获以供军，有地可募人以为弓箭手，特恐新募未便得力，若募选秦凤泾原旧人投换，即素教之兵，足以镇服初附，事难遥度，心所谓然，聊试言之。

六年二月，韶遂克河州，获吐蕃木征妻子。河州，元魏时之枹罕，今兰州府河州治也。公有《与韶第三书》云：

　　今熙河所急，在修守备，严戒诸将，勿轻举动。武人多欲以讨杀取功，此而不禁，则一方忧未艾也。窃谓公厚以恩信抚属羌，察其材者收之为用。今多以钱粟养戍卒，乃适足备属羌为变，而未有以事秉常董毡也。诚能使属羌为我用，则非特无内患，亦宜赖其力以乘外寇矣。自古以好坑杀人致畔，以能抚养收其用，皆公所览见。且王师以仁义为本，岂肯以多杀敛怨耶？喻及青唐既与诸族作怨，后无复合理，固然也。然则近董毡诸族，事定之后，以兵威临之，而宥其罪，使讨贼自赎，随加厚赏，彼亦宜遂为我用，无复与贼合矣。与讨而驱之使坚附贼为我患，利害不侔也。又闻属羌经讨者，既亡蓄积，又废耕作。后无以自存，安得不屯聚为寇？如募之力役，因以活之，宜有可为。幸留意念恤。边事难遥度，想公自

135

有定计，意所及尝试言之。

其年九月，降羌有叛者，韶回军击之。木征以其间复据河州，韶力战破走之。岷州首领木令征以城降，韶入之，于是宕、洮、叠三州羌酋皆以城附。韶军行五十四日，涉千八百里，得州五，斩首数千级，获牛羊马以万计云。岷、宕、洮、叠皆今甘肃巩昌府属也。

捷至，帝御紫宸殿受群臣贺，解所服玉带以赐荆公，所以奖运筹功也。自韶之为安抚司，不过二年，而辟地二千余里，招抚大小蕃族三十余万，取二百余年来沦没之旧疆，一举而复之，亦可谓振古奇勋也已。然非荆公知人之明，委任之笃，调度之勤，亦安克及此？元厚之《平戎庆捷》诗云："何人更得通天带，谋合君心只晋公。"盖前此盈廷沮挠，实更甚于元和讨蔡之时。而神宗之得荆公，又过于唐宪之有裴度。玉带之宠，惟公无愧矣。其明年四月，公复有《与韶第四书》云：

木征内附，熙河无复可虞，唯当省冗费，理财谷，为经久之计而已。上以公功信积著，虚怀委任，疆场之事，非复异论所能摇沮，公当展意，思有以报上，余无可疑者也。

观韶所经划，及荆公所与韶诸书，则知熙河之复，诚非得已，而公慈祥恻怛不欲涂炭斯民之心，亦可以见矣。而论者乃晓晓然以轻开边衅为韶罪，且为荆公罪。夫开衅者，敌本无衅自我开之云尔。曾亦思继迁德明元昊六七十年间，用兵不已，当时执国命者，果谁为开之乎？抑衅由敌开而我虽欲不应之而有所不能也。景祐元年，元昊攻环庆卫，二年攻唃厮啰，取瓜、肃、沙三州，元昊欲南侵，恐唃厮啰制其后，复举兵攻兰州诸羌。当是时也，譬如甲与乙遇，斗于途，甲自知不敌矣，疾走而避之，键户而守之，而攘臂者犹在门。彼德明元昊数攻唃厮罗，其势将及我秦陇，亦何以异此？然则欲御西夏，必开熙河；欲开熙河，必取诸羌，所以绝夏人南侵，莫切于此也。夫不计夏人南侵为中国大患，而以开边衅罪二王，然则必开门揖盗而始为无罪耶？尤可异者，元祐初司马光执政，荆公之法，更张既尽，并欲举熙河而废之。时有孙路执图以进曰："若此则陕西一道危矣。"光乃止。昔汉灵帝时，西羌反，韩遂作乱陇右，司徒崔烈以为宜弃凉州。傅燮曰："司徒可斩也！凉州天下要冲，国家蕃卫，高祖初兴，使郦商别定陇右，世宗拓境，列置四郡，以为断匈奴右臂。今使一州叛逆，乃欲割弃一方万里之土，若使左衽之虏，得居此地，士劲甲坚，因以作乱，此国家之至虑，社稷之深忧也。"由此言之，河西为夏人必争之地，其不可弃，较然益明。光能著《通鉴》，岂其于傅燮之言，不一记省，乃悍然必欲弃之，吾不解其何心也！况崔烈之时，犹值有叛乱者，而傅燮且以为可斩。熙河之复，十余年矣，荆公所以策其善后者，虽赵充国之议屯田，未之或过。观其与韶之诸书而可见也。诸羌回首而内，渐已同化，其地耕牧所入，足以资圉守，未尝劳朝廷以西顾之忧，何嫌何疑，而必欲废之？推光之意，不过曰凡安石之所为者，我必废之然后为快也！呜呼，是直以国家大计为其泄愤复仇之具。谓古大臣而宜若是，吾未之闻也！呜呼，即此一事，而元祐诸人猖猖然抗言新法之若何误国，若何病民者，皆可以作如是观矣。

### 第二　西南夷之役

中国古代史，一汉族与苗族相争之历史也。自女娲黄帝以迄神禹，用兵凡数百年，而汉族之位置，始克大定，苗族见蹙，转徙于江淮以南，既而宛转以入于溪峒，自是不复敢与中国抗颜行。然一国之中而有言语不通、风俗不同之两民族，错处其间，终非长治久安之道。故抚循苗蛮，使之同化，实为中国最要之一政策，而至今尚未蒇其业者也。自秦以后，最能实行此政策者，前则有汉武帝之辟西南夷，后则有本朝之两度改土归流，而中则有王荆公之经略湖川夷蛮。

荆公之经略夷蛮，凡分两路，一在今之湖南，一在今之四川。其湖南一路所命之主帅，则章惇也，其四川一路所命之主帅，则熊本也。今分别论之：

（甲）湖南路

湖南溪峒诸蛮，自春秋时始役属于楚，战国时秦白起略取之，置黔中郡，汉改为武陵郡，后汉时大为寇钞，马援击破之。历晋宋齐梁陈，或叛或服。隋置辰州，唐置锦州、溪州、巫州、叙州，率羁縻勿绝而已。唐季之乱，蛮酋分据其地，自署为刺史。马希范据湖南时，蛮猺保聚，依山阻江，殆十余万。至周行逢时，数出寇边，逼辰永二州，杀掠民畜无宁岁。及宋之有天下，兵威不振，力不及远，其酋据地自署，朝廷即因而命之，以故骄纵日益甚。其强者有北江之彭氏，南江之舒氏、田氏、向氏，梅山之苏氏，诚州之杨氏等。北江彭氏，世有溪州，州有三，曰上中下溪。又有龙赐、天赐、忠顺、保静、感化、永顺州，凡六；懿、安、新、远、给、富、来、宁、南、顺、高州，凡十一，总二十州。南江诸蛮，自辰州达于长沙，各有溪峒，曰叙、曰峡、曰中胜、曰元，则舒氏居之；曰奖、曰锦、曰懿、曰晃，则田氏居之；曰富、曰鹤、曰保顺、曰天赐、曰古，则向氏居之。皆刻剥其民，且自相仇杀，涂炭无艺，又屡寇边，为良民患苦。至熙宁初，湖北提点刑狱赵鼎，言峡州峒首刻削无度，蛮众愿内属，辰州布衣张翘亦上书言南北江利害，时神宗与荆公，方思用兵以威四夷，五年七月，乃遣章惇察访荆湖北路，经制蛮事。

其年十一月，惇遂招降梅山峒蛮苏氏。梅山旧不通中国，其地东接

## 第十三章　荆公之武功

潭,南接邵,西接辰,北接鼎沣,惇招降之。籍其民万四千八百余户,田二十六万四百余亩,均定其税,使岁一输,筑武阳、开峡二城,置安化县,即今长沙府之安化县与宝庆府之新化县也。

六年十月,南江蛮向永晤、舒光银,各以其地降惇,独田氏有元猛者,颇桀骜。惇进兵攻懿州南江州峒悉平,遂置沅洲,以懿州新城为治所。后诚徽州蛮酋杨光富,亦率其族姓二十三州峒归附,因置诚州。沅州即今之沅州府,诚州即今之靖州,而徽州则今靖州属之绥宁县也。

九年正月,惇又招降下溪蛮彭师晏。先是彭氏世长五溪,自策为刺史,凡数世,朝廷莫敢过问。惇既平南江,师晏恐惧,惇乃与湖北提刑李平招降之,凡所属二十州皆归版籍,即今之辰州府也。遂诏筑下溪城,赐名"会溪",戍以兵,隶辰州,使出租赋如汉民焉。

惇经制蛮事,三年有奇,所招降臣酋十数,其地四十余州,当今四府。又自广西融州创开道路,达诚州府,增置浔江等堡。融州即今柳州府融县也。元祐初,傅尧俞、王岩叟请尽废熙宁间所置新州,以蛮情安习已久,不便尽废,乃废诚州而留沅州。其所创开之道路,所创置之砦堡,悉毁之,自是五溪郡县,弃不复问矣。

王船山论之曰:"章惇经制湖北蛮夷,探神宗用兵之志以希功赏,宜为天下所公非。然而沣、沅、辰、靖之间,蛮不内扰,而安化、靖州等州县,迄今为文治之邑,与湖湘诸郡县齿,则其功又岂可没乎?惇之事不终,而麻阳以西,沅溆以南,苗寇不戢,至今为梗。近蛮之民,躯命妻子,牛马粟麦,莫能自保。则惇之为功为罪,昭然不昧,胡为乐称人之恶,而曾不反思耶?乃若以大义论之,则其为功不仅此而已。语曰:'王者不治夷狄。'此言夫九州以外耳。(节略)若夫九州之内,负山阻壑之族,其中为夏者,其外为夷;其外为夏者,其中又为夷,互相襟带,而隔之绝之,使胸腋肘臂,相亢悖而不相知。非无可治而非不当治也，然且不治，则又奚贵乎君天下者哉！君天下者，仁天下者也；仁天下者，莫大乎别人于禽兽，而使贵其生。苗夷部落之魁，自君于其地者，皆导人以骄戾淫虐，沉溺于禽兽，而掊削诛戮，无间于亲疏。仁人固弗忍也，则诛其长，平其地，受成赋于国，涤其腥秽，被以衣冠，渐之摩之，俾诗书礼乐之泽兴焉，于是而忠孝廉节文章政事之良材，承和气以生，夫岂非仁天下者之大愿哉？惟然，而取蛮夷之土，分立郡县，其功溥，其德正，其仁大矣！（中略）且彼辰、沅、沣、靖之山谷负险阻兵者，岂独非汉唐政教敷施之善地欤？出之泥滓，登之云逵，虽有诛戮，仁人之所不讳。而劳我士马，费我刍粮，皆以保艾我与相接壤之妇子。劳之一朝，逸之永世，即有怨咨，可弗避也。君天下者所宜修之天职也。夫章惇之立心，逢君生事以邀功，诚不足以及此。而既成乎事，因有其功，既有其功，终不可以为罪。迄于今日，其所建之州县，存者犹在目也。其沿之以设，若城步天柱诸邑之棋布者，抑在目也。而其未获平定，为苗夷之穴，以侵陵我郡邑者，亦可睹也。孰安孰危？孰治孰乱？孰得孰失？征诸事，问诸心，奚容掩哉！概之以小人，而功亦罪，是亦非，自怙为清议，弗能夺也。虽然，固有不信于心者存矣。"船山平日持论，固不袒荆公者，独至论此事，可谓能见其大矣。独怪元祐诸贤，于既成之功，而务必隳之以为快。夫曰骚扰生事，则其迹固已陈矣，后此因而修之而已。国家劳费不多，而蛮民安之已久，其必须废置之理由果安在？从可知当时哏哏于朝、嚣嚣于野者，全出于意气之私，而未尝有一事焉为国家百年计也。

（乙）四川路

巴蜀徼外诸夷，自汉以来，有夜郎、滇、邛都、嶲、昆明、徙、莋都、冉駹、白马氏等，其后离合畔服不常。熙宁初泸州乌蛮有二酋领，曰晏子，曰斧望个恕，浸强大，擅劫晏州山外六姓及纳溪二十四姓生

## 第十三章 荆公之武功

夷，自淯井谋入寇。六年，命熊本察访梓夔，得以便宜治夷事，本谓彼能扰边者，介村豪为乡导耳。以计致百余人，枭之泸州，其徒股栗，愿矢死自赎。本请于朝重赏之，皆踊跃顺命，独柯阴一酋不至。本合晏州十九姓之众，发黔南义军强弩击溃之，于是淯井、长宁、乌蛮罗氏鬼王诸夷皆内附，愿世为汉官奴。提点刑狱范百禄为文以誓之曰：

蠢兹夷丑，淯溪之浒。为虺为豺，凭负固圉。
杀人于货，头颅草莽。莫惨燔炙，莫悲奴虏。
狙唬熟愿，胡可悉数。疆吏苟玩，喋不敢语。
奋若之岁，曾是疆御。踯躅啸聚，三壕罗幕。
偾我将佐，戕我士伍。西南绎骚，帝赫斯怒。
帝怒伊何？神圣文武。民所安乐，惟日慈抚。
民所疾苦，惟日砭去。乃用其良，应变是许。
粥熊裔孙，爰驭貔虎。歼其渠首，判其党与。
既夺之心，复断右股。摄提孟陬，徂征有叙。
背孤击虚，深入厥阻。兵从天下，铁首其举。
纷纭腾沓，莫敢婴牾。火其巢穴，及其囷贮。
暨其赀畜，墟其林櫹。杀伤系缧，以百千数。
泾滩望风，悉力比附。丁为帝民，地曰王土。
投其器械，籍入官府。百死一赎，莫保铜鼓。
歃盟神天，视此狗鼠。敢忘诛绝，以干罪罟。
乃称上恩，俾复故处。残丑崩角，泣血诉语。
天子之德，雨旸覆护。三五噢类，请比泾仵。
大邦有令，其警戒汝。天既汝贷，汝勿予侮。
惟十九姓，往安汝堵。吏治汝责，汝力汝布。

> 吏时汝耕，汝稻汝黍。惩创于今，无怵往古。
>
> 小有堡障，大有城戍。汝或不听，汝击汝捕。
>
> 尚有虓将，突骑强旅。傅此黔军，毒矢劲弩。
>
> 天不汝容，暴汝居所。不汝遗育，悔于何取。

文成，立石于武宁砦。本还朝，神宗劳之曰："卿不伤财，不害民，一旦去百年之患。"乃擢集贤殿修撰，赐三品服，自是徼外诸夷，相继内附。淯井在今长宁县北，长宁今为县，属叙州府。乌蛮居姚州，则今泸州也。熙宁八年，渝州南川獠木斗叛，诏本安抚之。本进营铜佛坝，破其众，木斗乞索，举秦州地五百里来归，为四砦九堡，建铜佛坝为南平军。渝州秦州者，今之重庆府也。

### 第三　交趾之役

熙宁八年冬，安南国主李乾德入寇，陷钦廉二州。明年春，陷邕州。以郭逵为安南招讨使，赵卨副之，发兵进讨。荆公自为敕榜云：

> 敕交州管内溪峒军民官吏等，眷惟安南世受王爵，抚纳之厚，实自先朝，含容厥愆，以至今日。而乃攻犯城邑，杀伤吏民，干国之纪，刑兹无赦。致天之讨，师则有名。今顺时兴师，水陆兼进。天示助顺，已兆布新之祥。人知侮亡，咸怀敌忾之气。然王师所至，弗迓克奔。咨尔士庶，久沦涂炭，如能谕王内附，率众自归，爵禄赏赐，当倍常科，旧恶宿负，一皆原涤。乾德幼稚，政非己出，造廷之日，待遇如初。朕言不渝，众听毋惑。比闻编户，极困诛求，已戒使人，具宣恩旨。暴征横赋，到即蠲除。冀我一方，永为乐土。

八年春,逮次长沙,先遣将复邕廉,而自将西征。至富良江,蛮以精兵乘船逆战,官军不能济。卤分遣将吏,伐木治攻具,机石如雨,蛮船皆坏,因设伏击之,斩首数千,杀其伪太子洪真。乾德惧,遣使奉表,诣军门降。富良江去国已不远,然官兵仅八万人,冒暑涉瘴地,死者过半,故不复渡。得其广源州、门州、思浪州、苏茂州、桄榔县而还,群臣称贺。诏以广源为顺州,赦乾德罪,还其封,自是终宋之世,安南未尝寇边,贡献不绝。

(考异八)《续通鉴》云:"自王安石用事,锐意开边。知邕州萧注喜言兵,羡王韶等获高位,乃上疏言交趾虽奉朝贡,实包祸心久矣,今不取必为后忧。诏以注知桂州经略之。注入朝,帝问攻取之策,注复以为难,乃以沈起代注。起迎合安石,遂一意事攻击,交趾始贰。"又《宋史》本传云:"谍得交趾露布,言中国作青苗助役法,穷困生民,今出兵欲相拯济。安石得书大怒,自草敕榜诋之。"《续通鉴》又云:"张方平言:'举西北壮士健马,弃之炎荒,其患不可胜言。若师老费财,无功而还,社稷之福也。'后皆如其言。"今案此所云云,一意以丑诋荆公为事。至谓交趾入寇,全由公启之,而其靖边之功,悉略而不录,此宋以来史家之惯技,吾司空见惯,殆不以为骇矣。然其言支离诬罔,实有不可不辨者也。考《宋史·萧注传》,载其请图交趾之疏,而不言为何年所上。又言:"熙宁初以注知桂州,帝问攻取之策。"对曰:"昔者臣有是言,今交人生聚教训十五年矣,未可轻议。"又言:"注既至桂,延访山川曲折老幼安否,皆得欢心,李乾德动息必知之。"注之知桂州,不知在何年。然沈起代注，在熙宁六年。则注之治桂，当在四五年间。既入觐然后就任，其入觐之时日，当更在前。而其对神宗之言，谓十五年前事，今昔殊异。然则注之倡议取安南，乃在嘉祐元、二年之间，时安石仅为群牧判官，未尝与闻朝政，更何有于王韶？以渺不相属之事，而牵引以入人罪，虽周兴、来俊臣之断狱，当不能如是也。《续通鉴》云云，盖本于《宋史·沈起传》。起传与注传同在一卷，前后相去数叶，而其文矛盾至是，学者其犹以《宋史》为足信否耶？考交趾自李公蕴篡黎氏而自立，屡蓄异志。其子德政，德政子日尊，皆颇骁雄。景祐中，郡人陈公永等六百余人内附，德政遣兵千余境上捕逐之。三年，入寇邕州之思陵州、西平州、石西州及诸峒，略居人马牛，焚屋庐而去。庆历三年，灭占城，虏其王。皇祐二年，侬智高反，德政率兵二万，声言入助，及日尊立。嘉祐四年，寇钦州，五年寇邕州，五年，又上表索温闷洞等地。其父子祖孙，虽受中国册命，实则帝制自为。至日尊竟僭称法天应运崇仁至道庆成龙祥英武睿文尊德圣神皇帝，国号"大越"，改元宝象。由此观之，交趾当讨之日久矣。其累岁寇边，真、仁、英三朝未尝绝，岂因安石好用兵而自开边衅者？而于青苗、助役诸法，更何与焉？中国行新法数年，只闻臣僚交攻于朝，未闻氓庶揭竿于野，即外夷假异说为兵端，亦何至及此？史家之为此言，务欲以天下之恶，皆归于安石而已。及观安石所作榜文，则真王者之师，仁人之言。与所谓大怒以诋者，何太不相肖也！夫当时交趾之包藏祸心，众所共见。使宋而稍自振者，宜膺惩之久矣。徒以满朝泄沓性成，畏言兵事，骄纵之，使之夜郎自大，乃至两月之间，连陷我三州。其时荆公当国，安能坐视不恤？然公方锐意内治，内力未张，不欲遽用之于外。且辽夏二大敌在前，更不宜自敝而授之以可乘，故亦薄伐之，以剿为抚而已。读榜文其意可见也。史家美张方平之言，谓为先见，吾不知方平所谓师老费财无功而还者，果何所验？赵卨等以熙宁八年春出征，其冬即大捷于富良江，不得谓老师。洪真见戮，乾德乞降，略其数州，置为郡县，不得谓无功。若以不灭其国虏其王为罪耶，则当用兵之初，其计划本不如此。盖将养其力以有待也。而交人自兹以后，终宋之世，不复敢寇边，则知此役之所以惩艾之者至矣。吾不知方平之言之所谓验者何在也？如当时廷臣之意，敌虽压境，而犹不思所以应之，应之则曰好事也、黩武也，然则钦廉邕诸郡邑，几何不沦为燕云十六州；而势不至岁以缯币事李乾德而不止也？噫！

综诸役以观之，则知荆公当时用兵，皆出于不得已，绝非如诬谤者所云"黩武"。而其所拔擢委用之人，如王韶，如熊本，如章惇，如赵卨皆以文臣而富将略，所向有功，则知人善任，又可见矣。呜呼！数千年国史中，如公者有几人哉！

# 第十四章　罢政后之荆公

"齐有倜傥生，鲁连特高妙。明月出海底，一朝开光曜。却秦振英声，后世仰末照。意轻千金赠，顾向平原笑。吾亦澹荡人，拂衣可同调。"此太白《咏史诗》也。呜呼，吾于荆公见之矣！

公少年尝有诗云："天下苍生待霖雨，不知龙向此中蟠。"又有诗云："谁似浮云知进退，才成霖雨便归山。"其抱负之伟大，其性情之恬退，于此二诗见之矣。求诸先世，则有范蠡之泛舟五湖，张良之从赤松子游，其迹与公颇相类，然彼等皆见其主之不可以共安乐，为自全计，苟以免祸而已，是老氏之学也。公则不然，可以仕而仕，可以已而已，其一进一退之间，悉衷于道，自古及今，未有能过之者也。

公以熙宁二年二月参知政事。四年，同中书门下平章事。七年六月，罢知江宁府。八年二月复相，九年十月再罢。其进退之节有皦然予天下以共见者。今于本集中撷录数文而论次之。其熙宁七年《乞解机务札子》凡六上，今录其二。

　　臣以羁旅之孤，蒙恩收录，待罪东府，于今四年。方陛下有所变更之初，内外大小纷然，臣实任其罪戾，非赖至明辨察，臣宜诛斥久矣。在臣所当图报，岂敢复有二心？徒以今年以来，疾病浸加，不任劳剧。比尝粗陈恳款，未蒙陛下听

## 第十四章 罢政后之荆公

从,故复黾勉至今,而所苦日甚一日。方陛下励精图治、事事皆欲尽理之时,乃以昏疲,久尸宰事,虽圣恩善贷,而罪衅日滋,至于不可复容,则终止累陛下知人之明,非特害臣私义而已。臣所以冒昧有今日之乞也。伏奉宣谕,未赐哀矜,彷徨屏营,不知所措。然臣所乞,固已深虑熟计而后敢言,与其废职而至诛,则宁违命而获谴。且大臣出入,以均劳逸,乃是祖宗成宪。盖国论所属,怨恶所归,自昔以擅其事,鲜有不遭罪黜。然则祖宗所以处大臣,不为无意也。臣备位亦已久矣,幸蒙全度,偶免谴诃,实望陛下深念祖宗所以处大臣之宜,使臣获粗安便,异时复赐驱策,臣愚所不敢辞。(其一)

臣伏奉圣恩,特降中使,令臣入见供职,臣之恳诚,略已冒昧。天听高邈,未蒙垂恻,辄复陈叙,仰冀哀怜。伏念臣孤远疵贱,众之所弃,陛下收召拔擢,排天下异议而付之以事,八年于此矣。方陛下兴事造功之初,群臣未喻圣志,臣当是时,志存将顺,而不知高明强御之为可畏也。然圣虑远大,非愚所及。任事以来,乖失多矣。区区夙夜之劳,曾未足以酬万一之至恩。今乃以久擅宠利,群疑并兴,众怨总至,罪恶之衅,将无以免。而天又被之疾疢,使其意气昏惰,而体力衰疲,虽欲勉强以从事须臾,势所不能,然后敢干天威,乞解机务。窃以谓陛下天地父母,宜垂矜怜。论其无功,则虽可诛;闵其有志,则或宜宥。终始全度,使无后艰。而未蒙天慈顾哀,犹欲强以重任。使臣黾勉,尚能有补圣时,则虽灭身毁宗,无所避惮。顾念终无成效,而方以危辱上累朝廷,此臣所以不敢也。陛下明并日月,何所不烛,愿赐容光之地,稍委照焉,则知臣之惓惓,非敢苟忭恩指也。臣乞且于东府听候朝

旨，伏望陛下垂恩，早赐裁处。（其六）

又《答手诏留居京师札子》云：

臣伏奉手诏，欲留京师以为论道官，宜体朕意，速具承命奏来。臣才能浅薄，误蒙陛下拔擢，历职既久，无以报称。加以精力衰耗，而咎衅日积，是以冒昧乞解重任。幸蒙圣恩，已赐矜允，而继蒙恩遣吕惠卿传圣旨，欲臣且留京师以备顾问。臣窃伏惟渥荷知遇，诚不忍离左右，既又熟计，论道之官，固非所宜，且以置之闲地，似为可处。陛下付托，既已得人，推诚委任，足以助成圣治，臣义难以更留京师以速官谤。若陛下付臣便郡，臣不敢不勉。至于异时，或赐驱策，即臣已尝面奏，所不敢辞。

观其乞解机务，疏凡六上，言词哀恻，始蒙允许，犹复手诏慰留，使居京师以备顾问，眷顾之隆，实无伦比。而公犹浩然必欲归者，则前后所上札子，盖其实情。夫以公当国数年间，文事武备，内政外交，百废俱举，以吾侪今日读史，犹觉应接不暇。而公以一人独膺其繁剧，则精力耗减，实在意中。而处群疑众谤之中，欲引退以塞哓哓者之口，亦不得已之所为也。然公不乞之于前数年，而乞之于此日者何也？则以前此一切新政，草创伊始，一去则非徒虑有动摇而已。而非躬负责任，亦难冀底于成。至是则大端已举，以神宗之明主持于上，而继位者能萧规曹随，则九仞之功，可不亏于一篑，此公之所以能翛然而去也。而或谓其以去要君，则是以小人之腹，度君子之心。夫苟有所求于其君而不获，斯或要之耳。神宗于荆公，言听计从，固无所待于要，而公亦更何要之有？

**（考异九）**《宋史》本传云：郑侠上疏，绘所见流民扶老携幼困苦之状，为图以献，曰："旱由安石所致，去安石，天必雨。"慈圣宣仁二太后流涕谓帝曰："安石乱天下。"帝亦疑之，遂罢为观文殿大学士知江陵府。今案以此诸札子证之，则与《宋史》所记，何其适相反耶！《乞解机务之疏》凡六上，仅见听许，犹欲强留之京师，帝果疑安石，乃如是耶？且继相之人为韩绛、吕惠卿，皆安石所荐，帝如因侠及太后之言，乃罢安石，则何为更用所荐之人耶？是知《宋史》无一而不妄也。

公既获就闲散，即以其余力，著成《三经新义》，未及一年，被召复相，意必当时神宗尝与要约谓再召勿得辞，然后许之，故其札子屡言"异时或赐驱策，所不敢辞"，至是不得不应召也。然再相年余，江湖之兴，愈不可遏，卒复引退，表数上，不见听许，至于敕断来章，不许陈请，公不得已，复托王珪为之开陈。集中有《与参政王禹玉》二书云：

某久尸宰事，每念无以塞责，而比者忧患之余，衰疢浸加，自惟身事，漫不省察，持此谋国，其能无所旷废，以称主上任用之意乎？况自春以来，求解职事，至于四五。今则疾病日甚，必无复任事之理，仰恃契眷，谓宜少敦僚友之谊，曲为开陈，使得早遂所欲，而不宜迪上见留，以重某逋慢之罪也。（其一）

继蒙赐临，传谕圣训，彷徨跼蹐，无所容措。某羁孤无助,遭值大圣,独排众毁,付以宰事,苟利于国,岂辞縻殒!顾自念行不足以悦众,而怨怒实积于亲贵之尤;智不足以知人,而险诐常出于交游之厚。且据势重而任事久,有盈满之忧;意气衰而精力弊,有旷失之惧。历观前世大臣如此,而不知自弛,乃能终不累国者,盖未有也。此某所以不敢逃逋慢之诛,欲及罪戾未积,得优游里闾,为圣时知止不殆之臣。庶几天下后世,于上拔擢任使,无所讥议。伏惟明公方佐佑大政,上为朝廷公论,下及僚友私计,谓宜少垂念虑,特赐敷陈,某既不获通章表,所恃在明公一言而已。心之精微,书不能传,惟加悯察。(其二)

公至是盖益衰病,不任繁剧,故八年二月再相,九年春即辞至四五。久之既不得请,乃复乞同僚以助之。而词意肫肫,皆惧晓废所职,以误国家,而累其君知人之明。至是而神宗亦知公高蹈远举之志,终不可回矣,于是以检校太傅依前尚书左仆射同中书门下平章事,使持节都督洪州诸军事充镇南节度管内观察处置使判江宁府,加食邑一千户,食实封四百户,仍改赐推诚保德崇仁翊戴功臣。盖以使相居外,宋代优礼勋臣之特典也。公屡表辞,不获命。明年,拜集禧观使,封舒国公。元丰二年复拜左仆射观文殿大学士换特进,改封荆公,居江宁十年,恩赉存问稠叠,终神宗之世,行公政策不少变。

(考异十)《宋史》本传云:安石与吕惠卿相倾,上颇厌安石所为。及子雱死,尤悲伤不堪,力请解机务,上益厌之,罢判江宁府,终神宗世不复召。国史氏曰:嘻,甚矣《宋史》之敢于诬安石而并诬神宗也!安石谢事之本意,具见

## 第十四章　罢政后之荆公

前所录诸文中，惟兢兢焉以盈满为戒，以旷失为忧，以累其君知人之明为惧，其于大臣进退之义，可谓无遗憾矣。安石既去，而宠以使相之尊，封荆封舒，为仆射为特进，遣赐汤药存问无虚岁，其谢表见于本集者盖数十章。其于待去国之臣，亦可谓恩至义尽矣。况当其第二次之辞职也，自春徂冬，表数上，皆不得请，乃至敕断来章，不许陈诉，至托同僚为之转圜。试思安石去志之决既若此，欲再起之，其可得乎？曾公亮尝言："上与介甫如一人。"神宗亦自言："自古之君臣，如朕与安石相知绝少。"惟其君臣相知甚深，故不惟知其才，知其德，且知其志。安石之初罢政也，言"异时有所驱策所不敢辞"，故一闻召即起应命，践其言也。至其再罢，则所以报其君者已尽，浩然不复可挽，神宗深知之矣。故惟恩赐存问，聊酬其勋，而不复再强之以负责任，此其所以十年不召也。若如《宋史》所言，一则曰上亦厌之，再则曰上益厌之，又曰太后亦尝涕泣宫中也。吾试有以诘之，使安石为相而帝果厌之也，则径罢黜之可耳。安石岂拥兵自重，而帝有投鼠忌器之惧者耶？即不然，而曰优礼大臣，养其廉耻，则于其辞而即听之去可耳。曷为每恳至再三，犹未之允，且至敕断来章耶？且上既厌之，则安石既去，新法宜可以速改，上有以慰太后之心而全其孝，而己亦得以少宽其厌恶之情，何新法行于元丰，十年如一日耶？夫吕惠卿所创之手实法鬻祠法，惠卿一去而即罢矣；而安石之法，终神宗世无一废弃，则知曾公亮所谓"上与介甫如一人"者，洵不诬矣。窃尝论自古君臣相与之际，盖难言之矣。萧何与汉高帝并起为吏，佐帝定天下，功臣位居第一。其后益封置卫，买民田宅。君有疑于其臣，臣亦致疑于其

151

君，卒下相国廷尉械击之。唐太宗谓魏征"箴规过失，不可一日离左右"。其薨也，既自制碑文，又许以公主妻其子，乃未数月而踣碑罢婚。求其如神宗之与荆公，咸有一德，二十年如一日者，振古未尝有也。盖君与臣皆惟知有国，惟知有民，而不知有其私，而其谋事之识，任事之勇，皆足以相辅，故能沆瀣一气，始终无间然也。宋之小人儒，衔安石次骨，所以诋之者无所不用其极，其衔神宗，盖亦如是矣。然不敢于迳诋神宗也，而又见乎诋安石之即无异于诋神宗也，于是不得不造为诬词，而曰"上亦厌之，上益厌之"。不知上之所以待安石者，章章在人耳目；上之所以继安石之志而思竟其业者，亦章章在人耳目。将谁欺？欺天乎？神宗而有知，吾信其必不瞑于九原也。夫使荆公而果如苏洵所言合王衍卢杞为一人也，则神宗亦必如杨用修所言合赧亥桓灵为一人而后可。盖其君相二人，已成一体，功则俱功，罪则俱罪，贤则俱贤，不肖则俱不肖也。今既欲共鲧荆公，又不得不尧舜神宗，进退失据，而造为此矛盾之言，不亦大可哀耶？然固已著之正史，以一手掩天下目者，千年于兹矣。因知秽史之毒天下，甚于洪水猛兽也！

《隐居诗话》云：

熙宁庚戌冬，王荆公自参知政事拜相，造门奔贺者相属，公以未谢皆不见，独与余坐西庑小阁，语次忽取笔书窗曰："霜筠雪竹钟山寺，投老归欤寄此生。"放笔揖余而入。

盖公生平进退大节，其所以自处者，皆定之于夙。彼其禀德高尚，轩轩若云间鹤，人世富贵，视若浮云，曾不足以芥其胸，而又夙持知命不忧之义，虽以道之兴废，犹信为不可强致，故当受事之始，即已怀归耕之志，而后此乃一一践其言，所谓皭然泥而不滓者非耶？黄山谷题公画像云："予尝熟观其风度，真视富贵如浮云，不溺于财利酒色，一世之伟人也。"象山陆子云："英特迈往，不屑于流俗声色利达之习，介然无毫毛得以入于其心，洁白之操，寒于冰霜，公之质也。"又云："公以盖世之英，绝俗之操，山川炳灵，殆不世有。吾辈生千年后，读公之书，犹穆然想见其为人，高山仰止，景行行止，虽不能至，心向往之。"然如秽史所记，则公乃直一热中利禄之徒，其进也以诡遇，其退也，乃见疏于其君，而犹汲汲焉思献媚以觊再起。则夫山谷、象山之言，为皆呓语矣。吾于诋新法者，仅怜其无识耳，犹自可恕。至诋及公之人格者，吾每一读未尝不发为上指也！

**（考异十一）** 诸杂史如《邵氏闻见录》之类，记公罢政后谋再相之事，往往而有，今不屑辨，不屑述也。

公自幼侨寓江宁，故尤乐之，其《忆昨》诗云："想见江南多翠微，归心动荡不可抑。"自少已然矣。神宗知其意，故命以使相判江宁，公遂老焉。罢政后日徜徉此间，借山水之胜以自娱，翛然如一野人。读其诗词，几不复知为曾造作掀天动地大事业开拓千古者也。呜呼，欧公所谓无施不可者，至此益信矣！晚年著《字说》一书，精心结撰，而颇耽佛老，见道益深云。

元祐元年四月，公薨于江宁。司马温公《致吕晦叔书》云：

介甫文章节义，过人处甚多。但性不晓事而喜遂非，致忠直疏还，谗佞辐辏，败坏百度，以至于此。今方矫其失革其弊，不幸介甫谢世，反复之徒，必诋毁百端。光意以为朝廷宜特加优礼，以振起浮薄之风，苟有所得，辄以上闻。不识晦叔以为何如？更不烦答以笔札，宸前力言，则全仗晦叔也。

于是敕赠太傅，其文曰：

朕式观古物，灼见天意，将以非常之大事，必生希世之异人，使其名高一时，学贯千载，智足以达其道，辩足以行其言，瑰玮之文，足以藻饰万物，卓绝之行，足以风动四方，用能于期岁之间，靡然变天下之俗。故观文殿大学士守司空集禧观使王安石，少学孔孟，晚师瞿聃，罔罗六艺之遗文，断以已意；糠秕百家之陈迹，作新斯人。属熙宁之有为，冠群贤而首用，信任之笃，古今所无。方需功业之成，遽起山林之兴，浮云何有，脱屣如遗，屡争席于渔樵，不乱群于麋鹿，进退之际，雍容可观。朕方临御之初，哀疲罔极，乃眷三朝之老，邈在大江之南，究观规模，想见风采，岂谓告终之问，在予谅暗之中。胡不百年？为之一涕。于戏！死生用舍之际，孰能违天？赠赙哀荣之文，岂不在我？是用宠以师臣之位，蔚为儒者之光，庶几有知，服我休命，可特赠太傅。

此敕文见《东坡集》，盖东坡所草也。此实苏子由衷之语，亦为王公没世之光，饰终尚有此文，公论庶几未泯。当时熙宁之政，更张殆尽，温公、东坡，又皆平昔相排最力之人，然温公称其节义过人，力请优恤。东坡撰敕，于其政绩，虽不置可否，而诵其盛德，赞不容口。虽

## 第十四章　罢政后之荆公

公平昔操行,有以见信于友朋,而温公、东坡之贤,亦不可及矣。

自是而此绝世伟人,遂去此世界,而长留其事业言论,以供后世史家公案。

**(考异十二)** 与荆公并时诸贤,除吕诲一人外(吕诲非端人,次章别论之),从未有诋及荆公私德者,所争者在新法而已。盖荆公之操行,有与人以共信者也。自杨时、邵伯温、范冲、魏泰辈出,始污蔑荆公,无所不至,而又以其言一一托诸前人,以为征信。于是有苏老泉辨奸之论,有东坡谢张方平作《老泉墓表》之文,又有温公《日录》《涑水纪闻》等书,皆描写荆公丑态,读之则数千年来穷凶极恶之小人,宜莫有荆公若也。夫使此等文而果出于老泉、东坡、温公之手,则荆公晚年,东坡屡从之游,向往备至,悉见坡集。是东坡为甘于比匪?而乃翁所诋为阴贼险狠,与人异趣,不近人情,为大奸恶者,而东坡乃谓为希世异人,学贯千古,卓绝之行风动四方,明目张胆与其父为难,东坡尚得为人子哉?至温公《与晦叔书》,既言介甫节义过人处甚多,而又虑反复之徒,必诋毁百端,则后此之事,温公其知之矣。若如《日录》及《涑水纪闻》所记,则介甫之为人,殆狗彘不若,而尚何节义之可言?且其所谓反复之徒诋毁百端者,不已躬自蹈之耶?蔡氏上翔力辨此等文书,皆南宋以后小人儒所伪造,可谓特识。非特为荆公雪冤,亦为温公苏公诸贤雪冤也。而独恨谬说流传,习非胜是,胡元陋儒,采入正史,遂成铁案,莫敢或疑,乃至侪稷契于共欢,指夷齐为跖跷,公论亡而人道或几乎息矣。予岂好辩哉?予不得已也。

# 第十五章　新政之成绩

荆公之新政，为成乎？为败乎？其不能具谓之成，无待言也。何也？以其效果往往不如其所预期也。虽然，具谓之败焉不得也。何也？彼行之诚不免有流弊，然为救时之计，利率逾于病也。熙宁五年，公尝有《上五事札子》云：

陛下即位五年，更张改造者数千百事，而为书具为法立，而为利者何其多也！就其多而求其法最大、其效最晚、其议论最多者，五事也：一曰和戎，二曰青苗，三曰免役，四曰保甲，五曰市易。今青唐洮河幅员三千余里，举戎羌之众二十万。献其地，因为熟户，则和戎之策已效矣。昔之贫者，举息之于豪民；今之贫者，举息之于官。官薄其息，而民救其乏，则青苗之令行矣。惟免役也，保甲也，市易也，此三者有大利害焉。得其人而行之则为大利，非其人而行之则为大害；缓而图之则为大利，急而成之则为大害。《传》曰："事不师古，以克永世，匪说攸闻。"若三法者，可谓师古矣，然而知古之道，然后能行古之法，所谓大利害者也。盖免役之法，出于《周官》所谓府史胥徒，《王制》所谓庶人在官者也。然而九州之民，贫富不均，风俗不齐，版籍之高下不足据。今一旦变之，则使之家至户到，均平如一，举天下之役，人人用募，释天下之农，归于畎亩，苟不得其人而行，则五等必不平，而募役必不均矣。保甲之法，起于三代丘甲，管仲用之齐，子产用之郑，商君用之秦，仲长统言之汉，而非今日之立异也。然而天下之人，兔居雁聚，散而之四方而无禁也者，数千百年矣。今一旦变之，而使行什伍相维，邻里相属，察奸而显诸仁，宿兵而藏诸用，苟不得其人而行之，则搔之以追呼，骇之以调发，而民心摇矣。市易之法，起于周之司市，汉之平准。今以百万缗之钱，权物价之轻重，以通商而贳之，令民以岁入数万缗息，然甚知天下之货贿未甚行，窃恐希功幸赏之人，速求成效于年岁之间，则吾法隳矣。臣故曰：三法者得其人缓而谋之则为大利，非其人急而成之则为大害。故免役之法成，则农时不夺而民力均矣；保甲之法行，则寇乱息而威势强矣；市易之法成，则货贿通流而国用饶矣。

孔子曰："欲速则不达。"又曰："其人存则其政举，其人亡则其政息。"凡百皆然，岂直此三事者？而公独举此三法郑重言之，则以此三法最繁重，而官吏之舞文，亦较易故也。而荆公当诸法草创将次就绪之时，忽焉而上此札子，毋亦微窥神宗当时，不免有求治太急，用人太滥之弊耶？观其《论馆职札子》，言陛下即位以来所拔用，多士之有小才而无行义者，则知其虑此也久矣。据公此札则知和戎、青苗二事，乃公所认为已有成效者。和戎之事，其功与天下以共见，不必论。青苗法立意虽善，然以理势度之，不能有利而无弊，其或初年行之颇得其人，故见效多而见病少欤？抑公之聪明犹有所蔽，未及尽察欤？虽然，如当时反对党之诋其有弊而无利，此又殆必无之事。观后此元祐欲废之，而讼其不可废者反甚多，斯可见也。免役法厘革数千年之苛政，为中国历史上开一新纪元。当改革伊始，虽不免一部分人略感苦痛，然所不利者在豪右之家，前此有特权者耳。自余细民，则罔不食其赐也。此可谓纯有利而绝无病者也。保甲法体大思精，为公一生最用力之事业，其警察的作用，可谓有利而无病，其成效亦已章章可睹。其寓兵于农的作用，则以当时募兵未能尽废，常备后备之区别不立，其稍扰民，固意中事。然为起宋之衰，势不得不尔也。独至市易法，其用意虽非不善，然万不可以行于专制政体之国家，万不可以行于以自由竞争为根本观念之经济社会。奉行者虽得其人，犹惧以国家为兼并之戎首；奉行者若非其人，则将为官吏开利孔，而使小民生计日以憔悴。荆公之失策，殆未有过是者。而当时成效之无可见，亦莫此为甚也。

当时阻挠新法者，靡不言以新法之故，致小民颠连困苦，无所控诉，其言载于史籍者，未易一二数也。然稽诸往古，凡行厉民之政者，鲜不及身以召乱亡，若秦始、隋炀之徒无论矣。又如王莽，固亦托于《周官》，以变更百度，然其所行者，无一为法先王之意，而亦自始无乐利其民之心，故怨言繁兴，不数年而海内云扰矣。后世之论荆公者，甚或以比新莽。夫荆公创法立制，无一不以国利民福为前提，其不可与新莽同年而语，固不待辩。而末学肤受之辈，或见不及此，则盍取其结果而比较之。使荆公之法而果为病民，则民当呻吟枕藉救死不赡之时，势必将铤而走险，荆公虽有绝大之专制力，安能禁之？乃宋自真仁以来，虽号称太平，而潢池窃发，犹累岁不绝，其椎埋剽掠于乡邑者，更所在而有。夫其前此固已募强悍之民，纳之于兵矣，而国内之不能保其安宁秩序也，犹且若此，独至熙宁、元丰二十年间，举一切而更革之，而又以行保甲之故，不禁民挟弓弩，苟政府之设施，而果大拂民情也，则一夫攘臂，万众响应，其于酿成大乱易易也，乃不特不闻有此而已。即崔苻之盗，亦减于旧，而举国熙熙融融，若相忘帝力于何有。读当时诸贤之诗文集，其气象可想见也。荆公集中有《元丰行示德逢》一首云：

>　　四山翛翛映赤日，田背坼如龟兆出。
>　　湖阴先生坐草室，看踏沟车望秋实。
>　　雷蟠电掣云滔滔，夜半载雨输亭皋。
>　　旱禾秀发埋牛尻，豆死更苏肥荚毛。
>　　倒持龙骨挂屋敖，买酒浇客追前劳。
>　　三年五谷贱如水，今见西成复如此。
>　　元丰圣人与天通，千秋万岁与此同。
>　　先生在野故不穷，击壤至老歌元丰。

又《后元丰行》一首云：

>　　歌元丰，十日五日一风雨。
>　　麦行千里不见土，连山没云皆种黍。
>　　水秧绵绵复多稌，龙骨长干挂梁柎。
>　　鲥鱼出网蔽洲渚，荻笋肥甘胜牛乳。
>　　百钱可得酒斗许，虽非社日长闻鼓。
>　　吴儿踏歌女起舞，但道快乐无所苦。
>　　老翁堑水西南流，杨柳中间杙小舟。
>　　乘兴欹眠过白下，逢人欢笑得无愁。

又《歌元丰》绝句五首云：

水满陂塘谷满篝,漫移蔬果亦多收。
神林处处传箫鼓,共赛元丰第二秋。

露积成山百种收,渔梁亦自富虾鳅。
无羊说梦非真事,岂见元丰第二秋。

湖海元丰岁又登,稻生犹足暗沟塍。
家家露积如山垅,黄发咨嗟见未曾。

放歌扶杖出前林,遥和丰年击壤音。
曾侍土阶知帝力,曲中时有誉尧心。

豚栅鸡坞晻霭间,暮林摇落献南山。
丰年处处人家好,随意飘然得往还。

杜工部之追咏开元全盛也,曰:"稻米流脂粟米白,公私仓廪俱丰实。九州道路无豺虎,远行不劳吉日出。齐纨鲁缟车班班,男耕女桑不相失。"读公此数诗,气象仿佛似之矣。非极太平之治,安得有此?斯时新法之行,已十余年,而荆公亦既归休矣。以视温公所述英宗时民间景况,谓不敢多种一桑多置一牛,不敢蓄二年之粮,不敢藏十匹之帛者,其相去抑何远耶!夫前后不过二十年耳,而胡以人民生计之纾戚,其霄壤乃忽若此?岂不以最厉民之差役法,既已豁除,复有青苗钱挹注其间,以助生产之发达,而保甲既行,盗贼衰息,故外户不闭之盛,不期而自至也。准此以谈,新政之效,亦可睹矣。

苏子瞻有《与滕达道书》云:

某欲面见一言者，盖谓吾侪新法之初，辄守偏见，至有同异之论，虽此心耿耿，归于忧国，而所言差谬，少有中理者，今圣德日新，众化大成，回视向之所执，益觉疏矣。若变志易守以求进取，固所不敢；若哓哓不已，则忧患愈深。公此行尚深示知非静退意，但以老晚衰病旧臣之心，欲一望清光而已，如此恐必获一对，公之至意，无乃出于此乎？

夫子瞻固畴昔诋新法最力者也，其上神宗书，则诋新法者所视为圣经贤传，谓悬诸日月而不刊者也。而其晚年定论则若此，深感叹于圣德日新众化大成。然则熙宁、元丰之治，必有度越前古，予人以心悦诚服者矣。新法果何负于天下？而元祐诸贤之扰扰，果何为也哉？

# 第十六章　新政之阻挠及破坏（上）

国史氏曰，吾读泰西史而叹公党之有造于国家，如彼其伟也。吾读国史至宋明两朝，而叹私党之贻毒于国家，如此其烈也。彼私党者，其流品不必为小人也，而君子亦多有焉。其目的不必以求禄位也，而以辞禄位为目的者亦有焉。其所争者不必为政治问题也，然无论从何种问题发端，而其葛藤恒牵及政治。其党徒不必为有意识的结合也，然随遇一事，兴风作浪，有一吠影者倡之于前，即有百吠声者和之于后。一言以蔽之，曰意气用事而已。意气胜而国家之利害可以置诸不问，此其风起于荆公得政以前，成于荆公执政之时，而烈于荆公罢政以后，宋以是亡，而流毒至易代而未已。察此性质，则当时新法所以被阻挠被破坏之故，从可识矣。

荆公之初得政，其首劾之者实为吕诲，其事则熙宁二年也。今录诲疏而辨之：

> 臣切以大奸似忠，大诈似信，惟其用舍系时之休否也。至如少正卯之才，言伪而辨，行伪而坚，顺非而泽，强记而博，非宣父圣明，孰能去之？唐卢杞天下谓之奸邪，德宗不知，终成大患。所以言知人之难，尧舜其犹病诸！陛下即位之初，起王安石就知江宁府，未几召为学士，缙绅皆庆陛下之

## 第十六章 新政之阻挠及破坏（上）

明，擢有文之得以适其用也。及进二台席，佥论未允，衡石之下，果不能欺其重轻也。古人曰"庙堂之上，非草茅所当言"，正谓是也。臣伏睹参知政事王安石，外示朴野，中藏巧诈，骄蹇慢上，阴贼害物，斯众所共知者。臣略疏十事，皆目睹之实迹，冀上寤于宸监，一言近诬，万死无避。安石向在嘉祐中判纠察刑狱司，因开封府争鹌鹑公事，举驳不当，御史台略移文催促，谢恩倨傲不恭，相次仁宗皇帝上仙，未几安石丁忧，其事遂已。安石服满，托病坚卧，累诏不起，终英宗朝不臣。就如有疾，陛下即位，亦合赴阙一见，稍存人臣之礼。及就除江宁府，于私安便，然后从命，慢上无礼，其事一也。安石任小官，每一迁转，逊避不已。自知江宁府除翰林学士，不闻固辞。先帝临朝，则有山林独往之思；陛下即位，乃有金銮侍从之乐。何慢于前而恭于后？见利忘义，岂其心乎？好名欲进，其事二也。人主延对经术之士，讲解先王之道，设侍讲侍读常员，执经在前，乃进说，非传道也。安石居是职，遂请坐而讲说，将屈万乘之重，自取师氏之尊，真不识上下之仪，君臣之分，况明道德以辅益聪明者乎？但要君取名而已，其事三也。安石自居政府，事无大小，与同列异议。或因奏对，留身进说。多乞御批，自中而下，以塞同列沮论，是则掠美于己，非则敛怨于君，用情罔公，其事四也。安石自纠察司，举驳多不中理，与法官争论刑名不一，常怀忿隙。昨许遵误断谋杀公事，力为主张。妻谋杀夫，用按问欲举减等科罪，挟情坏法，以报私怨。两制定夺，但闻朋附，二府看详，亦皆畏避。徇私报怨，其事五也。安石初入翰林，未闻进一士之善。首率同列，称弟安国之才，朝廷与状元恩例，犹谓之薄。主试者定文卷不优,其人遂赗中伤。小惠必报,纤仇必复。及居政府,才及半年,卖弄威福,无所不至,自是畏之者勉意俯从。附之者自鬻希进,奔走门下,唯恐其后。背公死党,今已盛矣。怙势招权,其事六也。宰相不视事旬日,差除自专,逐近臣补外,皆不附己者,妄言尽出圣衷。若然,不应是安石报怨之人,丞相不书敕,本朝故事,未之闻也,意示作威,耸动朝著。然今政府同列依违,宰臣避忌,遂专恣而何施不可。专威害政,其事七也。凡奏对御座之前,惟肆强辩。向与唐介争论谋杀刑名,遂致喧哗,众非安石而是介。介忠劲之人,务守大体,不能以口舌胜,不幸愤懑,发疽而死,自是同列尤甚畏惮,虽丞相亦退缩不敢较。是非任性,凌轹同列,其事八也。陛下方稽法唐尧,敦睦九族,奉亲爱弟,以风天下。而小人章辟光献言俾岐王迁居于外,离间之罪,固不容诛。上寻有旨送中书,欲正其罪。安石坚拒不从,仍进危言以惑圣聪,意在离间,遂成其事。朋奸之迹甚明,其事九也。今邦国经费要会,在于三司,安石居政府,与知枢密者同制置三司条例,兵与财兼领之,其掌握重轻可知矣。又举三人者勾当,八人者巡行诸路,虽名之曰商榷财利,其实动摇于天下也。臣未见其利,先见其害,其事十也。臣指陈猥琐,烦黩高明,诚恐陛下悦其才辩,久而倚毗,情伪不得知,邪正无复辨,大奸得路,则贤者渐去,乱由是生。臣究安石之迹,固无远略,惟务改作,立异于人,徒文言而饰非,将罔上而欺下,臣切忧之。误天下苍生,必斯人矣!伏望陛下图治之宜,当稽于众。方天灾屡见,人情未和,唯在澄清,不宜挠浊。如安石久居庙堂,必无安静之理,臣所以沥恳而言,不虞横祸，期感动于聪明，庶判别于真伪。况陛下志在刚决，察于隐伏，当质于士论，然后知臣言之中否。然诋讦大臣之罪，不敢苟逭，孤危苦寄，职分难安，当复露章，请避怨敌。

吕诲何人？即治平间因濮议劾韩琦、欧阳修，请戮修以谢祖宗者也。修所著《濮议》于其语言状貌心术，刻画无余蕴矣。修所谓扬君之恶以彰己善，犹不可，况诬君以恶而买虚名哉？当时台谏，大率类此，而诲其代表也。今请按其所劾安石者而辨之。诲发端即以卢杞比安石，方谓所疏十事，必有大不得已于言者，而乃首举争鹌鹑一案。当时安石所判当否，今全案不见于史，无所考辨。即使不当，亦法官解释法文之误，其细抑已甚。且事在嘉祐之末，至是已六七年，是亦不可以已乎？其第一第二两事，皆言安石养望沽名，实怀干进，本属一事，而强分为二，以足十事之数已为可笑。若以其所劾，按诸实事，考治平二年七月，安石服满，英宗趣召赴阙，至于再三。安石亦有辞赴阙三状，见集中。但云抱病日久，未任跋涉，稍可支持，复备官使，犹且乞一分司官于江宁府居住，冀便将理，则三状如一，曷尝坚卧不起哉？以此而云慢上无礼，诲将不许人作病耶？治平四年正月，英宗崩，神宗即位。闰三月除安石知江宁府，犹有辞知江宁府状见集中。以疾尚未瘳也，曷尝有不屑事英宗惟欲事神宗之意哉？安石自弱冠以迄中年，皆为贫而仕，不卑小官。所谓山林独往之思者，其晚年诚有之，而前此未尝有。呈生平交游往来书牍，未尝流露，无论对君也。其前此辞试馆职，辞集贤校理，辞同修起居注，则皆有故，见于集中，班班可考也。至治平四年九月除翰林学士，自是不闻固辞者，徒以无必须辞之理由耳。前此嘉祐六年除知制诰，固亦未尝辞矣。知制诰与翰林学士，相去几何？此而谓其前慢后恭，见利忘义，何深文之甚也！其第三事以安石主坐讲谓为要君取名，古者三公，坐而论道，自汉迄唐，未之或废。自宋艺祖篡周，而范质以前朝旧相，自居嫌疑，不敢就坐，自此沿为成例。人主之前，无复臣下坐位，人臣始以奴隶自居，而忘其为与天子共供天职矣。荆公之请复坐讲，非徒法古，且实合于至道。似此而曰要君取名，则唐以前无一纯臣矣。考叶梦得《石林燕语》，称熙宁初侍讲官建议复坐讲者，吕申公、王荆公、吴冲卿，同时韩持国、刁景纯、胡宇夫皆是申公等言，苏子容、龚鼎臣、周孟阳、王汾、刘攽、韩忠彦，以为讲读官曰侍，盖侍天子非师道也。申公等议遂格，是主坐讲者非一人，何得以安石独见弹章？且其事已格，何其罪犹不可逭也？其后元祐初，程颐为崇政殿说书，疏请坐讲殿上甚力，其时给事中顾临以为不可，颐遂复上太皇太后书，辨顾临非是，至千五百余言之多，此与安石前后一辙者，安石为要君取名，伊川得勿亦要君取名耶？后此《通鉴纲目》，只载颐经筵讲读疏，言豫养君德，而不及坐讲一事，岂以向时吕诲攻安石太过，不得不为伊川讳欤？且自是讲学之徒，亦无复以坐讲议安石者，岂其既为伊川讳，而安石亦遂得从末减欤？甚矣宋人是非之无定也！其第四事言是则掠美于己，非则敛怨于君云云。自新法行，举朝归过于安石，有恶而无美，有非而无是。若曰"掠美于己"，不知此时更有何美可掠，诲能实指其所掠之美乎？若曰"敛怨于君"，则众所攻者新法，所怨者安石，不知更有何非可独敛怨于君者，诲亦能实指其事否也？其第五事为登州阿芸之狱，议自许遵，而安石主之。即谓不免失出，亦观过可以知仁。乃猥指为徇私报怨，试问案中之人，果谁为安石所私？而谁又为安石所怨耶？且此事亦琐末极矣，而哓哓言之，何不惮烦也！其六事以王安国之及第为安石罪。考王氏之登进士榜者，真宗咸平三年有王贯之，安石从祖也；祥符八年有王益，安石父也；仁宗庆历二年则安石；六年则有王沆，安石从弟也；皇祐二年有王安仁，则安石兄也；嘉祐六年有

## 第十六章　新政之阻挠及破坏（上）

王安礼，则安石弟也；英宗治平四年有王雱，则安石子也。六十年中，祖孙父子兄弟皆进士者七人，则科名亦其家所固有，区区此何物，岂必以奥援而始得之者？安石兄弟，皆有声当世，而安国实与兄齐名。前此吴孝宗《上张江东书》，言称道安国之贤，欲举之者甚众，而嘉祐五年，欧阳公有《送平甫下第》诗云："自惭知子不能荐，白首胡为侍从官。"则安国之贤可知矣。熙宁元年，安国由韩绛、邵亢所荐，召试赐进士及第，于安石何与？而以此见诬耶！幸而安石子雱先一年成进士，否则又为诲之弹章增一资料矣。其第七事言安石专权，如其所言，似有可议。然考诸《宋史》，言当时中书除目，数日不决，帝辄谕问安石，然则此出神宗之意，不可以专云也。其八事言唐介愤死云云。考《宋史》介传，言介数与安石争论，安石强辩，而帝主其说，介不胜愤，疽发于背薨，年六十。而诲云尝与唐介争论刑名，则又专为阿芸事言之。人死于病疽，常也。介年六十而死，尤常也。介尝与文彦博以灯笼锦事争论于帝前，至遭远窜，不死；而死于争论失出之一妇人，信其然也，则可谓轻于鸿毛者矣。以同列死一人而列为罪状，谁则无罪也？其第九事言章辟光请岐王居外云云。自古专制之国，以兄弟争位致乱者，史不绝书。故后世诸王分封，必使出居于外，以为与其地近而逼，不若疏远而可长保无虞也。岐嘉二王，为神宗同母兄弟，亲爱莫加焉。熙宁初，著作佐郎章辟光以迁居外邸为请，则与阴邪小人私行离间者异矣。神宗欲罪辟光，固亲亲之道宜然。安石独违众议，不欲以深罪罪辟光，要亦大臣谋国大公之义。且岐嘉二王本贤王，熙宁以来，岐王屡请居外，章上辄却，是岐王之以礼自处也。元丰八年，神宗不豫，先时二王日问起居，及既降制立延安郡王佣为太子，即令母辄入。夫以宣仁太后母子至亲，神宗二十年友爱，何嫌何疑？然犹若此者，是又宣仁之以礼处二王也。元祐初，始赐颢亲贤坊与弟頵对邸，且下制曰："先皇帝笃兄弟之好，以恩胜义，不许二王出居于外。盖武王待周公之意，太皇太后严朝廷之礼，以义制恩，始从其请，出居外宅，得孔子远其子之意。二圣不同，同归于道。"由是言之，则辟光之请，律以同归于道之旨，其不可以离间深罪罪之益明矣，而安石更无论也。其第十事攻三司条例，始为议及新法。夫当时之财政，不可不整理，而整理财政必须有一机关，则条例不可不立，前既详论之矣。至遣使巡行诸路，则又先以调查，乃立法制，诚得治事之次序者也。其所遣八人中，则有若刘彝、谢卿材、侯叔献、程颢，当时所号为贤者皆在焉。原则初心，岂有意于任用小人以败坏天下事哉？当时均输、保甲、青苗、免役诸制，尚未施行，荆公之怀抱，尚未一试，而诲何由即见其为误天下苍生也？考《宋史》诲传云：章辟光上言岐王颢宜迁居外邸，皇太后怒，帝令治其离间之罪，安石谓无罪，诲请下辟光吏，不得，遂上疏劾安石。然则诲实因争辟光事不得，激于意气，而不惜重诬安石，与前此因争濮议不得，激于意气，而不惜重诬韩琦、欧阳修，事同一辙。若此辈者，就令宽以律之，已不免孔子所谓好直不好学；苟严以绳之，则直帝尧所谓谗说殄行震惊朕师也。史称诲将入对，司马光遇之朝，密问"今日所言何事"，诲曰："袖中弹文，乃新参也。"光愕然曰："众喜得人，奈何论之？"是可见当时之贤士大夫，无一人不信荆公之为人。其诋及私德者，实一吕诲耳。此与蒋之奇、彭思永之以帷薄事诬欧阳公者无以异，而后人莫或申理焉，吾故不惮词费，辨之如下。

（考异十三）《宋史·吕诲传》又云：辟光之谋，本安石、吕惠卿所导。辟光扬言，朝廷若深罪我，我终不置此二人。据此以谈，则王吕实为此案罪魁，且又扬言于外，诲尤必备闻之，不难据情直指。而此疏不言何也？岂诲犹有所爱于安石耶？然则此必后之恶安石者，因诲言而加厉焉，而史乃采之，致与原疏全然不合，亦厚诬之一端也。

今将当时以争议新法去官者，胪举于下：

熙宁二年五月，翰林学士权开封府郑獬以断谋杀狱，不依新法，出知杭州。宣徽北院使王拱辰，知制诰钱公辅皆以与安石议新法不合，拱辰出判应天府，公辅出知江宁府。

六月，御史中丞吕诲劾安石，帝还其章，诲遂求去，出知郑州。

八月，知谏院范纯仁言安石变祖宗法度，掊克财利，民心不宁。帝不听，纯仁力求去，出知河中府。寻徙成都转运使。以新法不便，戒州县不得遽行，安石怒其沮格，左迁知和州。

同月，侍御史刘述、刘琦、钱颛连章劾安石，出述知江州，琦监处州盐酒务，颛监衢州盐税。

同月，条例司检详文字苏辙，以与吕惠卿论新法不合，出为河南推官。

十月，同平章事富弼称疾求退，出判亳州。

三年，正月，判尚书省张方平极言新法之害，力求去，出判应天府。

二月，河北安抚使韩琦以论青苗不见听，上疏请解安抚使，止领大名府路，从之。

（考异十四）史称荆公痛诋韩琦、富弼，谓弼像恭滔天，又称其以附丽韩琦为欧阳修罪，又称其子雱言枭韩琦、富弼之首于市，则新法可行云云。种种诬罔之辞，不一而足。使荆公而果有此言，虽谓之病狂丧心可也。然考之《临川集》，乃适与相反，集中有《赐允富弼辞免左仆射诏》

云:"卿翊朕祖考,功施于时,德善在躬,终始如一。忠贤体国,义乃可留,邦有大疑,庶几求助。云云。(后略)"有《赐允韩琦乞州诏》云:"卿以公师之官,将相之位,统临四路,屏捍一方。寄重任隆,群臣莫比。虽罹疢疾,冀即有瘳。而章书频频,来以病告,宗工元老,视遇有加,恩礼之间,然何敢薄?重违恳恻,姑即便安。"又有《贺韩魏公启》云:"(前略)伏惟我公,受天间气,为世元龟,诚节表示当时,德望冠乎近代。典司密命,总揽中权,毁誉几致于万端,夷险常持于一意。故四海以公之用舍,一时为国之安危。(中略)若夫进退之当于义,出处之适其时,以彼相方,又为特美。某久叨庇赖,实预甄收,职在近臣,欲致尽规之义;世当大有,更怀下比之嫌,用自绝于高闳,非敢忘于旧德。(后略)"由此观之,则公于韩富二公,实不胜其向往之诚,而韩富与公,虽论新法不合,而私交始终未渝。其屡次乞休,亦实缘老病,未必专以新法之故。而史所传公且诋韩富之说,其必为诬罔,盖无疑矣。

同月,以司马光为枢密副使,固辞不拜。

三月,知审官院孙觉,以论青苗法不便,出知广德军。

四月,御史中丞吕公著,以论青苗法,出知颍州。

同月,参知政事赵抃恳求去位,出知杭州。

同月,监察御史林旦、薛昌朝、范育劾安石罪状,不报,三人亦不见罢斥。

同月,监察御史里行程颢、张戬,右正言李常,御史王子韶,交章言新法不便,各乞退,出颢为京西路提刑,戬知公安县,子韶知上元

## 第十六章 新政之阻挠及破坏（上）

县，常通判滑州。

七月，枢密使吕公弼以劾安石，出知太原府。

九月，翰林学士司马光屡求去，留之不可，出知永兴军。

十月，翰林学士范镇劾安石，以户部侍郎致仕。

四年，三月，诏察奉行新法不职者，先是知山阴县陈舜俞不散青苗钱，知长葛县乐京、知湖阳县刘蒙不奉募役法，皆夺官。至是有是诏，知陈留县姜潜到官数月，青苗令下，潜即榜于县门三日，无人至，遂撤榜付吏曰："民不愿矣。"即移疾去。

四月，监官告院苏轼上疏极论新法，不听，乞外任，出为杭州通判。

五月，知开封府韩维以论保甲法不合，力请外郡，固留不可，出知襄州。

六月，知蔡州欧阳修以老病致仕。

（考异十五）《纲目》云：修以风节自持，既连被污蔑，年六十，即乞谢事。及守青州，上疏请止散青苗钱，帝欲复召执政，王安石力诋之，乃徙蔡州。至是求归益切，冯京请留之，安石曰："修附丽韩琦，以琦为社稷臣，如此人，在一郡则坏一郡，在朝廷则坏朝廷，留之安用？"乃以太子少师致仕。蔡氏上翔辩之曰："自宋天圣明道以来，欧阳公以文章风节负天下重望。"庆历四年，曾子固《上欧公书》曰："王安石虽已得科名，彼诚自重，不愿知于人，以为非欧公无足以知我。"是时安石年二十四也。至和二年，欧公始见安石，自是书牍往来与见诸章奏者，爱叹称誉，无有伦比。欧公全书，可考而知也。熙宁三年，公论青苗法非便，而又擅止青苗钱不散，要亦只论国家大事，期有益于公私而止，曷尝斥为奸邪，狠若仇雠，如吕诲诸人已甚之辞哉？而世乃传安石既相，尝痛诋欧公。考公擅止青苗钱在熙宁三年夏，至十二月，安石同平章事，明年春，公有《贺王相公拜相启》，其言曰："高步儒林，著一朝甚重之望；晚登文陛，受万乘非常之知。"夫以伉直如欧公，使果有大不说于参政之时，而复献谀于为相之日，是岂欧公之所为哉？逾年欧公薨，而安石为文祭之，于欧公之为人为文，其立朝大节，其坎坷困顿，与夫生平知己之感，死后临风想望之情，无不毕露。夫以安石之得君如彼其专，行新法如彼其决，曾何所忌于欧公，而必欲挤而去之？乃生则诋其人为天下大恶，而死则誉其为天下不可几及之人，是又岂安石之所为哉？考欧公于治平三年，以濮议见攻于吕诲、彭思永。四年，以飞语见毁于彭思永、蒋之奇。自是力请外郡，出而知亳州、知青州、知蔡州，以至于薨。则凡熙宁四年间，公未尝一日立于朝。而累年告病，尤在安石未执政之前，于安石何与哉？"在一国则乱一国"诸语，出于杨中立之《神宗日录辨》，其为诬显而易见。后人执此以为安石罪，而此两公全集皆不一寓目何也？今按蔡氏之文，辨证确凿，无待更赞。欧公之去，不缘荆公，而叙之于此者，凡以辨荆公排斥忠良之诬也。欧公如此，则凡杂史述荆公诋他人之言，又岂可尽信耶？荆公祭欧公文，实中国有数文字，今录入第二十章，可参观。

七月，御史中丞杨绘、监察御史里行刘挚上疏论免役法之害，出绘知郑州，挚监衡州盐仓。

五年三月，判汝州富弼上书，言新法"臣所不晓，不可以治郡，愿归洛养疾",许之。授司空武宁节度使致仕。

六年四月,枢密使文彦博求去,授司空河东节度使,判河阳。

七年二月,监安上门郑侠进流民图,言大旱为新法所致,未几以擅发马递罪付御史鞫治。八年正月,窜之于英州。

以上所述,皆当时阻挠新政之大概情形也。岩岩元老,梗之于上;岳岳台谏,哄之于下。而荆公以孑然一身,挺立于其间,天下之艰危,莫过是矣!公于熙宁三年有《答手诏慰抚札子》云:"窃观天锡陛下聪明睿智,诚不难兴尧舜之治,故不量才力之分时事之宜,敢以不肖之身任天下怨诽,欲以奉承圣志。自与闻政事以来,遂及期年,未能有所施为,而内外交构,合为沮议,专欲诬民以惑圣听,流俗波荡,一至如此!陛下又若不能无惑,恐臣区区,终不克胜。"其危苦之情,百世下读者犹将哀之。非坚忍不拔如公者,其何一事之能就耶!后世之恶公者,不必道矣,其好公者,亦不免以任用小人为公惜。夫公所任用者,果皆为小人与否,吾将别论之,而当时阻挠新政之人,岂非世所称为君子耶?若程明道,若苏子由,皆公所最初特拔以为僚佐者也。其余韩、富、文、吕诸元老,与公共事者,或一年,或二三年,或四五年,公自始何尝欲排挤之者?而诸贤动以去就争新法,公将以慰留僚友之故而枉所学,隳所志乎?抑以行其学,行其志之故而得罪于僚友乎?二者不得不出于一,故公于熙宁三年,尝上疏乞罢政事,亦以所志既不能行,则奉身以退耳。而神宗既信之愈笃,任之愈专,有君如此,公何忍负?则鞠躬尽瘁,以求大业之克终。诸贤既不肯苟同,誓不与并立夫本朝,亦惟有听其去而已。我辈生今日,为公设身处地以计之,果有何道得以两全者?夫公当时所立之法,非不善也,其所革之弊,则皆诸贤所蹙额而言之者也。其后此之成绩,或不能如初之所期,则亦以奉行者非其人已尔。使诸贤能与公和衷共济,时复相补助而去其泰甚,安见其成效之不更著耶?而乃不问是非可否,凡一新更之法,必出死力以攻之,明知攻之而必不能回上意也，则投劾而去以自成其名而已。甚或身为方面。而戒州县勿得奉行朝令，其人既属巨室，为士庶所具瞻，则夫不利于新法者，皆得所趋附，以簧鼓天下之耳目，使人民疑所适从。譬之一手画圆，而十手画方，虽有良法美意，而终不能以推行，有固然矣。然则使新法之利不偿其弊者，谁之罪也？逼荆公以不得不用小人者，谁之罪也？虽然，荆公之所以待异己者，抑可谓尽其道矣。其于诸元老，则皆自乞居外，犹再三慰留，不获已然后许之也。其于诸小臣，亦不过左迁外补，未尝有一人焉削其官秩，而治罪更无论也。其间惟郑侠一人，下吏远窜，则荆公罢相归江宁一年间之事也。以视子产、商鞅之待贵族何如？以视张江陵之待台谏何如？以视孔子之诛少正卯何如？吾友南海潘氏博尝论荆公，谓惜其纯任儒术，而乏法家之精神，可谓笃论。而世之论者，咸谓荆公行申商之术，以峻法绳百僚，何其与当时情实适相反对耶？荆公之待士大夫也以礼，虽其法缘是不能尽行，然大臣之度，足以模范千古，而元祐诸贤之所以待熙丰大臣者则何如？吾论至此而不禁有茫茫之感也！

章氏（衮）《王临川文集序》云：

（前略）熙宁之政，君以尧舜其民之心，坚主于上，臣以尧舜其君之心，力赞之于下，要皆以为天下而非私己也。诸臣若能原其心以议其法，因其得以救其失，推广以究未明之义，损益以矫偏胜之情，务在协心一德，博求贤才以行新法，宋室未必不尚有利也。而乃一令方下，一谤随之，今日哄然而攻者安石也，明日哗然而议者新法也。台谏借此以贾敢言之名，公卿借此以徼恤民之誉，远方下吏，随声附和，以自托于廷臣之党，而政事之堂，几为交恶之地。且当时下则未有不

## 第十六章 新政之阻挠及破坏（上）

逞之民，借新法以为倡乱之端，远则未有二虏之使，因新法而出不逊之语，而缙绅之士，先自交构，横溃汹汹，如狂人挟胜心，牢不可破。祖宗之法概以为善，其果皆善乎？新创之法，概诋为恶，其果皆恶乎？抑其为议，有一人之口而自相抵牾者，如苏颍滨尝言官自借贷之便，而乃力诋青苗钱之非；司马公在英宗时，尝言农民租税之外，当无所与，衙前无募民为之，而乃力诋雇役之非；苏东坡尝言不取灵武，则无以通西域，西域不通，则契丹之强未有艾，而乃力诋熙河之役之非；又如已非雇役不可行，而他日又力争雇役不可罢之类是也。有事体相类，自来行之则以为是，公行之则以为非者，如河北弓箭社，实与保甲相表里，苏东坡请增修社约，并加存恤，而独深恶保甲法之类是也。（中略）似此之类，既非真知是非之定论，亦非曲尽利害之讦谟，宜公概谓流俗，而主之益坚，行之益力也。一时议论，既如此矣，而左右记注之官，异时记载之笔，又皆务为巧诋，至或离析文义，单撷数语而张皇之。然则当时所以攻新法者，非实攻新法也，攻公而及其法耳。（中略）彼管仲、子产、商鞅之数子者，诸侯之贵臣耳，然皆以其计数之审，果敢坚忍，大得逞于其国。而公以世不常有之材，当四海为家之日，君臣相契，有如鱼水，乃顾落落如彼者，时势异而媢忌众故也。夫国内多故，四竟多敌，譬彼舟流，不知所届，惟才与智，众必归之，此管仲之人所以得志也。宋之治体，本涉优柔，真、仁而降，此风浸盛。士大夫竟以含糊为宽厚，因循为老成，又或高谈雅望，不肯破觚解挛以就功名。而其小人晏然如终岁在闲之马，虽或刍豆不足，一旦围人剪拂而烧剔之，必然趯然蹄而龁然啮。当此时而欲顿改

175

前辙以行新法，无惑乎其骇且谤矣。公之所以不理于口者，此其一也。贾谊年少美才，疏远之臣，慨然欲为国家改制立法，当时绛灌之徒，虽恭害之，而未至若是之甚者，以谊未尝得政，而文帝直以众人待之也，公令闻广誉倾一世，既已为人所忌，加以南人骤贵，父子兄弟蝉联禁近，神宗又动以圣人目之，而寄以心膂，及横议蜂起，公又悍然以身任天下之怨，力与之抗而不顾，公之所以不理于口者，此又其一也。（后略）

章氏此论，言公所以见沮之故，可谓洞见症结。其言以南人骤贵，媢嫉者众，尤为得间。呜呼！以公洁白之质，旷远之胸，方如凰皇翔于千仞，岂省有鸱雏腐鼠于其下者耶？而公之失败，竟坐是矣。庄子曰："中国之人，明于礼义，而昧于知人心。"又曰："人心险于山川，难于知天。"荆公惟昧于知人心也。故以遇世之所谓小人者而失败，以遇世之所谓君子者而亦失败。论荆公之所短，盖莫此为甚矣！虽然，使公而明于知人心乎？则且随俗波靡，非之无非，刺之无举，非徒得徼容悦之一时，而且将有令誉于后世，又安肯以国家之故，而牺牲一身之安乐闻誉，丛万诟而不悔也！呜呼，吾中国数千年来之士君子，其明于知人心者则多矣，而昧焉者几人哉？

# 第十七章　新政之阻挠及破坏（下）

元丰八年三月，神宗崩，哲宗立，宣仁太后临朝。五月，以司马光为门下侍郎，遂尽废新法，且窜逐神宗朝旧臣，今记其略如下：

元丰八年七月，罢保甲法。

十一月，罢方田法。

十二月，罢市易法。

同月，罢保马法。

元祐元年闰二月，蔡确出知陈州，章惇出知汝州。

同月，罢青苗法。

三月，罢免役法。

四月，罢熙河经制财用司。

六月，窜邓绾、李定于滁州，窜吕惠卿于建州。

二年正月，禁用王氏《经义》《字说》。

四年四月，罢明法科。

五月，窜蔡确于新州。

以上不过举其荦荦大者，其他不复枚述。一言蔽之，则当时于熙丰所行之事，无一不罢；于熙丰所用之人，无一不黜而已。范纯仁尝语司马光曰："去其泰甚者可也，差役一事，尤当熟讲而缓行。不然，滋为民病，愿公虚心以延众论，不必谋自己出。谋自己出，则谄谀得乘间迎合矣。役议或难回，则可先行诸一路，以观其究竟。"光不从，持之益坚，纯仁曰："是使人不得言尔！若欲媚公以为容悦，何如少年合安石以速富贵哉？"昔光尝奏对神宗，谓安石贤而愎。夫光之贤，吾未知视安石何如，若其愎则何相肖而又加诸厉也！而新法遂从兹已矣。

新法之当废与否，吾于前数章既详论之，不再赘。而据俗史所纪，则谓元祐初政，天清地明，全国欢欣，四夷动色者也。吾不暇与之辨，请引先儒之说一二，助我张目焉。陈氏（汝锜）《司马光论》云：

靖康之祸，论者谓始于介甫，吾以为始于君实。非君实能祸靖康，而激靖康之祸者君实也。夫新法非漫然而姑尝试之者，每一法立，其君其相，往复商订，如家人朋友，相辨析积岁弥月，乃始布为令甲。而神宗又非生长深宫，懵于闾里休戚之故者，推利而计害，原始而究终，法未布于方内，而情伪已了彻胸中如列眉。故虽以太后之尊，岐王之戚，上自执政，下逮监门，竞苦口焉，而不为中止。虽其间奉行过当，容有利与害邻而实与名戾者，要在因其旧以图其新，救其疵以成其美，使下不厉民，而上不失先帝遗意。斯宵小无所乘其间，而报复之祸无从起矣。安在悻悻自用，尽反前辙？前以太后诸人争之而不能得之于神宗者，今以范苏诸人争之而亦不能得之于君实。一有逢己之蔡京，则喜为奉法，盖先帝肉未冷，而诸法破坏尽矣。是欲以臣而胜君，而谋之数十年者，可废之一朝也。是谓己之识虑为能贤于先帝，而昔以为良法，今以为秕政也。不大横乎！孔子何以称孟庄子之不改父臣与父政乎！今其言曰：先帝之法，其善者百世不可变，若王安石所建为天下害者，改之当如救焚拯溺。夫以神宗之为君，岂政由宁氏，听穿

## 第十七章　新政之阻挠及破坏（下）

鼻于其臣者，而云安石所建立乎？安石免相居金陵者八年，新法之行如故也。安石建之，能使神宗终身守之，而不与手实鬻祠俱报罢乎？且元祐之划除更张无孑遗，而所云百世不可变者安在乎？吾恐先帝有灵，目不能一日瞑地下也。又云：太皇太后以母改子，非以子改父。夫一切因革所为，告之宗庙颁而播之天下臣民者，吾君之子，不曰吾君之母也。君母而可废阁先帝行事，是吕后之所以灭刘，而武后之所以篡唐为周也。人臣而可挟母后之权弁髦其主，是徐纥、郑俨、李神轨之共相表里而势倾中外也，尚可训乎？况元祐之初，嗣君已十余龄矣，非遗腹襁褓而君者，朝廷进止，但取决于宣仁，而嗣君无与焉。虽嗣君有问，而大臣无对，此何礼也？苏子容危其事，每谓诸老无太纷纭，君长谁任其咎？而哲宗亦谓惟苏颂知君臣之礼。盖哲宗之藏怒蓄愤，已不在绍圣亲政之日，而小人之逢君报怨，亦不待惇、京用事之时矣。何者？人臣而务胜其君以为忠，岂人子而不务继述其父以为孝？上见其意，下将表异。一表之于章惇，而羁管窜逐无虚日；再表之于蔡京，而为妖为孽，外假绍述之名而以济其私，而宋事不可为矣，君实不当少分其咎哉？孔子曰："言必虑其所终，行必稽其所敝。不虑终，不稽敝，乃举而委之于天。"曰天若祚宋，必无此事。天可幸乎？天而以死先君祚宋乎？则太甲之颠覆典刑，为天实祚商；而汉惠帝之与曹参辈，守划一而清静焉，为天不祚汉矣。

王氏（夫之）《宋论》云：

哲宗在位十有五年，政出自太后者，凡八年，哲宗亲政以还，凡六年。绍圣改元以后，其进小人，复苛政，为天下病者，勿论矣。元祐之政，抑有难于复理者焉。绍圣之所为，反元祐而实效之也，则元祐之所为，矫熙丰而抑未尝不效之，且启绍圣而使可效者也。呜呼，宋之不乱以危亡者几何哉！天下进士以图吾国，君子出身以图吾君，岂借朝廷为定流品分清浊之场哉？必将有其事矣。事者，国事也，其本君德也，其大用治教政刑也，其急图边疆也。其施于民者，视其所勤而休养之，视其所废而修明之，拯其天灾，惩其吏虐，以实措之安也。其登进夫士者，养其恬静之心，用其方新之气，拔之衡茅，而相劝以君子之实也，岂徒绍圣哉？元祐诸公之能此者几何邪？所能卓然出其独至之忱，超出于纷纭争论之外，而以入告者，刘器之谏觅乳媪，而以伊川请就崇政延和讲读，勿以暑废而已，范淳夫劝帝以好学而已。自是而外，皆与王安石已死之灰争是非，寥寥焉无一实政之见于设施，其进用者，洵非不肖者矣。乃一惟熙丰所贬斥之人，皇皇然力为起用，若将不及，岂新进之士，遂无一人可推毂以大任之，树百年之屏翰者？而徒为岭海迁客，伸久郁之气，遂可无旷天工乎？其恤民也，安石之新法，在所必革矣。频年岂无水旱，而拯救不行；四海岂无冤民，而清问不及；督行新法之外，岂无渔民之墨吏，而按劾不施；触忤安石之余，岂无行惠之循良，而拔尤不速。西陲之复败孔棘，不闻择一将以捍其侵陵；契丹之岁币屡增，不闻建一谋以杜其欺侮。夫如是则宋安得有天下哉？一元祐诸公扬眉舒愤之区宇而已矣。马吕两公，非无忧国之诚也，而刚大之气，一泄而无余。一时蠖屈求伸之放臣，拂拭于蛮烟瘴雨之中，惜惜自得，出不知有志未定之冲人，内不知有

# 第十七章 新政之阻挠及破坏（下）

不可恃之女主，朝不知有不修明之法守，野不知有难仰诉之疾苦，外不知有睥睨不逞之强敌，一举而委之梦想不至之域，群起以奉二公为宗主，而日进改图之说。二公且目眩耳荧，以为惟罢此政，黜此党，召还此人，复行此法，则社稷生民，巩固无疆之术，不越乎此。呜呼！是岂足以酬天子心膂之托，对皇天，质先祖，慰四海之孤荧，折西北之狡寇，而允称大臣之职者哉？吾诚养君德于正，则邪自不得而窥；吾诚修政事以实，则妄自无从而进；吾诚慎简干城之将，以固吾围，则徼功生事之说自息；吾诚厘剔中饱之弊，以裕吾用，则掊克毒民之计自消；吾诚育士以醇静之风，拔贤于难进之侣，为国家储才于百年，则奸佞之觊觎自戢，而善类之濯磨自宏。曾不出此，而夜以继日，如追亡子。进一人，则曰此熙丰之所退也；退一人，则曰此熙丰之所进也；兴一法，则曰此熙丰之所革也；革一法，则曰此熙丰之所兴也。然则使元祐诸公，处仁英之世，遂将一无所言，一无所行，优游而聊以卒岁乎？未见其有所谓理也，气而已矣。气一动而不可止，于是吕范不协于黄扉，雒、蜀、朔、党不协于群署，一人茕立于上，百尹类从于下，尚恶得谓元祐之犹有君，宋之犹有国也？而绍圣诸奸，驾驷马，骋康庄以进，莫之能御矣。反其所为者，固师其所为也。是故通哲宗在位十四年中，无一日而不为乱媒，无一日而不为危亡地，不徒绍圣无然矣。当其时，耶律之臣主，亦昏淫而不自保；元昊之子孙，亦偷安而不足逞，藉其不然，靖康之祸，不能待之他日也。而契丹衰，夏人弱，正汉宣北折匈奴之时会，乃恣通国之精神，敝之于一彼一此之短长，而弗能自振。呜呼！岂徒宋之存亡哉？无穷之祸，自此贻之矣！立乎今

181

日，以复考哲宗之代之所为，其言洋溢于史册，以实求之，无一是当人心者。苟明于得失之理，安能与登屋遮道之愚民，同称庆快邪？

案船山此文有"为岭海迁客伸久郁之气"及"拂拭于岚烟瘴雨之中"二语，此失考也。荆公当国时，未尝窜逐一人，据前表所列，已较然甚明。即荆公罢政后，八年间，亦未闻有谪廷臣于岭海之事。故元祐时窜蔡确于新州，而范淳夫言此路荆棘近七十年，此可证也。

章氏（衮）《王临川文集序》云：

元丰之末，公既罢相，神宗相继殂落，群议既息，事体亦安。元祐若能守而不变，循习日久，膏泽自润，孰谓非继述之善也？乃毅然追怼，必欲尽罢熙丰之法，公以瞑眩之药攻治之于先，司马公又以瞑眩之药溃乱之于后，遂使国论屡摇，民心再扰。夷想当时言新法不可罢者，当不止于范纯仁、李清臣数子，特史氏排公不已，不欲备存其说尔。不然，哲宗非汉献晋惠比也，何杨畏一言，而章惇即相，章惇一来，而党人尽逐新法复行哉？悲夫！始也群臣共为一党以抗君，终也君子小人各自为党以求胜，纠纷决裂，费时失事，至于易世，而犹不知止，从古以来，如是而不祸且败者，有是理哉？公昔言于仁宗，谓晋武帝因循苟且，不为子孙长远之谋，当时在位，亦皆偷合苟容，弃礼义捐法度，后果海内大扰，中国沦于夷狄者二百余年。又谓可以有为之时，莫急于今日，过此则恐有无及之悔。由此观之，则靖康之祸，公已逆知其然，所以苦心勤力，不畏艰难，不避谤议，而每事必为者，固公旦天未阴雨绸

## 第十七章　新政之阻挠及破坏（下）

缪牖户之心也。而古今议者，乃以靖康之祸归于公，毋亦秦人枭轘参夷之习未亡乎？

陈氏、章氏，固平昔崇拜荆公者也，其言或不免与余同病，阿其所好。若王氏之诋荆公，盖无以异于俗儒，而其论元祐之政也若此，彼尧舜宣仁而皋夔马吕者，其可一省矣。且元祐诸人之可议者，犹不止此。宋人王氏明清《玉照新志》云：

元祐党人，天下后世莫不推尊之。绍圣所定，止三十二人，至蔡元长当国，凡背己者皆著焉，殆至二百九人，然而祸根实基于元祐嫉恶太甚焉。吕汲公、梁况之、刘器之定王介甫亲党吕吉甫、章子厚而下三十人，蔡持正亲党安厚卿、曾子宣而下十人，榜之朝堂。范淳父上疏以为奸厥渠魁，胁从罔治。范忠宣太息语同列曰："吾辈将不免矣！"后来时事既变，章子厚建元祐党，果如忠宣之言，大抵皆出于士大夫报复，而卒使国家受其咎，悲夫！

章蔡之兴党狱，至今稍有识者，皆深恶而痛绝之。夫章、蔡之宜恶绝无论也，庸讵知肇造此孽者，不在章、蔡，而在天下后世所推尊之元祐诸贤，苟非有《玉照新志》偶为记述，则四十人榜于朝堂之事，迄今无复知之者矣。夫党籍榜与党籍碑则何以异？况泐碑颁诸天下，乃崇宁间事，其在绍圣时，亦不过榜之而已。由此观之，则作俑者实吕、梁、刘诸人，而章蔡乃尤而效之，其罪反得从末减也。而党籍碑为万世唾骂之资，党籍榜则无人齿及，岂有幸有不幸耶？亦史家赋之以幸不幸而已。

蔡确之既贬也，台谏犹论之不已，谏议大夫范祖禹亦言确之罪恶，天下不容。执政将诛确，范纯仁、王存独以为不可，力争之。文彦博欲贬确岭峤，纯仁闻之，谓吕大防曰："此路自乾兴以来，荆棘近七十年，吾辈闻之，恐不自免。"大防遂不敢言。越六日，竟窜确于新州。纯仁又言于太后曰："圣朝宜务宽厚，不可以语言文字之间，暧昧不明之语，诛窜大臣。今举动宜为将来法，此事甚不可开端也。"不听，确遂死于窜所。呜呼！此以视荆公执政时所以待异己者何如？而荆公蒙峻刻之名，元祐诸贤，论者或犹咎其除恶不尽，天下尚有是非乎哉？

陈氏汝锜又曰："杨中立当靖康之初，谓今日之事，虽成于蔡京，实酿于安石。此语既倡，口实翩翩，以熙宁为祸败靖康之始基，以安石为鼓舞蔡京之前茅，其诬甚矣。今史牒具在，凡京所逢迎，如虚无是溺，土木是崇，脂膏朘剥于下，而宫闱盘乐于上，蠹国害民者非一政，然何者为熙宁之政？凡京所交结，如内侍则童贯、李彦、梁师成，佞幸则冲、勔父子，执政则王黼、白时中、李邦彦辈，挑衅召乱非一人，然何者为熙宁之人？虽京弟卞馆甥介甫，而京不以卞故，受知介甫，用事于熙宁、元丰之间也，何与介甫事，而以为致有今日之祸者王安石乎？推尊配享，特借此欺君盗宠之地，而庶几弥缝其不肖之心耳。如篡汉为魏者，未尝不借口于舜禹之事；造作符命弄孺子婴于股掌者，未尝不以周公之居摄为解，岂可谓三让登坛，厉阶于让德稽首，而负扆南面，乃教后世以称假皇帝成即真之谋哉？"其言可谓隽快。窃尝论之，绍圣间章惇用事，尚颇有意于绍述荆公，犹未至于祸宋也。祸宋者实惟蔡京，而蔡京之得跻显要，汲引之者谁乎？非荆公而温公也。温公欲废募役法，复行差役，群僚颇以为难，京五日而了之，温公赏其才，遂加委任。若援举主连坐之律，则温公得毋亦有不得辞其咎者耶？夫温公亦贤者也，吾固不敢学史家深文周内之技，以京之祸宋，府罪于温公，独奈何山膏善骂者流，乃反以府罪于与京风马牛不相及之荆公也哉！

# 第十八章　荆公之用人及交友

古今人之论荆公，其迳诋之为小人者，不必论矣，即仰之为君子者，亦未尝不以好用小人为公之玷。然则公果好用小人乎？公所用者果如史家所记述，无一而非小人乎？则又请平心以察之。

吾尝极论荆公所以不得不用小人者，以当时君子莫肯为之用，斯固然矣。抑考公之言尝曰："洪水之患，不可留而俟人，而诸臣之才，惟鲧优于治水，故虽方命圮族，而不能舍鲧。"以此推之，则虽谓其好用小人也亦宜。及其致政而归也，亦自言智不足以知人，而险诐常出于交游之厚，则其为小人所累而颇自悔之，当亦属于事实无可为讳者。夫小人非不有时而可用，而能用之与否，则恒视乎用之之人。以纯粹之君子而用小人，天下之险，莫过是也。夫人而曰小人，必其机巧变诈之尤者也，而用之之人，必其机巧变诈能与之相敌，且更过之，使彼虽极其诪张之技，而不能遁出于吾股掌之外，斯能用小人矣。若张江陵则其人也，若胡文忠则其人也，若曾文正则已非其人也，若王荆公则更非其人也。何以故？以荆公为纯粹之君子人故，以荆公为太无权术之君子人故。

虽然，谓荆公为专好用小人则非也，谓荆公所用者为皆小人，则尤非也。公上神宗《论馆职札子》云："陛下即位以来，以在事之人，或乏材能，故所拔用者，多士之小有才而无行义者，此等人得志，则风俗坏矣，欲救此弊，亦在亲近忠良而已。"公之所进规于其君者如是，而岂其躬自蹈之？又制置条例司之初立也，神宗屡以问荆公，公曰："今欲理财，则必使能。天下但见朝廷以使能为先，而不以任贤为急，恐风俗由此而坏，将不胜其敝。陛下当念国体有先后缓急。"是荆公之谆谆于进贤退不肖者，至深且切。故与其谓荆公好用小人，毋宁谓神宗好用小人，而荆公则虽矫正之而犹未能尽者也。夫荆公所拔擢拂拭之人，其为后世所称为君子者抑多多矣。然或后此以不附新法，用之不终，史家遂不认此人为荆公所用。夫荆公既锐意必欲行新法，则凡不愿奉行新法者，虽欲终用之而不能，此事所必至理所固然也。而谓荆公无欲用之之心焉，不可得也。若夫始终肯奉行新法之人，则后之史家，初不问其人平日行谊何如，即此附和新法之一端，已指为罪大恶极，不宁惟是，又往往虚构事实，必被以恶名而始为快，不必其与荆公共政事者，即平昔往还稍稔者，亦无一而获免焉。如是则荆公所用者，安得不皆为小人哉？非荆公之好用小人，徒以其人既经荆公之拂拭，旋即经史家之锻炼，虽君子亦为小人已耳。吾非敢谓荆公所用者必无小人，愿以为虽有之，而其不善决不如是其甚。夫以荆公之懿德高节，而经史家之刻画，犹使后之读者，觉王衍、卢杞俨然在目，则其他操行不及荆公，而授人以可乘之隙者，其受诬更何所不至耶？夫以韩琦而可指为交结中官，以欧阳修而可指为盗淫甥女，且举朝汹汹，谓为希恩固宠，巧饰欺罔，则当时争意气者，岂尚有是非之心，而其言又可信耶？孙固濮议，稍抗舆论，则群斥为奸邪，然则千年来指荆公所用为奸邪者，又安知其非孙固之比耶？吾固非强欲为荆公所用之人辩，然固有不容已于言者，今请就所可考见之人而一一论列之。

陈升之　升之在仁宗时已为执政，非荆公所特拔。然荆公集中有《送陈升之序》，盖自其微时，而即期以重任，及制置条例司初设，即引典共事，故神宗之相升之，实为荆公推毂无疑。升之任谏官五年，所论列百数十事，其人亦非庸庸者，徒以与荆公共事之故，史称其深狡多数，善傅会以取富贵。其信否则非吾所能断也。

王珪　珪典内外制十八年，至熙宁三年，始参知政事。九年，同平章事，终神宗世为相。其为荆公汲引与否不可知。然固始终奉行新法者，本传于其执政前多褒美之词，于其执政后多讥弹之语，平心论之，盖一中和之人也。

苏辙　荆公初设制置条例司，首擢辙为检详文字。荆公之特拔小臣自辙始，后以不附新法，出为河南推官。

程颢　制置条例司初设，遣使八人行诸路察农田水利，而颢与居一焉，是颢实为荆公所特拔之士也。后以不附新法，出为签书镇宁军判官。而《宋史》于安石传、颢传，并不载其曾为条例司官一事，殆以受知于安石为颢玷，故讳之欤？

刘彝　条例司所遣八人之一。前本为县尉，荆公特拔者也。史称其以不附新法罢，又言神宗择水官以其悉东南水利，除都水丞，是非不用也，固其所长而专委以一事耳。以不当冲要之故，本传无贬词，且亟称其材。

卢秉　亦所遣八人之一也。史称其与薛向行盐法扰民，然请罢发运使献余羡，其综核名实可见。其后征西夏，立奇功，则其才之瑰伟可知。其父革以廉退闻，而秉未冠即负隽誉，尝言林木非培植根株弗成，似士大夫之立名节也。蒋堂赏味其言，卜其必为佳器。而荆公因读其《壁间诗》，识其静退，故特拔之。秉后守边，以父老累乞归养，神宗手诏慰留，父革闻之，亦以义止之。后革疾亟，始得归，遂不复出。以此言之，秉之名节，诚卓荦可观，不负荆公之知矣。而《宋史》则谓其阿徇时好，父子相去甚远，夫革未尝谓其子不肖，且责以大义，不许告归，而史家竟不许革之有子。何以故？徒以其奉行新法故。

谢卿材、侯叔献、王汝翼、曾伉、王广廉　条例司所遣八人此其五也，《宋史》皆无传，事迹不可考。以程刘卢三人例之，当皆佳士也。

吕公著　公著后此与司马光同破坏新法，史家所目为大贤者也。而其超擢显官，实荆公荐之。史家恐污点公著，故于公著传讳而不言，而于其兄公弼传云："安石知政事，廉公弼不附己，白用其弟公著为御史中丞以逼之。"盖又欲借此以入安石罪，遂忘却为公著讳，而留此痕迹以示人也。顾吾独不解恶其兄者何以荐其弟，而用其弟又何以能逼其兄也。真所谓欲加之罪何患无辞矣。要之荆公之荐公著，灼然不疑，而诋荆公专用小人者，将何以自解耶？

韩绛　绛为荆公所汲引，代陈升之领条例司，未几参知政事，又继荆公为相，一守成法，时号"传法沙门"，以故本传极丑诋之。然考神宗初立，韩琦即荐绛有公辅器，是其材德之优，非独荆公知之也。其早年决狱廉明，抚民周浃，政绩历历可观，为谏官屡论列宫廷积弊，尤为人所难能。庆州羌乱，一举平之，可见其优于军略。知成都府、开封府，屡折豪强以苏民困。仁宗叹曰："众方姑息，卿独能不徇时邪。"内诸司数干恩泽，绛执不可，为英宗言身犯众怒，惧有飞语。帝曰："朕在藩邸日，颇闻有司以国事为人情，卿所守固善，何惮于谗？"是其刚方之气，实朝列所罕见。又尝言富国当尽地力，又首请改差役法，是为治极知大体者，而又数荐司马光，则绝无党同伐异之见，尤可敬佩。由此言之。荆公之举绛自代，实为得人。而以绛之贤，独心悦诚服荆公，守其法不变，则新法之善，亦可见矣。而《宋史》绛传，徒以此故，于其人相后，则附以种种丑诋之词，不顾其与前半篇相矛盾，吾是以益知《宋史》之不可信也。

韩宗师　绛之子，荆公荐为度支判官提举河北常平，史称其孝，此

# 第十八章　荆公之用人及交友

亦足见荆公之不滥举也。

**元绛**　绛以荆公荐，参知政事，神宗眷顾甚隆。其生平政绩太优，《宋史》本传，不能加以诬诋，惟于传末云："绛所至有威名，而无特操少仪矩，谄事王安石及其子弟，时论鄙之。"其传后论云："王安石为政，一时士大夫之素知名者，变其所守而从之，比比皆然。元绛所莅，咸有异政，亦谄事之，陋矣！"若是夫，凡不肯攻安石之人，虽有百千美德，而皆得以一"谄"字抹杀之，遂成为无特操之人矣。则凡为安石所用者，安得不尽为小人也哉？史于《韩绛传》亦称其贤，而末缀二语云："终以党王安石得政，是以清议少之。"与此传正同一笔法，此种清议，此种时论，其价值可见矣。

**吕惠卿**　惠卿，《宋史》列诸奸臣传者也。惠卿之必非君子人，无待言。然荆公之知惠卿，实欧阳文忠介之，其书见欧集。嘉祐六年欧公又有《举惠卿充馆职札子》，其文曰："吕惠卿材识明敏，文艺优通，好古饬躬，可谓端雅之士。"夫以欧公素称知人，其所荐举，皆一世佳士，而于惠卿称之曰"饬躬"、曰"端雅"，则其人谅不止才学之优美而已。据《宋史》本传所载罪状，大半指其奉行新法者。然吾以此为不特非罪状，且可作功状矣。本传又记其绍圣中知延州，夏人入寇，将以全师围延安，惠卿修米脂诸砦以备。寇至，欲攻则城不可近，欲掠则野无所得，欲战则诸将按兵不动，欲南则惧腹背受敌，留二日遁去。据此，则不独有政事才，且能军矣。惠卿之果为奸邪与否，当于其曾叛荆公与否一事决之。据元祐初苏辙弹文，谓其势力相轧，化为敌仇，发安石私书云云，后之史家，指为荆公初次罢相时事。今考元丰三年，荆公有《答吕吉甫书》云：

与公同心，以至异意，皆缘国事，岂有他哉？同朝纷纷，公独助我，则我何憾于公？人或言公，吾无与焉，则公何尤于我？趣时便事，吾不知其说焉；考实论情，公宜昭其如此。开喻重悉，览之怅然。昔之在我者，诚无细故之可疑，则今之在公者，尚何旧恶之足念？（下略）（按惠卿来书有云："内省凉薄，尚无细故之嫌，仰惟高明，夫何旧恶之念？"故公答书云云。）

观此则荆公与惠卿始合终睽，诚属事实。然其睽也，缘公事乎？缘私怨乎？尚未可知。据荆公书则谓皆缘国事，今征诸史，亦有可考见者焉。荆公初罢政，惠卿继之，创为手实法及鬻祠法，皆厉民之政，非荆公意。公复相，即罢之，夫惠卿敢于乱荆公之法，虽谓之叛荆公焉可也，然此尚出于其学识之不足耳，犹有可原。而惠卿自言"内省凉薄"，不知别有所指否，或荆公大度包之而不复与校耶？窃意惠卿当时必深愤于阻挠新法者，思有以惩治之，常为荆公所折。观荆公罢政数月中，而即有窜逐郑侠之事，可见也。坐是之故，阻挠者之恨惠卿，更甚于荆公，又因其与荆公隙末，更授人以口实，于是史家言其为人，曾狗彘之不若矣。吾以为惠卿诚非佳士，然窃疑纠之不善，不如是之甚也。

（考异十六）《宋史》惠卿传引司马光言，谓惠卿"为之谋主，而安石力行之"，一若一切新法，皆出惠卿，而安石不过一傀儡然。吾以为此必非温公之言，果为温公之言，亦诞妄之甚者也。安石之新法，怀抱于平日者已久，观其平昔之诗文及《上仁宗书》可见也。《答吕吉甫书》云："举朝纷纷，公独助我。"惠卿助安石耳，岂安石助惠卿哉？

（考异十七）《宋史》记王吕相攻之事甚多，其言皆鄙俚无状，似如所言，则非徒惠卿为奸邪，而安石亦奸邪之尤也。蔡氏上翔辨之甚悉，今避繁不复引。但观《答吕吉甫》一书，其德量何等宏远，以荆公之为人，岂有肯为此卑劣之事者哉？读者如信公为言行一致之人，则观此一书已足，若犹不信，则吾更哓哓，亦无益也，故不复辨也。

曾布　布为曾巩弟，其佐荆公行新法，功与惠卿埒。《宋史》亦以入奸臣传，吾以本传之文考之，不能得其所谓奸者何在。当时诸新法虽由荆公发其大纲，而斟酌条目，编为法典，半成于布之手。廷臣有难新法者，布一一解之，《文献通考》犹载其一二，则其文理密察之才，与纵横奥博之辩，必有大过人者。本传记其初召见时，上疏请神宗推赤心奋威断，使四方晓然知主不可抗、法不可侮，此正知本之论，可以匡荆公不逮者也。其于新法事事皆赞助，独于吕嘉问办市易之不善，则严劾之，谓官自为兼并，卒以此得罪吕惠卿，出知饶州。所谓和而不同者非耶？司马光执政，谕令增损役法，布辞曰："免役一事，法令纤悉，皆出己手，若令遽自改易，义不可为。"斯可谓不变塞焉强哉矫矣！其后崇宁间以得罪蔡京，京诬以赃贿，使吕嘉问逮捕其诸子，锻炼讯鞫诱左证使自诬，则亦由不肯附京故也。夫以《宋史》恶布之甚，至列诸奸臣，然记其行谊乃如此，其他嘉言懿行削而勿载者，何可胜道！其所指为奸状者，不过绍圣间、建中靖国间两次倡绍述之论而已。此而曰"奸"，则何不并荆公而入诸奸臣传也？吾谓曾子宣者，千古骨鲠之士，而其学其才，皆足以辅之，南丰可云有弟。而荆公之得士，亦一夔而已足者也。荆公之冤，数百年来为之昭雪者，尚有十数人，而子宣之冤，乃万古如长夜，吾安得不表而出之？

章惇　亦奸臣传中之一人也。荆公之初用惇，以为编修三司条例官，其后使平南北江群蛮，开湖南四府之地，为功为罪，前章已详辨之。元丰三年拜参知政事，时荆公已罢相，未几以其父冒占民田罢知蔡州。元祐初驳司马光所更役法，累数千言。光议既行，惇愤恚争辩于帝前，史称其语甚悖，廷臣交章击之，被黜。而元祐七八年间，犹数为言者所弹。哲宗亲政，起为相，专以绍述为国是，凡元祐所革悉复之，大兴党狱，并欲追废宣仁太后。哲宗崩，皇太后议所立，惇曰："以礼律言之，母弟简王当立。"太后曰："老身无子，诸王皆是神宗庶子。"惇复曰："以长则申王当立。"太后曰："申王病不可。"卒立端王，是为徽宗。罢知越州，寻贬潭州，又窜雷州，徙睦州卒。惇不肯以官爵私所亲，四子连登科，独季子援尝为校书郎，余皆随牒东铨，仕州县，讫无显者。《宋史》本传所记，大略如此。就此观之，果足称为奸臣矣乎？即以其不肯以官爵私所亲一事论之，其狷介已足以厉末俗。哲宗崩，与太后争所立，卒缘此贬窜以至于死，虽其所主张之简王申王未知何如，若徽宗之荒淫无道，卒以亡宋，此万世所共见也。安知惇非平昔察其人之不可以君天下，而故尼之耶？即不然，亦不足以为惇罪也。若夫以绍述熙丰为奸，则亦奸其所奸而已。其最为世诟病者，莫如窜逐元祐诸臣且请废宣仁太后二事。请废后则诚有罪也，至窜逐元祐诸臣，则亦还以元祐所以待熙丰者待彼而已。元祐诸臣是，则惇亦是也；惇非，则元祐诸臣亦非也。而论者必将曰："元祐诸人君子也，故可以窜逐小人；章惇小人也，故不可以窜逐君子。"吾不知其所谓君子小人者以何为界说。若论私德耶，惇之耿介，恐元祐诸贤，犹或有愧之者矣；若论政见耶，吾未闻有以政见判君子小人者也！攻新法者既可以指奉新法者为小人，则奉新法者亦可以指攻新法者为小人，唯之与阿，相去几何矣？夫惇之所以报复元祐者，其惨酷诚甚于元祐。虽然，曾亦计元祐之所以报复熙丰者，其惨酷已远甚于熙丰耶！夫以直报怨，斯为美，然

## 第十八章　荆公之用人及交友

此惟太上贵德者能之，岂可以责诸悖？且元祐诸人自谓为君子者，其德犹不足以及此，矧乃悖哉！吾以为悖者有才而负气之人也，奸则吾不知也。

蔡确　以本传所载事实考之，实为佥人。然荆公当国八年，始终未尝大用之，官至知制诰而已。所行新法，亦未尝借其赞助之力，不得谓为荆公所用也。

王韶　韶之功具见前，《宋史》本传痛诋之，今不暇辨。

熊本　本之功具见前，《宋史》本传亦有微词，今不暇辨。

郭逵、赵卨　皆荆公所用边将，于西夏安南俱有功，史亦有微词。以上四人，殆功过不相掩者，古之名将，往往皆然。因材器使，以求成功而已，是固不足为荆公玷也。

范子渊　荆公所用以兴水利之人也。《宋史》无传，而《河渠志》述其所建设者颇详，盖力主浚河之议，而能发明新器以为用，亦一材士也，史于荆公政绩，无所不诋，故言子渊"迎合取宠"，又谓"其器不可用"，但今者陈迹久湮，其是非吾无以明之。

薛向　唐坰劾荆公，谓薛向陈绎，安石颐指气使，无异家奴。考公于嘉祐五年，尝举向司马政，熙宁初又举为江淮发运使，未几荐为权三司使，其信任之盖甚厚。而向所至政绩烂然，马政漕运皆经整顿，大革积弊，熙河之役，转饷未尝有失，其理财之效，盖等刘晏，即《宋史》亦亟称之。荆公之能用人，此亦其一矣。独可怪者，《宋史》向传，于荆公屡次推毂，未尝一言，吾不解其何心也，殆又不欲以污向耶？嘻！

陈绎　唐坰以之与薛向并举，则当为荆公极信任之人。熙宁间尝知开封府。《宋史》本传，寥寥数行，惟有"论事不避权贵，为政务摧豪党，讞狱多所平反"三语。此外则诋其私德，谓"子与妇一夕俱殒于卒伍之手"。又云："缪为敦朴之状，好事者目为热熟颜回。"其传末论云:"陈绎希合用事,固无足道,闺门不肃,廉耻并丧,虽明晓吏事,又何取焉?"据此推之,则陈绎必一操守严正治事敏察之人。古之循吏也,其政绩可观者必甚多,史削之耳。乃云其"缪为敦朴",吾不知作史者何以审其必缪也,子妇事何与阿翁,乃指为"廉耻道丧!虽明晓吏事,亦不足取",古今有此论人法耶?古今有此史笔耶?要之凡经安石拂拭之人,虽夷亦指为跖,此全部《宋史》一贯之宗旨也。

邓绾　绾诚一反复小人,荆公所拔诸人,此最为不肖矣。顾公虽尝荐之,然后此恶其媚己,遽自劾失举,公之不自文其过,益可见矣。而世乃谓公好谀,何适得其反哉?

许将　其为荆公所荐与否史无明文。然熙宁初超擢不次,不得谓非荆公用之矣。欧阳修尝称其辞气似沂公,举进士授外任秩满后,不试馆职,与荆公同,其澹于荣利可见。荆公赏之,或以此耶!其判流内铨也,以综核名实闻。辽以兵二十万压代州境,请割代地,岁聘之使不敢行,将慷慨请往,面折辽使萧禧,全命而返,其折冲尊俎之功,不让富郑公矣。其判尚书兵部,整理保甲法,卓著成绩。其知郓州,民无犯法,父老叹曰:"自王沂公后五十六年,始见狱空耳!"其为兵部侍郎,条陈军略甚悉。及用兵西夏,神宗遣近侍问兵马数,将立具上之,明日访枢臣,不能对也。及绍圣初欲发司马光墓,将又谏止之。由此观之,将之才略德量,皆极秀异,荆公执政时特拔之。非无故也。而《宋史》于传后之论,惟称其力止发墓一事为可取,余悉置之,是得为好恶之公乎?

邓润甫　以荆公荐为编修中书户房事,旋擢知谏院知制诰,累迁御史中丞,其成进士后,尝举贤良方正,召试不应,荆公殆赏其恬退耶!元丰末,神宗命李宪征西夏,润甫力谏,未几为蔡确所陷,落职知抚州,是其人亦鲠直士也。《宋史》论之曰:"润甫首赞绍述之谋,虽有他长,无足观矣。"呜呼!是又与韩绛、元绛、陈绎诸传,同一笔法也。但一附新法，则万善悉不见银，荆公所用，安得不尽为小人哉？

**王子韶** 子韶殆钻营奔竞之徒，荆公初引为制置条例司属官，擢监察御史里行，然旋罢黜知上元县，殆荆公自知其误欤？

**吴居厚** 居厚虽非荆公所拔用，然录其功以迁擢者也。初为武安节度推官，奉行新法尽力，核闲田以计给梅山瑶，计劳，得大理丞，补司农属，其后提举河北常平，增损役法五十一条，史称其精心计，笼络钩稽，收羡息钱数百万。又言其就莱芜、利国二冶自铸钱，岁得十万缗。元祐时治其罪。绍圣间，为江淮发运使疏支家河通漕，楚海之间赖其利。崇宁间为相云。史称其在政地久，无显赫恶，而一时聚敛，推为称首。今以本传所指为罪状者按之，其核闲田以给瑶民，极得招抚之道。就冶铸钱，以润泽一国之金融界，国与民两受其赐。若其疏河通漕，则史亦称之矣。是皆不足以云"掊克"，独其岁收羡息钱数百万，果为损下益上乎？抑为办理得宜，自然至之乎？今日无从臆断，为功为罪，盖未可论定也。然以史家恶之之甚，然犹称其"无显赫恶"，则其人为能知自爱者可知矣。既知自爱，而理财之才复如此，则荆公拔识之于小吏之中，亦非为过矣。

**张商英** 唐坰言张商英为"安石鹰犬"，而近儒颜习斋亦言商英善理财，比诸薛向，不知习斋所据何书。考诸《宋史》本传，则商英以面折章惇，为惇所敬礼，归而荐诸荆公。因得召对，擢监察御史，旋出之于外，终熙宁世未尝大用。其果为荆公所甚倚重者与否，不可深考。哲宗亲政，商英上疏严劾元祐大臣，故当时所谓士君子者，恶之特甚。徽宗崇宁初，蔡京相，商英又劾京身为辅相，志在逢君。京衔之，编入元祐党籍。大观四年，代京为相，谓京虽言绍述，但借以劫制人主，禁锢士大夫耳。于是大革弊事，改当大钱以平泉货，复转般仓以罢直达，行钞法以通商旅，蠲横敛以宽民力，劝徽宗节华侈息土木抑侥幸，帝颇严惮之。然则商英其亦不辱荆公之知矣。

  孙觉 与荆公友善，公执政，荐为直集贤院，后以争新法去官，史亟称之。然觉与荆公友谊，终始不变，公薨，觉诔以文，极诵其美。

  李常 荆公荐为三司条例检详官，后以争新法去，史亟称之。

  陆佃 荆公弟子，执政后用以为学官，始终能尊其师，惟以不与政事，故《宋史》不甚诋之，但有微词而已。

  李定 本传云：定少受学于安石。熙宁二年，孙觉荐之，召至京师，谒谏官李常，常问曰："君从南方来，民谓青苗法何如？"定曰："民便之，无不喜者。"常曰："举朝方共争是事，君勿为此言。"定曰："定但知据实以言，不知京师乃不许。"安石荐之。命知谏院，御史陈荐劾定闻庶母仇氏死匿不为服，诏下江东淮浙转运使问状，奏云："定以父年老，求归侍养，不云持所生母服。"定自言实不知为仇所生，故疑不敢服。而以侍养解官，寻改为崇政殿说书。御史林旦、薛昌朝，言不宜以不孝之人，居劝讲之地，并劾安石，章六七上。元丰初，进定为御史中丞，劾苏轼逮赴台狱。哲宗立，谪居滁州。定于宗族有恩，分财振赡，家无余赀，得任子，先兄息，死之日，诸子皆布衣。徒以附王安石，骤得美官，又陷苏轼于罪，是以公论恶之，而不孝之名遂著。按唐坰言李定为安石爪牙，而当时劾荆公者，多借定为题，嚣嚣论不已，实当时一大公案也，故今详录本传之文而辨之。传言定为孙觉所荐，觉字莘老，以学行闻于时，与荆公虽旧交，然因争新法不合去官，此其人当为当时诸贤所许者也，何至以不孝之人入荐？又据传言定于宗族有恩，得任子亦先兄子而不及其子，夫孝友之道一也。定友爱至此，而安有不孝者乎？考陆放翁《老学庵笔记》云：仇氏初在民间，生子为浮屠，即佛印也。后为李问妾，生定。又出嫁郜氏，生蔡奴，工传神。是仇氏已三适人，其死时与李家恩断义绝久矣。孔氏不丧出母，见

## 第十八章　荆公之用人及交友

于《礼记》，况于妾母耶？以此律之，即不为服，亦不为过。况仇既死于郜氏，则定所云实不知为仇所生疑不敢服者，实在情理之中。而定犹不忍竟不为服也，而托侍养以解官以行心丧焉，亦可谓情至义尽者矣，且又安知非定之父，不许其子为弃妾持服耶？由此言之，定不得为不孝明矣。就令定果不孝，亦何与安石事？而合全台以攻定，且缘定而攻安石，汹汹然疏至六七上，此何理也？是知其所以攻定者，非以定之不孝也，以定言青苗便民耳；又非攻定也，攻安石耳。以人之不肯随我以破坏新法也，乃不惜构游词以诬其名节，是直夺人之言论自由已耳。此等台谏，非用张江陵之法，一一取而廷杖之，不足以警凶顽，然后世史家，则皆以直颂之矣，可胜叹哉！吾非断断焉为李定辨，凡以见当时攻新法者，其无赖乃至如此耳！

　　吕嘉问　字望之，助荆公行市易法者也。《宋史》本传极其丑诋，而公有祭其母夫人文云："实生才子，我所叹誉，秉义率法，困而不渝。"公罢政归江宁后，嘉问知江宁府，集中有《与吕望之上东岭》一诗，其末段云："何以况清明，朝阳丽秋水。微云会消散，岂久污尘滓。所怀在分襟，藉草泪如洗。"则嘉问为人，必有可观者，《宋史》之言，殊不敢尽信也。

　　常秩　秩字夷甫，有道之士，而荆公挚友也。《宋史》以其友于荆公也，丑诋之。本传云："神宗即位，三使往聘，辞，熙宁三年，诏郡以礼敦遣，毋听秩辞。明年始诣阙，奏对后即辞归。帝曰：'既来安得不少留，异日不能用卿，乃当去耳。'即拜右正言。"又云："初，秩隐居不仕，世以为必退也者。后安石为相更法，天下沸腾，以为不便，秩在闾阎，见所下令，独以为是，一召遂起。在朝廷任谏争为侍从，低首抑气，无所建明，闻望日损，为时讥笑。秩长于《春秋》，著讲解数十篇，及安石废《春秋》，遂尽讳其学。"今案同一传中前后相

197

去数行间，而记载矛盾至此，前史所未有也。考神宗以治平四年十月，诏秩赴阙，而秩屡辞。直至熙宁四年始入朝，传之前文所纪者是矣。安石之为相，在熙宁二年，秩之被召，在相安石之前二年，秩之诣阙，在相安石之后两年，然犹三使往聘，以礼敦遣，始勉就道，是犹得云"一召即起"耶？何其好诬人若此？又何其不善诬人若此？案刘敞《杂录》云："处士之有道者，孙侔、常秩、王令。秩颍州人，初未为人知。欧阳永叔守颍，令吏较郡中户籍，正其等。秩赀簿在第七，众人遽请曰：'常秀才廉贫，愿宽其等。'永叔怪其有让，问之，皆曰：'常秀才孝弟有德，非庸众人也。'永叔为除其籍而请秩与相见，悦其为人，秩由此知名。"今考欧公集，自治平三年至熙宁三年，所与夷甫诗及尺牍十余条。欧公长夷甫六年，乃称之曰"常夫子"，又曰"愿得幅巾杖屦以从先生长者游"。及其卒也，荆公为之墓表，称其"违俗而适己，独行而特起"。以刘原父、欧公、荆公三人之贤，而其向往夷甫至于如是，则夷甫之贤可想矣。而史乃诋之如此，且为之论曰："学不为己，而俯仰随时，如桔槔居井上，欲其立朝不挠，不可得矣。"呜呼！徒以其与荆公游之故，而掊击至无完肤，欲不名以秽史得乎？至谓秩尽讳其《春秋》学，则吾考荆公并未废《春秋》，则秩虽媚荆公，亦何所容其讳，其诬更不俟辨也。

崔公度　字伯易，博学工文，时号"曲辕先生"。尝作《感山赋》七千言，欧阳修、韩琦皆重之，刘沆荐茂才异等，辞疾不应。英宗时授国子监直讲，以母老辞。幼与荆公交好，公于嘉祐三年，有《与崔伯易书》，痛王逢原之死，谓"世之知逢原者无若吾两人"。逢原安贫乐道，翛然尘表，与荆公正同一节操。而伯易能为二人所许如此，则其清风亮节，亦可想矣。而《宋史》本传云："惟知媚附安石，昼夜造请，虽蹲厕见之不屑也。尝从后执其带尾，安石反顾，公度笑曰：'相公带有垢，敬以袍拭去之耳。'见者皆笑，亦恬不为耻。"嘻！不知蹲厕时

## 第十八章　荆公之用人及交友

何以有人在侧，而"见者皆笑"，又何在厕者之众耶？此直不尽情理至秽极鄙之言，而以入之正史，是诚何心！要之凡其人稍为荆公所礼者，务必丑诋之使不侪于人类而已。

王令　字逢原，荆公生平第一畏友，刘原父所谓"处士之有道者"三人之一也。荆公集中诗文与相往复者，不下数十见。其卒也，为铭其墓，称以"天民"。《宋史》无传，而王直方《诗话》云："逢原见知于荆公，荆公得政，一时附丽之徒，日满其门，进誉献谀，逢原厌之，乃大署其门曰：'纷纷闾巷士，看我复何为？来即令我烦，去即我不思。'意当有知耻者，而请谒不衰。"考荆公所作墓铭，逢原卒于嘉祐四年，实在荆公得政前之十年，此语何从而来？可知宋人之于荆公，所以诬蔑之者无一不用其极，凡亲友无一得免焉。幸而《宋史》不为逢原立传耳，苟立传，则夷甫之束阁《春秋》，伯易之试带圊牏，又将盈纸矣。

此三君子者，常崔虽尝一仕于朝，未尝一任繁剧，其于新法，可谓之绝无关系。王则当新法行时，墓木久已拱矣。而后之载笔者，其竭全力以污蔑之也若此，坐是之故，乃使吾并史所载吕章之徒之恶，而亦有不敢尽信者矣。非吾之爱其人者及其屋上乌，实缘昔之载笔者恶其人及其储胥，有不足以坚吾信也。

荆公所用之人不止此，其所交之友亦不止此，而即以此四十人者论之，其贤才泰半，不肖者仅十之二三。其所谓不肖者，其罪状盖犹未论定也。夫以荆公德量汪汪，不肯以不肖待人，间或为人所卖，则宜有之。若谓其喜逢迎，乐便辟，曾是荆公而肯为是耶？夫人苟尝为荆公所任者，或与荆公有亲故者，或不肯随声附和以诋新法者，则虽君子而亦必诬以小人，则其谓荆公专任小人也亦宜，乃独有一元恶大憝之蔡京，其人与荆公有葭莩亲，熊本又尝以奉行新法明敏多才荐之，而其容悦干进之术，不能售于荆公，而反得售于温公，则荆公虽曰不知人，犹加温公一等者矣。

199

## 第十九章　荆公之家庭

荆公以孝友著闻于时，其家庭，实可为家庭之模范者也。公十七而孤，逮事王母者且十年，其王母永安县君谢氏，曾子固铭其墓，见《南丰集》。其父都官公名益字损之，公自有《先大夫述》，见集中。其母仁寿县太君吴氏，子固亦铭其墓，见《南丰集》。兄弟七人，安礼、安国《宋史》皆有传，公集中有《亡兄王常甫墓志铭》《王平甫墓志铭》。常甫公之长兄安仁，平甫则安国也。公早岁为贫而仕，资禄以养祖母、母及寡嫂，其家况见于集中者甚纤悉，其与安礼、安国倡和诗极多，其铭常甫、平甫墓，皆称其孝友最隆，则公之孝友，斯可知矣。

公子二，曰"雱"曰"旁"。旁事迹无传，惟公集有《题旁诗》一首，亦可征其早慧。雱字元泽，性敏甚，未冠已著书数万言，年十三，得秦卒言洮河事，叹曰："此可抚而有也，使西夏得之，则吾敌强而边患博矣。"治平四年，年二十四，成进士，调旌德尉，作策二十余篇，极论天下事。又作《老子训传》及《佛书义解》，亦数万言。熙宁四年，以邓绾、曾布荐，召见，除太子中允崇政殿说书，受诏注书诗义，寻擢天章阁待制兼侍讲。书成，迁龙图阁直学士，以病辞不拜。熙宁九年卒，年三十三。

（考异十八）《邵氏闻见录》曰：安石子雱，性险恶，凡公所为不近人情者，皆雱所教，吕惠卿辈奴事之。公置条

## 第十九章　荆公之家庭

例司，初用程颢伯淳为属，伯淳贤士。一日盛暑，公与伯淳对语，雱囚首跣足，手携妇人冠以出，问公曰："所言何事？"公曰："以新法数为人沮，与程君议。"雱箕踞以坐，大言曰："枭韩琦、富弼之头于市，则新法行矣。"公曰："儿误语矣！"伯淳曰："方与参政论国事，子弟不可预，姑退。"雱不乐去，伯淳自此与公不合。雱死，公罢相，尝坐钟山，恍惚见雱荷枷杻如重囚者，公遂施所居牛山园宅为寺以荐其福。后公病疮，良苦，尝语其侄曰："亟焚吾所谓《日录》者。"侄绐公焚他书代之，公乃死。或云又有所见也。（按《宋史》采此以入雱传）李氏绂《穆堂初稿·书〈邵氏闻见录〉后》云：《虞书》戒无稽之言，《周礼·大司徒》以乡八刑纠万民，七曰造言之刑，造言必加之刑者，诚以其妄言无实，足以变乱是非，使当之者受祸，即在身后，亦蒙诟于无穷也。幸而其言出于浮薄小人，闻之者犹疑信参半；不幸而造言者谬附于清流，则虽贤人君子，亦且信之。而受之者之诬，乃万世而不白，岂不酷哉？自唐人好为小说，宋元益盛，钱氏之《私志》，魏泰之《笔录》，孟主贤臣，动遭污蔑。至《碧云骃》《焚椒录》，而悖乱极矣！其若可信者，无过《邵氏闻见录》。由今观之，其游谈无根，诬枉而失实，与钱魏诸人固无以异也。邵氏所录最骇人听闻者，莫甚于记王元泽论新政一事。严君之前，贤者在座，乃囚首跣足，携妇人冠，矢口妄谈，欲斩韩富。容貌辞气，痴妄丑恶，至于如是，使天下后世读之者，恶元泽因并恶荆公。顾尝思之，元泽以庶几之资，早穷经学，著书立说，未及弱冠，已数万言，岂中无知识者？今岁消暑余暇，偶一翻阅，略为稽考时日，乃知闻见录盖无端造谤，绝无影响。考荆公以熙宁二年二月参加政事,四月始行新法,八月以明道为条例司官。明年五月,明道即以议论不合外转签书镇宁节度使判官,而元泽以治平四年丁未科登许安世榜进士第。明年戊申,即熙宁元年也。至二年,则元泽久已由进士授旌德尉,远宦江南,是明道与荆公议新政时,元泽并未在京,直至熙宁四年,召元泽除太子中允崇政殿说书,然后入京,则明道外任已逾年矣,安得如邵氏所录,与闻明道之议政哉?邵氏欲形容元泽丑劣,则诬为囚首跣足,欲实其囚首跣足,则以为是日盛暑,不知明道以八月任条例司官,次年五月,即已外转,始深秋,迄初夏,中间并无盛暑之日也。明道长元泽仅九岁,盖兄事之列,而韩富年辈,则尤在荆公之前,论是时德望,亦非明道可比,邵氏乃谓明道正色言方与参政论国事,子弟不当预,姑退,而雱即避去,是元泽敢言斩韩富,独于年辈不甚远又为其父属官之人,一斥而即去,此皆情事所必不然者。邵氏又言公在钟山恍惚见雱荷枷杻云云,则鬼魅之说,尤不足辨。司马温公谓三代以前,何故无一人误入地狱见所谓十王者,今邵氏此说,编入正史,故不可不辨,无使元泽蒙恶声于后世,而稗官小说作伪之风滋长,重为人心风俗之害也。或曰《闻见录》盖伯温殁后绍兴二年其子博所编,伯温不应作伪至此,或博之为之,盖是时天下方攻王氏,博欲借此造言希世而取宠,未可知也。

蔡氏上翔《王荆公年谱考略》云:程伯淳与荆公论新法,而元泽大言枭韩富之首,穆堂李氏考其岁月,是时元泽并未在京,其为邵氏无端造谤无疑矣。然穆堂只言编入正史,由于邵氏此录,而不知朱子于《程氏外书》《名臣言行录》并采之,于是作史者既以程朱大贤为可信,遂使元泽千载奇冤,不可复解矣。考荆公生平以行道济时为心,其所行青苗法,始见

## 第十九章　荆公之家庭

于令鄞时，雱生才四岁。嘉祐四年公上仁宗皇帝书，明年作《度支副使厅壁题名记》，皆以慎选人才变更法度为言，此熙宁新法所由起也。治平四年，元泽成进士，出为旌德尉，熙宁五年始入京，则新法已次第尽行，于元泽何与焉？当时若韩魏公、欧阳公、司马温公、刘贡父诸书疏，亦只言新法不便，未尝谓安石凡事不近人情也。其首撝拾荆公十事丑诋不堪者吕诲也，而亦未尝一言及其子元泽。即自熙宁元丰元祐绍圣数十年所攻劾行新法者，尤怒如水火，狠若仇雠，亦惟在吕惠卿、章惇诸人，而无一人及元泽者。元泽久为病中之人，熙宁七年，则有安石《谢赐男雱药物表》，九年而元泽卒，则必非由疽发于背可知，乃徒为纷纷说鬼，岂所望于讲学君子耶？

今案李蔡二氏之所辨，洵乃如汤沃雪，以刀断麻，令人浮白呼快，吾不必复赞一辞矣。此外史传及杂书丑诋元泽者尚多，以此例之，其无一实，盖不待言，故不复广引详辨以费笔札云。抑如蔡氏所考，北宋诸人从未有攻及元泽者，何故南渡以还，忽以元泽为集矢之的？以余考之，此盖起于学术之争也。熙丰元祐间之攻荆公，只攻其新法，未尝攻其学术。后此洛蜀分党，其余波及于临川，杨时著《三经辨》十卷，专攻《三经新义》，又为《书义辩疑》一卷，专攻王雱。盖章吕辈为助公行新法之人，故攻公之政术者，必攻章吕。元泽为助公著经义之人，故攻公之学术者，必攻元泽，此亦当然，无足怪者。但悍然犯《周官》造言之刑，所谓小人而无忌惮者，不意讲学大儒而为之也。

公夫人吴氏，封吴国夫人，工文学，尝有小词《约诸亲游西池》，句云："待得明年重把酒，携手，那知无雨又无风。"一时传诵之。

公妹为张奎妻，封长安县君，尤以诗名，佳句甚多。其著者："草草杯盘供笑语，昏昏灯火语平生。"公友爱极笃，至老犹常躬往迓其归宁。

公女子二，长适吴充子吴安持，封蓬莱县君。次适蔡元度卞，蓬莱县君，亦工文，有诗云："西风不入小窗纱，秋气应怜我忆家。极目江南千里恨，依前和泪看黄花。"公次韵寄之云："孙陵西曲岸乌纱，知汝凄凉正忆家。人世岂能无聚散，亦逢佳节且吹花。"他日公又寄以一绝云："梦想平生在一邱，暮年方此得优游。江湖相忘真鱼乐，怪汝长谣特地愁。"又有《寄吴氏女子》古风一首云：

> 伯姬不见我，乃今始七龄。家书无虚月，岂异常归宁？汝夫缀卿官，汝儿亦撋缵。儿已受师学，出蓝而更青。女复知女功，婉嫕有典刑。自吾舍汝东，中父继在廷。小父数往来，吉音汝每聆。既嫁所愿怀，孰如汝所丁。而吾与汝母，汤熨幸小停。邱园禄一品，吏卒给使令。膏粱以晚食，安步而辎軿。山泉皋壤间，适志多所经。汝何思而忧，书每说涕零。吾庐所封殖，岁久愈华菁。岂特茂松竹，梧楸亦冥冥。芰荷美花实，弥漫争沟泾。诸孙肯来游，谁谓川无舲。姑示汝我诗，知嘉此林坰。末有拟寒山，觉汝耳目荧。因之授汝季，季也亦淑灵。

此盖公女在都思亲，而公有以解之，非特文章绝美，而慈孝之至性，亦盎于纸上矣。其曰"授汝季"者，则蔡氏女也，公亦有《寄蔡氏女子》二首云：

> 建业东郭，望城西埭，千嶂承宇，百泉绕雷。青遥遥兮缅属，绿宛宛兮横逗。积李兮缟夜，崇桃兮炫昼。兰馥兮

众植，竹娟兮常茂。柳蔫绵兮含姿，松偃寒兮献秀。乌跂兮上下，鱼跳兮左右。顾我兮适我，有斑兮伏兽。感时物兮念汝，迟汝归兮携幼。

我营兮北渚，有怀兮归女，石梁兮以苦盖，绿阴阴兮承宇。仰有桂兮俯有兰，嗟汝归兮路岂难。望超然之白云，临清流而长叹。

蔡氏婿卞，为京之弟，《宋史》以入《奸臣传》。今考传中，其所谓"奸状"者，大率暧昧不明，如云："卞深阻寡言，章惇犹在其术中，惇迹易明，卞心难见。"又云："中伤善类，皆密疏建白。"凡此皆所谓莫须有者也。又云一意以妇公王氏所行为至当，专托绍述之说，上欺天子，下胁同列。此则《宋史》之所谓"奸"，岂能强天下后世以为奸哉？其后卞以京引用童贯，面责之，京力诋卞于帝前，卒以此去官。则是盗跖柳下，同气异趋，若元度者，其亦不玷荆公矣。

公居家廉俭，自奉淡泊，自幼至老，未尝稍变。散见于集中诗文者，历历可考。《续建康志》云："荆公再罢政，以使相判金陵，筑第于白下门外，去城七里，去蒋山亦七里。平日乘一驴从数僮游诸寺，欲入城则乘小航泛湖沟以行，盖未尝乘马与肩舆。所居之地四无人家，其宅仅蔽风雨，又不设垣墙，望之若逆旅之舍，有劝筑垣辄不答。元丰之末，公被疾，奏舍此宅为寺，赐名'报宁'。既而疾愈，税城中屋以居，不复造宅。父老曰：'今江宁县治后废惠民药局，即公城中所税之宅也。'"刘元城谓公质朴俭素，终身好学，不以官爵为意。吴草庐谓公其行卓，其志坚，超超富贵之外，无一毫利欲之汩，少壮至老死如一。呜呼，世安得有此人哉！

# 第二十章　荆公之学术

荆公之学术，内之在知命厉节，外之在经世致用，凡其所以立身行己与夫施于有政者，皆其学也，则亦何必外此以更求公之学术？虽然，亦有可言者焉。

二千年来言学者，莫不推本于经术，而所谓经学者，各殊其途。汉之初兴，传经者皆解大义，不为章句，而其大义则皆口口相传，罕著竹帛。以其口口相传故，必有所受，不为臆说，当能得经之本意。以其罕著竹帛故，与闻者寡，而亦无以永其传，自诸大师云亡，而经学盖难言之矣。两京诸经生，强半以谶纬、灾异、阴阳、五行之说释经，其果受自孔门与否，盖不可知。即曰有所受也，亦不过诸义中之一义，其不足以尽经术也明矣。其间有若董子《繁露》之说《春秋》，刘中垒《新序》之说《诗》，盖不必尽本于师说，而常以意逆志，籀经中之义蕴而引申发明之，实为经学开一新蹊径。及东汉之末，去古益远，口说益微，贾马服郑诸儒出，始专以章句训诂为教，疏析文句用力至劬，而大义盖有所未遑焉。魏晋六朝以至于唐，士不悦学，而惟以文辞相尚，三五硕学，乃出释尊门下，而儒术无足以张其军者，其间如徐遵明、刘焯、刘炫、陆德明、孔颖达、贾公颜，又为贾马服郑之舆台，虽用力更劬，而所发明者更寡。至于宋而濂洛关闽之学兴，刊落枝叶，鞭辟近里，经学壁垒又为之一新。顾其所畸重者，在身心性命，而经世致用之道，缺焉弗讲。谓但有得于身心性命，而经世致用之道，举而措之矣。其极也，乃至专标《论语》《孟子》《大学》《中庸》，跻而尊诸经之上，而汉以来所谓六艺者，几于束阁。夫身心性命之不可不讲固也，然此乃孔子所谓中人以上可以语上，而性与天道，非尽人所可得闻者，以此为普通学得乎？且谓经世致用之道，悉包含于身心性命之中，而但有得于身心性命，其他即可不学而能，则六经当更删其什八九，而孔子犹留此以供后人玩物丧志之具，则何为也？是宋儒之学，虽不得不谓为经术之一端，然其不足以尽经术，抑又明矣。明代姚江崛兴，其在宋学范围中，诚自树一帜。语于经术，则其功罪亦适与濂洛关闽相等而已。本朝承宋明末流之敝，反动力作，而复古论昌。胡阎江惠，导其先河；戴段二王，树其坚壁。自乾嘉迄今，则诸经皆有新疏，片词单义，必求所出，空言臆说，悬为厉禁，训故名物制度，钩比研索，刮垢磨光，遂使诸经无不可读之字，无不可解之句，厥功懋矣。然究其实际，又不过与徐刘陆孔之徒，比肩事主，为贾马服郑之功臣；即进而上之，能为贾马服郑之诤友，斯峰极矣。一言以蔽之，则治章句之学而神其技者也。由此观之，则二千年来所谓经学者可见矣。由宋迄明，是为别子，虽有所得，无与大宗，而两汉隋唐之绪，发挥光大以极于本朝，其最伟之绩，不越章句。夫并章句而未解，更靡论于大义，斯固然矣。然谓既解章句，则治经之业已毕，而此外更无余事，天下有是学术乎？即贾马服郑徐刘陆孔惠戴段王诸经师，亦岂敢谓其学即为经学，不过曰吾之为此，将以代世之治经学者省其玩索章句之劳，俾得注全力以从事于讲求大义云尔。讲求大义，实为治经者唯一之目的，玩索章句，不过为达此目的之一手段。误手段以为目的，则终其身无所得于经，人人如此，代代如此，而经学遂成无用之长物矣。夫必明大义然后乃可谓之经学，既无所容难，然则当用何法以求诸经之大义乎？此实最难答之一疑问，而二千年来几许之大儒谦让而不敢从事者，正以此也。夫吾所欲明之大义，亦欲明其确为此经之大义者云也。然必如何而后确为此经之大义乎？是必亲受之于删定诸经之孔子乃可，即不然，亦受诸其徒，更次则受诸其徒之徒，受诸其徒之徒之徒。质而言之，则非有口说，莫知所折衷也。准此以谈，则惟先秦诸儒，可以言经学；次则西汉诸儒，犹可以勉言经学。自兹以往，口说既亡，而经学在势当成绝业，后之儒者，所以不敢于求大义者，凡以此也。然使长此以终古乎？则孔子之删述六经，果留以供后人玩物丧志之用，率天下之人而疲精敝神于章句训诂名物制度之间，而于天下国家一无所裨，何取此扰扰为也！故夫后之儒者，既不得亲受口说于孔子若孔子之徒，毋已，则亦有独抱遗经，以意逆志，而自求其所谓大义而已。所求得之大义，其果为孔子之大义乎？所不敢言也。然但使十义之中，有一义焉合于孔子，则用力已为不虚。就令悉不合焉，而人人遵此道以求之，必将有一合者，又就令无一合者，而举天下以思想自由之故，性灵愈浚而愈深，或能发古人未发之奥，不特为六经注脚，且将为六经羽翼，其为功不更伟耶？吾以为生汉以后而治经学，舍此道未由矣。苟并此道而不取焉，则无异于谓当废经学而不许人以从事已耳。以此道治经者，创于先汉之董江都、刘中垒，而光大之者荆公也。

荆公执政，自著《三经新义》颁诸学官。三经者，《周官》及《诗》《书》也。《周官义》为公所手撰，《诗义》《书义》则出其子雱及门人之手云。今录其序。

《周官义序》云：

> 士弊于俗学久矣，圣上闵焉，以经术造之，乃集儒臣训释厥旨，将播之校学。而臣某实董《周官》，惟道之在政

事，其贵贱有位，其后先有序，其多寡有数，其迟数有时。制而用之存乎法，推而行之存乎人，其人足以任官，其官足以行法，莫盛乎成周之时；其法可施于后世，其文有见于载籍，莫具乎《周官》之书。盖其因习以崇之，赓续以终之，至于后世无以复加，则岂特文武周公之力哉？犹四时之运阴阳积而成寒暑，非一日也，自周之衰，以至于今，历岁千数百矣。太平之遗迹，扫荡几尽，学者所见，无复全经。于是时也，乃欲训而发之，臣诚不自揆，然知其难也。以训而发之之为难，则又以知夫立政造事追而复之之为难，然窃观王者立法就功，取成于心，训迪在位，有冯有翼，亹亹不倦，心服承德之世矣。以所观乎今，考所学乎古，所谓见而知之者，臣诚不自揆，妄以为庶几焉。故遂昧冒自竭，而忘其材之弗及也，谨列其书为二十有二卷，凡十余万言，上之御府，副在有司，以待制诏颁焉。谨序。

《书义序》云：

熙宁二年，臣某以尚书入侍，遂与政。而子雱实嗣讲事，有旨为之说以献。八年，下其说太学，班焉。惟虞夏商周之遗文，更秦而几亡，遭汉而仅存，赖学士大夫诵说以故不泯，而世主莫或知其可用。天纵皇帝大知，实始操之以验物，考之以决事，又命训其义，兼明天下后世，而臣父子以区区所闻，承乏与荣焉。然言之渊懿，而释以浅陋，命之重大，而承以轻眇，兹荣也，只所以为愧也欤！谨序。

《诗义序》云：

《诗》三百十一篇，其义具存、其辞亡者六篇而已。上既使臣雱训其辞，又命臣某等训其义，书成，以赐太学，布之天下。又使臣某为之序，谨拜手稽首言曰：《诗》上通乎道德，下止乎礼义，放其言之文，君子以兴焉，循其道之序，圣人以成焉。然以孔子之门人，赐也商也，有得于一言，则孔子悦而进之。盖其说之难明如此，则自周衰以迄于今，泯泯纷纷，岂不宜哉？伏惟皇帝陛下内德纯茂，则神罔时恫；外行恂达，则四方以无侮。日就月将，学有缉熙于光明，则颂之所形容，盖有不足道也。微言奥义，既自得之，又命承学之臣，训释厥遗，乐与天下共之。顾臣等所闻，如爝火焉，岂足以赓日月之余光？姑承明制代匮而已。《传》曰："美成在久，故棫朴之作人以寿考为言，盖将有来者焉，追琢其章缵圣志而成之也。"臣衰且老矣，尚庶几及见之。谨序。

此三序者，其文高洁而简重，其书之内容，亦可以略窥见矣。而欲求荆公治经之法，尤在于其所著《书〈洪范传〉后》。其文曰：

古之学者，虽问以口，而其传以心，虽听以耳，而其受以意，故为师者不烦，而学者有得也。孔子曰："不愤不启，不悱不发，举一隅不以三隅反，则不复也。"夫孔子岂敢爱其道，骜天下之学者，而不使其早有知乎？以谓其问之不切，则其听之不专，其思之不深，则其取之不固，不专不固，而可以入者，口耳而已矣。吾所以教者，非将善其口耳也。孔子没，道日以衰熄，浸淫至于汉。而传注之家作，为师则有讲而无应，为弟子者则有读而无问。非不欲问也，以经之意为尽于此矣，吾可无问而得也。岂特无问，又将无思。非不欲思也，以经之意为尽于此矣。夫如此，使其传注者皆已善矣，固足以善学者之口耳，而不能善其心，况其有不善乎？宜其历年以千数，而圣人之经，卒以不明，而学者莫能资其言以施于世也。

读此而公之所以自为学与诏学者以为学者，皆可见矣。传之以心，受之以意，切问深思，而资所学以施于世，公之所以治经者尽于是矣。吾以为岂惟治经，凡百之学，皆当若是矣。苟不由此道，而惟恃在讲堂上听受讲义，则虽记诵至博，终不能有所发明，一国之学，未有能进者也。《宋稗类钞》称荆公燕居默坐，研究经旨，用意良苦，尝置石莲百许枚几案上，咀嚼以运其思，遇尽未及益，往往啮其指至流血不觉。此说虽未知信否，然其力学之坚苦，覃思之深窈，可见一斑矣。黄山谷诗云："荆公六艺学，妙处端不朽。诸生用其短，颇复凿户牖。譬如学捧心，初不悟己丑。玉石恐俱焚，公为区别不。"斯可谓持平之论。自元祐初，国子司业黄隐毁《三经新义》版，世间遂少流传，元明以来遂亡秩。本朝乾隆间，修《四库全书》，从《永乐大典》辑存《周官新义》一种，公之遗言，始得藉以不坠。吾尝取而读之，其所发明甚多，非后儒所能及也。全谢山云："荆公解经，最有孔郑家法，言简意赅，惟其牵缠于字说者，不无穿凿。"是犹誉公专句之学而已。夫章句之学，则公之糟粕也。

后人动称荆公诋《春秋》以为断烂朝报，今考林竹溪《鬳斋学记》云：

尹和靖曰："介甫未尝废《春秋》，废《春秋》以为断烂朝报，皆后来无忌惮者托介甫之言也。韩玉汝之子宗文，字求仁，尝上介甫书，请六经之旨，介甫皆答之。独于《春秋》曰，此经比他经尤难，盖三传皆不足信也。介甫亦有易解，其辞甚简，疑处缺之，后来有印行者，名曰《易义》，非介甫之书。和靖去介甫未远，其言如此，甚公。今人皆以断烂朝报为荆公罪，冤矣。"

今案《答韩求仁书》，见存本集中，洵如和靖所言，公非特不答求仁之问《春秋》，即于其问《易》亦不答之。盖此二经之微言大义，视他经尤为奥衍，非受诸口说，未由索解，若用以意逆志之法以解之，未有不谬以千里者，荆公不敢臆说。正孔子所谓君子于其所不知盖阙如也。吾侪方当以此贤荆公，而顾可诋之乎？况古之学校，春秋教以《礼》《乐》，冬夏教以《诗》《书》，而孔子雅言，亦仅在诗书执礼，岂不以《易》《春秋》之义，非可尽人而语哉！然则荆公仅以三经立于学官，亦师古而已。

**（考异十九）** 周麟之《孙氏春秋传后序》云："荆公欲释《春秋》以行于天下，而莘老此传已出，一见而有愧心，自知不能复出其右，遂诋圣经而废之，曰：'此断烂朝报也，不列于学官，不用于贡举。'"李穆堂驳之云："荆公欲释《春秋》，尚未著书，他人何由知之？见孙传而生忌，诋其传足矣，何至因传而诋经？诋传易，诋经难，舍其易，为其难，愚者不为，而谓荆公为之乎？且据邵辑序文，谓公晚患诸儒之訾，始为之传，则莘老此传，成于晚年可知。荆公卒于元祐元年，年六十有八。莘老以元祐元年始拜谏议大夫，而卒于

## 第二十章　荆公之学术

绍圣间，年止六十三。是莘老之年，小于荆公十余岁，其晚年所著之书，荆公盖未尝见，而忌之说从何而来？麟之妄造鄙言，后人信之，其陋亦无异于麟之矣。"又云："断烂朝报之说，尝闻之先达，谓见之临汝闲书，盖病解经者，非诋经也。荆公高第弟子陆农师佃、龚深父原，并治《春秋》，陆著《春秋后传》，龚著《春秋解》，遇疑难者辄目为阙文。公笑曰'阙文如此之多，则《春秋》乃断烂朝报矣'。盖病治经者不得经说，不当以阙文置之，意实尊经非诋经也。"今案孙莘老之《春秋传》，不特周麟之有跋，而杨龟山亦有序。龟山之言曰："熙宁之初，崇儒尊经，训迪多士，以为三传异同，无所考正，于六经尤为难知，故《春秋》不列于学官，非废而不用也。而士方急于科举之习，遂阙焉不讲。"此正与尹和靖说同。龟山平昔，最好诋王氏学者，而其言如此，何后人不一称道，而惟麟之之言是信耶？

公生平所著书，有《临川集》一百卷，后集八十卷，《周官义》二十二卷，《易义》二十卷，《洪范传》一卷（今存集中），《诗经新义》三十卷（今佚），《春秋左氏解》十卷（今佚），《礼记要义》二卷（今佚），《孝经义》一卷（今佚），《论语解》十卷（今佚），《孟子解》十卷（今佚），《老子注》二卷（今佚），《字说》二十四卷（今佚）。

公生平于书靡所不窥，老而弥笃，其晚年有《与曾子固书》云：

（前略）某自百家诸子之书至于《难经》《素问》《本草》诸小说，无所不读，农夫女工，无所不问。盖后世学者，与先王之时异矣，不如是不足以尽圣人故也。致其知而后读，以有所去取，故异学不能乱也。惟其不能乱，故能所去取者，所以明吾道而已。子固视吾所知，为尚可以异学乱之者乎？非知我也，方今乱俗，不在于佛，乃在于学。士大夫沉没利欲，以言相尚，不知自治而已，子固以为如何？（案：子固来书盖规公之治佛学，故答书云云。）

公晚年益覃精哲理以求道本，以佛老二氏之学，皆有所得，而其要归于用世。有《读老子》一篇云：

道有本有末，本者万物之所以生也，末者万物之所以成也。本者出之自然，故不假乎人之力，而万物以生也。末者涉乎形器，故待人力而万物以成也。夫其不假人之力而万物以生，则是圣人可以无言也无为也；至乎有待于人力而万物以成，则是圣人之所以不能无言也无为也。故昔圣人之在上而以万物为己任者，必制四术焉。四术者，礼乐刑政是也。所以成万物者也。故圣人唯务修其成万物者，不言其生万物者，盖生者尸之于自然，非人力之所得与矣。老子者独不然，以为涉乎形器者，皆不足言也，不足为也，故抵去礼乐刑政，而唯道之称焉，是不察于理而务高之过矣。夫道之自然者又何预乎？唯其涉乎形器，是以必待于人之言也，人之为也。其书曰："三十辐共一毂，当其无，有车之用。"夫毂辐之用，固在于车之无用，然工之琢削未尝及于无者，盖无出于自然之力，可以无与也。今之治车者，知治其毂辐，而未尝及于无也，然而车以成者，盖毂辐具则无必为用矣，如其知无为用而不治毂辐,则为车之术固已疏矣。今知无之为车用,无之为天下用,然不知所以为用也。故无之所以为车用者,以有毂辐也;无之所以为天下用者,以有礼乐刑政也。如其废毂辐于车,废礼乐刑政于天下,而坐求其无之为用也,则亦近于愚矣。

今世泰西学者之言哲学而以推诸社会学、国家学也,其言繁多,要其指归,不外两说:其一则曰,宇宙一切事物,皆出天演,有自然必至之符也;驳之者则曰,优胜劣败,天无容心,优劣惟人所自择也。由前之说,则尊命者也;由后之说,则尊力者也。尊命而不知力,则畸于放任而世治因以不进矣;尊力而不知命,则畸于干涉而世治亦因以不进矣。明夫力与命之相须为用,其庶几于中道乎!荆公此论,盖有所见矣。二千年学者之论老氏,未有如公之精者也。

# 第二十一章　荆公之文学（上）

## 文

后世于荆公之政术学术，纷纷集矢，独于其文学，犹知尊之。固由文学之为物，与人无争，抑亦道难知而艺易见也。顾即以文学论，则荆公于中国数千年文学史中，固已占最高之位置矣。

吴草庐（澄）《临川王文公集序》云："唐之文能变八代之弊，追先汉之踪者，昌黎韩氏而已，河东柳氏亚之。宋文人视唐为盛，唯庐陵欧阳氏、眉山二苏氏、南丰曾氏、临川王氏五家，与唐二子相伯仲。夫自汉东都以逮于今，骎骎八百余年，而合唐宋之文，可称者仅七人焉，则文之一事，诚难矣哉！"后人因草庐所举七人，益以苏子由而为八，于是有"唐宋八家"之称。夫八家者非必能尽文之美也，而自东汉以迄中唐，未闻有文人焉能迈此八家者，自南宋以迄今日，又未闻有文人焉能媲此八家者，则八家之得名也亦宜。虽然，荆公之文有以异于其他七家者一焉，彼七家者，皆文人之文，而荆公则学人之文也。彼七家者非不学，若乃荆公之湛深于经术，而餍饫于九流百家，则遂非七子者之所能望也。故夫其理之博大而精辟，其气之渊懿而朴茂，实临川之特色，而遂非七子者之所能望也。

## 第二十一章　荆公之文学（上）

抑八家者，其地位固自有高下。柳州惟纪行文最胜，不足以备诸体；南丰体虽备而规模稍狭，老泉、颖滨，皆附东坡而显者耳。此四家者，不过宋郑鲁卫之比，求其如齐晋秦楚势力足相颉颃者，惟昌黎、庐陵、东坡、临川四人而已。则试取而比较之：东坡之文美矣。虽然，纵横家之言也，词往往胜于理。其说理虽透达，然每乞灵于比喻，已足征其笔力之不足；其气虽盛，然一泄而无余，少含蓄纡郁之态。荆公则皆反是，故以东坡文比荆公文，则犹野狐禅之与正法也。试取荆公《上仁宗书》与东坡《上神宗书》合读之，其品格立判矣。若昌黎则荆公所自出也，庐陵则与荆公同学昌黎，而公待之在师友之间者。庐陵赠公诗曰："翰林风月三千首，吏部文章二百年。老去自怜心尚在，后来谁与子争先。"公酬之云："欲传道义心虽壮，强学文章力已穷，他日若能窥孟子，终身何敢望韩公。"是庐陵深许公能追迹昌黎，而公欲然不敢以自居也。夫以吾向者所论学人之文与文人之文，则虽谓公文轶过昌黎可也。若徒以文言文，则昌黎固如萧何造未央宫，蔑以复加，公亦其继体之肖子而已。公与欧公同学韩，而皆能尽韩之技而自成一家。欧公与公，又各自成一家。欧公则用韩之法度改变其面目而自成一家者也，公则用韩之面目损益其法度而自成一家者也。李光弼入郭子仪军，号令不改，而旌旗壁垒一新，公之学韩，正若是也。曾文正谓学荆公文，当学其倔强之气，此最能知公文者也。公论事说理之文，其刻入峭厉似韩非子，其弸毂肫挚似墨子，就此点论之，虽韩欧不如也。东坡学庄列，而无一文能似庄列；荆公学韩墨，则骎骎乎韩墨也。

人皆知尊荆公议论之文，而不知记述之文，尤集中之上乘也。集中碑志之类，殆二百篇，而结构无一同者，或如长江大河，或如层峦叠嶂，或拓芥子为须弥，或笼东海于袖石，无体不备，无美不搜。昌黎而外，一人而已。

217

曾文正云："为文全在气盛，欲气盛全在段落清。每段分束之际，似断不断，似咽非咽，似吞非吞，似吐非吐，古人无限妙境，难于领取。每段张起之际，似承非承，似提非提，似突非突，似纡非纡，古人无限妙用，亦难领取。"此深于文者之言也。余谓欲领取之，惟熟诵半山文，其庶几矣。

公之文其录入前诸章者，已二十余首，凡以明其政术学术，意不在文也。

然如《上仁宗皇帝言事书》《国家百年无事札子》《材论》《答司马谏议书》《周官义序》《诗义序》《洪范传书后》《读老子》诸篇，皆藏山之文，可永为世模范者也。今更录数篇，以备诸体。夫行山阴道上者，则目疲于其所接，吾论公文，吾恨不能手写公全集也。

《读孟尝君传》：

世皆称孟尝君能得士，士以故归之，而卒赖其力以脱于虎豹之秦。嗟乎！孟尝君特鸡鸣狗盗之雄耳，岂足以言得士？不然，擅齐之强，得一士焉，宜可以南面而制秦，尚何取鸡鸣狗盗之力哉！夫鸡鸣狗盗之出其门，此士之所以不至也。

《读刺客传》：

曹沫将而亡人之城，又劫天下盟主，管仲因勿倍以市信一时可也。予独怪智伯国士豫让，岂顾不用其策耶？让诚国士也，曾不能逆策三晋，救智伯之亡，一死区区，尚足校哉？其亦不欺其意者也。聂政售于严仲子，荆轲豢于燕太子丹，此两人者，污隐困约之时，自贵其身，不妄愿知，亦曰有待焉。彼

## 第二十一章　荆公之文学（上）

挟道德以待世者何如哉？

《答韶州张殿丞书》：

某启：伏蒙再赐书，示及先君韶州之政，为吏民称颂，至今不绝。伤今之士大夫不尽知，又恐史官不能记载，以次前世良吏之后。此皆不肖之孤，言行不足信于天下，不能推扬先人之功绪余烈，使人人得闻知之，所以夙夜愁痛疚心疾首而不敢息者以此也。先人之存，某尚少，不得备闻为政之迹。然尝侍左右，尚能记诵教诲之余。盖先君所存，尝欲大润泽于天下，一物枯槁，以为身羞。大者既不得试，已试乃其小者耳；小者又将泯没而无传，则不肖之孤，罪大衅厚矣，尚何以自立于天地之间耶？阁下勤勤恻恻以不传为念，非夫仁人君子乐道人之善，安能以及此？自三代之时，国各有史，而当时之史，多世其家，往往以身死职，不负其意，盖其所传皆可考据。后既无诸侯之史，而近世非尊爵盛位，虽雄奇俊烈，道德满衍，不幸不为朝廷所称，辄不得见于史。而执笔者又杂出一时之贵人，观其在廷论议之时，人人得讲其然否，尚或以忠为邪，以异为同，诛当前而不栗，讪在后而不羞，苟以餍其忿好之心而止耳。而况阴挟翰墨以裁前人之善恶，疑可以贷褒，似可以附毁，往者不能讼当否，生者不得论曲直，赏罚谤誉，又不施其间，以彼其私，独安能无欺于冥昧之间耶？善既不尽传，而传者又不可尽信，如此，唯能言之君子，有大公至正之道，名实足以信后世者，耳目所遇，一以言载之，则遂以不朽于无穷耳。伏惟阁下，于先人非有一日之雅，余论所及，无党

219

私之嫌，苟以发潜德为己事，务推所闻，告世之能言而足信者，使得论次以传焉，则先君之不得列于史官，岂有恨哉？

《宝文阁待制常公墓表》：

右正言宝文阁待制特赠右谏议大夫汝阴常公，以熙宁十年二月己酉卒，以五月壬申葬，临川王某志其墓曰：公学不期言也，正其行而已；行不期闻也，信其义而已。所不取也，可使贪者矜焉，而非雕斫以为廉；所不为也，可使弱者立焉，而非矫抗以为勇。官之而不事，召之而不赴，或曰："必退者也，终此而已矣。"及为今天子所礼，则出而应焉，于是天子悦其至，虚己而问焉，使莅谏职以观其迪己也，使董学政以观其造士也。公所言乎上者无传，然皆知其忠而不阿；所施乎下者无助，然皆见其正而不苟。《诗》曰："胡不万年？"惜乎既病而归死也。自周道隐，观学者所取舍，大抵时所好也，违俗而适己，独行而特起。呜呼，公贤远矣！传载公久，莫如以石。石可磨也，亦可泐也。谓公且朽，不可得也。

《给事中孔公墓志铭》：

宋故朝请大夫给事中知郓州军州事兼管内河堤，劝农同群牧使上护军鲁郡开国侯食邑一千六百户，实封二百户，赐紫金鱼袋孔公者，尚书工部侍郎赠尚书吏部侍郎讳勖之子，兖州曲阜县令袭封文宣公赠兵部尚书讳仁玉之孙，兖州泗水县主簿讳光嗣之曾孙，而孔子之四十五世孙也。其仕当今天子天

## 第二十一章　荆公之文学（上）

圣、宝元之间，以刚毅谅直名闻天下。尝知谏院矣，上书请明肃太后归政天子，而廷奏枢密使曹利用上御药罗崇勋罪状。当是时，崇勋操权利与士大夫为市，而利用悍强不逊，内外惮之。尝为御史中丞矣，皇后郭氏废，引谏官御史伏阁以争，又求见上，皆不许，而固争之，得罪然后已。盖公事君之大节如此，此其所以名闻天下，而士大夫多以公不终于大位为天下惜者也。公讳道辅，字原鲁，初以进士释褐补宁州军事推官，年少耳，然断狱议事，已能使老吏惮惊。遂迁大理寺丞，知兖州仙源县事，又有能名。其后尝直史馆，待制龙图阁，判三司理欠凭由，司登闻检院吏部流内铨纠察在京刑狱，知许徐兖郓泰五州，留守南京，而兖郓御史中丞皆再至。所至官治，数以争职不阿，或绌或迁，而公持一节以终身，盖未尝自绌也。其在兖州也，近臣有献诗百篇者，执政请除龙图阁直学士。上曰："是诗虽多，不如孔道辅一言。"乃以公为龙图阁直学士。于是人度公为上所思，且不久于外矣，未几果复召以为中丞。而宰相使人说公稍折节以待迁，公乃告以不能。于是人又度公且不得久居中，而公果出。初，开封府吏冯士元坐狱语连大臣数人，故移其狱，御史劾士元罪止于杖，又多更赦。公见上，上固怪士元以小吏与大臣交私污朝廷，而所坐如此。而执政又以谓公为大臣道地，故出知郓州。公以宝元二年如郓，道得疾，以十二月壬申卒于滑州之韦城驿，享年五十四。其后诏追复郭皇后位号，而近臣有为上言公明肃太后时事者，上亦记公平生所为，故特赠公尚书工部侍郎。公夫人金城郡君尚氏，尚书都官员外郎讳宾之女，生二男子：曰"淘"，今为尚书屯田员外郎；曰"宗翰"，今为太常博士。皆有行治世其家，累赠公金紫光禄大夫尚书兵部侍郎。而以嘉祐七年十月壬寅，葬公孔子墓之西南百步。公廉于财，乐振施，遇故人子，恩厚尤笃。而尤不好鬼神机祥事。在宁州，道士法真武像，有蛇穿其前，数出近人，人传以为神。州将欲视验以闻，故率其属往拜之，而蛇果出。公即举笏击蛇杀之，自州将以下皆大惊，已而又皆大服，公由此始知名。然余观公数处朝廷大议，视祸福无所择，其智勇有过人者，胜一蛇之妖，何足道哉？世多以此称公，故余亦不得而略也。铭曰：展也孔公，惟志之求。行有险夷，不改其辀。权强所忌，谗谄所仇。考终厥位，宠禄优优。维皇好直，是锡公休。序行纳铭，为识诸幽。

《泰州海陵县主簿许君墓志铭》：

君讳平，字秉之，姓许氏，余尝谱其世家，所谓今泰州海陵县主簿者也。君既与兄元相友爱称天下，而自少卓荦不羁，善辨说，与其兄俱以智略为当世大人所器。宝元时，朝廷开方略之选，以招天下异能之士，而陕西大帅范文正公、郑文肃公争以君所为书以荐，于时得召试为太庙斋郎，已而选泰州海陵县主簿。贵人多荐君有大才，可试以事，不宜弃之州县。君亦常慨然自许，欲有所为，然终不得一用其智能以卒。噫，其可哀也已！士固有离世异俗，独行其意，骂讥笑侮困辱而不悔，彼皆无众人之求，而有所待于后世者也，其龃龉固宜。若夫智谋功名之士，窥时俯仰，以赴势物之会，而辄不遇者，乃亦不可胜数。辨足以移万物，而穷于用说之时；谋足以夺三军,而辱于右武之国,此又何说哉?嗟乎,彼有所待而不悔者其知之矣!君年五十九,以嘉祐某年某月某甲子,葬真州之扬子县甘露乡某所之原。夫人李氏,子男环,不仕;璋,真州司户参军;琦,太庙斋郎;琳,进士。女子五人,已嫁二人,进士周奉先泰州泰兴令陶舜元。铭曰:有拔而起之,莫挤而止之,呜呼许君,而已于斯,谁或使之!

《金溪吴君墓志铭》:

君和易罕言,外如其中,言未尝极人过失,至论前世善恶,其国家存亡治乱成败所由,甚可听也。尝所读书甚众,尤好古而学其辞,其辞又能尽其议论。年四十三四,以进士试于有司,而卒困于无所就。其葬也,以皇祐六年某月日,抚州之金溪县归德乡石廪之原,在其舍南五里。当是时,君母夫人既老,而子世隆、世范皆尚幼;女子三,其一卒,其二未嫁云。呜呼,以君之有,与夫世之贵富而名闻天下者计焉,其独歉彼耶?然而不得禄以行其意、以祭以养以遗其子孙以卒,此其士友之所以悲也!夫学者将以尽其性,尽性而命可知也。知命矣,于君之不得意其又何悲耶?铭曰:蕃君名,字彦弼,氏吴其先自姬出。以儒起家世冕黻,独成之难幽以折,厥铭维甥订君实。

《度支副使厅壁题名记》:

三司副使,不书前人名姓。嘉祐五年,尚书户部员外郎吕君冲之，始稽之众吏，而自李纮已上至查道得其名，自杨偕已上得其官，自郭劝已下，又得其在事之岁时，于是书石而镜之东壁。夫合天下之众者财，理天下之财者法，守天下之法者吏也。吏不良则有法而莫守，法不善则有财而莫理。有财而莫理，则阡陌闾巷之贱人，皆能私取予之势，擅万物之利，以与人主争黔首，而放其无穷之欲，非必贵强桀大而后能如是。而天子犹为不失其民者，盖特号而已耳。虽欲食蔬衣敝，憔悴其身，愁思其心，以幸天下之给足而安吾政，吾知其犹不得也。然则善吾法而择吏以守之，以理天下之财，虽上古尧舜，犹不能毋以此为先急，而况于后世之纷纷乎？三司副使，方今之大吏，朝廷所以尊宠之甚备。盖今理财之法，有不善者，其势皆得以议于上而改为之，非特当守成法吝出入以从有司之事而已。其职事如此，则其人之贤不肖利害施于天下如何也？观其人以其在位之岁时以求其政事之见于今者，而考其所以佐上理财之方，则其人之贤不肖，与世之治否，吾可以坐而得矣。此盖吕君之志也。

《祭范颍州文》：

呜呼我公，一世之师。由初迨终，名节无疵。
明肃之盛，身危志殖。瑶华失位，又随以斥。
治功亟闻，尹帝之都。闭奸兴良，稚子歌呼。
赫赫之家，万首俯趋。独绳其私，以走江湖。
士争留公，蹈祸不栗。有危其辞，谒与俱出。
风俗之衰，骇正怡邪。寋寋我初，人以疑嗟。

力行不回，慕者兴起。儒先茵茵，以节相侈。
公之在贬，愈勇为忠。稽前引古，谊不营躬。
外更三州，施有余泽。如酾河江，以灌寻尺。
宿赃自解，不以刑加。猾盗涵仁，终老无邪。
讲艺弦歌，慕来千里。沟川障泽，田桑有喜。
戎孽猘狂，敢龂我疆。铸印刻符，公屏一方。
取将于伍，后常名显。收士至佐，维邦之彦。
声之所加，虏不敢濒。以其余威，走敌完邻。
昔也始至，疮痍满道。药之养之，内外完好。
既其无为，饮酒笑歌。百城宴眠，吏士委蛇。
上嘉曰材，以副枢密。稽首辞让，至于六七。
遂参宰相，厘我典常。扶贤赞杰，乱穴除荒。
官更于朝，士变于乡。百治具修，偷堕勉强。
彼阋不遂，归侍帝侧。卒屏于外，身屯道塞。
谓宜耆老，尚有以为。神乎孰忍？使至于斯。
盖公之才，犹不尽试。肆其经纶，功孰与计？
自公之贵，厩库逾空。和其色辞，傲讦以容。
化于妇妾，不靡珠玉。翼翼公子，弊绨恶粟。
闵死怜穷，惟是之奢。孤女以嫁，男成厥家。
孰埋于深，孰锲乎厚。其传其详，以法永久。
硕人今亡，邦国之忧。矧鄙不肖，辱公知尤。
承凶万里，不往而留。涕哭驰辞，以赞醪羞。

《祭欧阳文忠公文》：

夫事有人力之可致，犹不可期，况乎天理之溟漠，又安

225

# 王安石传

可得而推？惟公生有闻于当时，死有传于后世，苟能如此足矣，而亦又何悲？如公器质之深厚，智识之高远，而辅学术之精微，故充于文章，见于议论，豪健俊伟，怪巧瑰奇。其积于中者浩如江河之停蓄，其发于外者烂如日星之光辉。其清音幽韵凄如飘风急雨之骤至，其雄辞闳辩快如轻车骏马之奔驰。世之学者，无问乎识与不识，而读其文则其人可知。呜呼！自公仕宦四十年，上下往复，感世路之崎岖，虽屯邅困踬，窜斥流离，而终不可掩者，以其公议之是非，既压复起，遂显于世，果敢之气，刚正之节，至晚而不衰。方仁宗皇帝临朝之末年，顾念后事，谓如公者，可寄以社稷之安危。及夫发谋决策，从容指顾，立定大计，谓千载而一时，功名成就，不居而去，其出处进退，又庶乎英魄灵气，不随异物腐败，而长在乎箕山之侧与颍水之湄。然天下之无贤不肖，且犹为涕泣而嘘唏，而况朝士大夫，平昔游从，又予心之所向慕而瞻依！呜呼，盛衰兴废之理，自古如此，而临风想望，不能忘情者，念公之不可复见，而道谁与归？

# 第二十二章 荆公之文学（下）

## 诗 词

世人之尊荆公诗，不如其文。虽然，荆公之诗，实导西江派之先河，而开有宋一代之风气。在中国文学史中，其绩尤伟且大，是又不可不尸祝也。

千年来言诗者，无不知尊少陵，然少陵之在当时及其没世，尊之者固不众也。昌黎诗云："李杜文章在，光焰万丈长。不知群儒愚，何用多毁伤？"中晚唐人之所以目少陵者，可想见矣。其特提少陵而尊之，实自荆公始。公有《题杜甫画像》一诗云：

> 吾观少陵诗，谓与元气侔。力能排天斡九地，壮颜毅色不可求。浩荡八极中，生物岂不稠？丑妍巨细千万殊，竟莫见以何雕镂。惜哉命之穷，颠倒不见收。青衫老更斥，饿走半九州。瘦妻僵前子仆后，攘攘盗贼森戈矛。吟哦当此时，不废朝廷忧。常愿天子圣，大臣各伊周。宁令吾庐独破受冻死，不忍四海寒飕飕。伤屯悼屈止一身，嗟时之人我所羞。所以见公像，再拜涕泗流。推公之心古亦少，愿起公死从之游。

公又续得杜诗二百余首，编为《老杜诗后集》，而为之序，言"甫之诗其完见于今者，自余得之"。又曰："世之学者，至乎甫然后能为诗，不能至，要之不知诗焉尔。"向往之诚，至于如此，此公之诗所以名家也。

宋初承晚唐之陋，西昆体盛行，起而矫之者，欧公与梅圣俞也。由是而自辟门户卓然成家者，荆公与东坡、山谷也。公少年有《张刑部诗序》云：

  君并杨刘。杨刘以其文词染当世，学者迷其端原，靡靡然穷日力以摹之。粉墨青朱，颠错庞杂，无文章黼黻之序，其属情藉事，不可考据也。方此时，自守不污者少矣。

昆体披靡一世，率天下之人盘旋于温李肘下，而无以发其性灵，诗道之敝极是矣。其不得不破坏之而别有所建设，时势使然也。首破坏之者实惟欧梅，荆公与欧梅为友，然非闻欧梅之风而始兴者也，自其少年而门户已立矣。欧梅以冲夷淡远之致，一洗秾纤绮冶之旧。至荆公更加以一种瘦硬雄直之气，为欧梅所未有。故欧梅仅能破坏，荆公则破坏而复能建设者也。

宋诗伟观，必推苏黄。以荆公比东坡，则东坡之千门万户，天骨开张，诚非荆公所及。而荆公峭峭谨严，予学者以模范之迹，又似比东坡有一日长。山谷为西江派之祖，其特色在拗硬深窈，生气远出，然此体实开自荆公，山谷则尽其所长而光大之耳。祖山谷者必当以荆公为祖之所自出。以此言之，则虽谓荆公开宋诗一代风气，亦不必过。

荆公古体，与其谓之学杜，毋宁谓之学韩，今举示数首。

# 第二十二章 荆公之文学（下）

《游土山示蔡天启秘校》：

定林瞰土山，近乃在眉睫。谁谓秦淮广？正可藏一艓。朝予欲独往，扶惫强登涉。蔡侯闻之喜，喜色见两颊。呼鞍追我马，亦以两黟挟。敛书付衣囊，裹饭随药笈。翛翛阿兰若，土木老山胁。鼓钟卧空旷，簨虡雕捷业。外堂廊无主，考击谁敢辄。坡陀谢公冢，藏椁久穿劫。百金买酒地，野老今行馌。缅怀起东山，胜践比稠叠。于时国累卵，楚夏血常喋。外实备艰梗，中仍费调燮。公能觉如梦，自喻一蝴蝶。桓温适自毙，符坚方天厌。且可缓九锡，宁当快一捷。彼哉斗筲人，得丧易矜怯。妄言屐齿折，吾欲刊史牒。伤心新城埭，归意终难惬。漂摇五城舟，尚想浮河楫。千秋陇东月，长照西州堞。岂无华屋处，亦捉蒲葵箑。碎金谅可惜，零落随秋叶。好事所传玩，空残法书帖。清谈眇不嗣，陈迹恍如接。东阳故侯孙，少小同鼓箧。一官初岭海，仰视飞鸢跕。穷归放款段，高卧停远蹀。牵襟肘即见，著帽耳才压。数椽危败屋，为我炊陈浥。虽无膏污鼎，尚有羹濡箑。纵言及平生，相视开笑靥。邯郸枕上事，且饮且田猎。或昏眠委翳，或妄走超躐。或叫号而寤，或哭泣而魇。幸哉同圣时，田里老安帖。易牛以宝剑，击壤胜弹铗。追怜衰晋末，此土方岌嶪。强偷须臾乐，抚事终愁惵。予虽天戮民，有械无接折。翁今贫而静，内热非复叶。予衰极今岁，恍与鸡梦协。委蜕亦何恨，吾儿已长鬣。翁虽齿长我，未见白可镊。祝翁尚难老，生理归善摄。久留畏年少，讥我两咕喢。束火扶路还，宵明狐兔慑。蔡侯雄俊士，心憭形亦谍。异时能飞鞚，快若五陵侠。胡为阡陌间，踠足仅相蹑。谅欲交辔

229

语，怯予不能噿。

此乃公晚作，结构气格，章法句法，皆肖昌黎。入韩集中，几乱楮叶，惜其未能化耳。

《思王逢原》：

自吾失逢原，触事辄愁思。岂独为故人，抚心良自悲。我善孰相我，孰知我瑕疵。我思谁能谋，我语听者谁。朝出一马驱，瞑归一马驰。驰驱不自得，谈笑强追随。仰屋卧太息，起行涕淋漓。念子冢上土，草茅已纷披。婉婉妇且少，茕茕一女嫠。高义动闾里，尚闻致财赀。嗟我衣冠朝，略能具馈麋。葬祭无所助，哀颜亦何施。闻妇欲北返，跂予常望之。寒汴已闭口，此行又参差。又说当产子，产子知何时。贤者宜有后，固当梦熊罴。天方不可恃，我愿适在兹。我疲学更误，与世不相宜。夙昔心已许，同冈结茅茨。此事今已矣，已矣尚谁知。渺渺江与潭，茫茫山与陂。安能久窃食，终负故人期。

《董伯懿示裴晋公平淮右题名碑诗用其韵和酬》：

元和伐蔡何危哉，朝廷百口无一谐。盗伤中丞偶不死，利剑白日投天街。裹疮入相议军旅，国火一再更檀槐。上前慷慨语发涕，誓出按抚除睽乖。指挥光颜战洄曲，阚如怒虎搏貔豺。愬能捕虏取肝鬲，护送密乞完形骸。答兵夜半投死地，雪湿不敢燃薪茝。空城竖子已可缚，中使尚作啼儿哇。退之道

## 第二十二章　荆公之文学（下）

此尤俊伟，当镂玉牒东燔柴。欲编诗书播后嗣，笔墨虽巧终类俳。唐从天宝运中圮，廊庙往往非忠佳。诸侯纵横代割据，疆土岂得无离俄。德宗末年惩战祸，一矢不试尘蒙靫。宪皇初起众未信，意欲立扫除昏霾。追还清明救薄蚀，屡敕主府拘穷蛙。王师伤夷征赋窘，千里亦忌毫厘差。小夫偷安自非计，长者远虑或可怀。桓桓晋公忠且壮，时命适与功名偕。是非末世主成败，烜赫今古谁讥排。贤哉韦纯议北赦，仓卒两伐尤难皆。重华声明弥万国，服苗干羽舞两阶。宣王侧身内修政，常德立武能平淮。昔人经纶初若缓，欲弃此道非吾侪。千秋事往踪迹在，岳石款记如湘崖。文严字丽皆可喜，黄埃蔽没苍藓埋。当时将佐尽豪杰，想此兵祷陪祠斋。君曾西迁为拓本，濡麝割蜜亲劚揩。新篇波澜特浩荡，把卷熟读迷津涯。褒贤乐善自为美，当挂庙壁为诗牌。

以上诸篇，皆用刻入之思，炼奇矫之语，斗逼仄之韵，缒幽凿险，曲尽昌黎之技者也。

《葛蕴作巫山高爱其飘逸因亦作两篇》：

巫山高，十二峰，上有往来飘忽之猿猱，下有出没瀺灂之蛟龙，中有倚薄缥缈之神宫。神人处子冰雪容，吸风饮露虚无中。千岁寂寞无人逢，邂逅乃与襄王通。丹崖碧嶂深重重，白月如日明房栊。象床玉几来自从，锦屏翠幔金芙蓉。阳台美人多楚语，只有纤腰能楚舞，争吹凤管鸣鼍鼓。那知襄王梦时事，但见朝朝暮暮长云雨。

巫山高，偃薄江水之滔滔。水于天下实至险，山亦起伏为波涛。其巅冥冥不可见,崖岸斗绝悲猿猱。赤枫青栎生满谷,山鬼白日樵人遭。窈窕阳台彼神女,朝朝暮暮能云雨。以云为衣月为褚,乘光服暗无留阻。昆仑曾城道可取,方丈蓬莱多伴侣。块独守此嗟何求,况乃低回梦中语。

此类之诗,乃学杜而自辟蹊径者,公集中上乘也。山谷之七古,颇从此脱胎得来。又如:

《对棋与道源至草堂寺》:

北风吹人不可出,清坐且可与君棋。明朝投局日未晚,从此亦复不吟诗。

此等涩拙之作,其导启山谷之迹,尤显而易寻者也。

公复有《拟寒山拾得》二十首,于集中为别体。《寄吴氏女子》诗所谓"末有拟寒山,觉汝耳日荧"者是也。今录二首以见面目。

我曾为牛马,见草豆欢喜。又曾为女人,欢喜见男子。我若真是我,只合长如此。若好恶不定,应知为物使。堂堂大丈夫,莫认物为已。

风吹瓦堕屋,正打破我头。瓦亦自破碎,岂但我血流。我终不嗔渠,此瓦不自由。众生造众恶,亦有一机抽。渠不知此机,故自认怨尤。此但可哀怜,劝令真正修。岂可自迷闷,与渠作冤仇。

此虽非诗之正宗,然自东坡后,熔佛典语以入诗者颇多,此体亦自公导之也。若其悟道自得之妙，使学者读之翛然意远，此又公之学养，不得以诗论之矣。

荆公之诗，其独开生面者，不在古体而在近体。峭峭雄直之气，以入古体易，以入近体难。公之近体，纯以此名家者也。

曾文正论近体诗，谓当以排偶之句，运单行之气。荆公七律，最能导人以此法门。

荆公七律，多学少陵晚年之作，后此山谷更遵此道而极其妙，遂为西江之宗。

公有《题张司业诗》绝句云："看似寻常最奇崛，成如容易却艰辛。"读公诗皆当以此求之，而近体其尤也。集中名作至多，不能广录，举数章见其面目而已。

《次韵酬朱昌叔五首》（录一）：

去年音问隔淮州，百谪难知亦我忧。前日杯盘共江渚，一欢相属岂人谋。山蟠直渎输淮口，水抱长干转石头。乘兴舟舆无不可，春风从此与公游。

《次韵送程给事知越州》：

千骑东方占上头，如何误到北山游。清明若睹兰亭月，暖蓻因忘蕙帐秋。投老始知欢可惜，通宵豫以别为忧。西归定有诗千首，想肯重来贲一丘。

《登宝公塔》：

倦童疲马放松门，自把长筇倚石根。江月转空为白昼，岭云分暝与黄昏。鼠摇岑寂声随起，鸦矫荒寒影对翻。当此不知谁客主，道人忘我我忘言。

《雨花台》：

盘互长干有绝陉，并包佳丽入江亭。新霜浦溆绵绵净，薄晚林峦往往青。南上欲穷牛渚怪，北寻难忘草堂灵。便舆却走垂杨陌，已戴寒云一两星。

《寄题程公辟物华楼》：

吴楚东南最上游，江山多在物华楼。遥瞻旌节临尊俎，独卧柴荆阻献酬。想有新诗传素壁，怪无余墨到沧洲。涡浯南望重重绿，章水还能向此流。

《酬俞秀老》：

洒扫东庵置一床，于君独觉故情长。有言未必输摩诘，无法何曾泥饮光。天壤此身知共弊，江湖他日要相忘。犹贪半偈归思索，却恐提桓妄揣量。

《送李质夫之陕府》：

平世求才漫至公，悠悠羁旅士多穷。十年见子尚短褐，千里随人今北风。户外屦贫虚自满，尊中酒贱亦常空。共嫌欲老无机械，心事还能与我同。

# 第二十二章 荆公之文学（下）

《贵州虞部使君访及道旧窃有感恻因成小诗》：

　　韶山秀拔江清写，气象还能出搢绅。当我垂髫初识字，看君挥翰独惊人。邮签忽报旌麾入，斋阁遥瞻组绶新。握手更谁知往事，同时诸彦略成尘。

《思王逢原三首》（录一）：

　　蓬蒿今日想纷披，冢上秋风又一吹。妙质不为平世得，微言唯有故人知。庐山南堕当书案，湓水东来入酒卮。陈迹可怜随手尽，欲欢无复似当时。

《送裴如晦宰吴江》：

　　青发朱颜各少年，幅巾谈笑两欢然。柴桑别后余三径，天禄归来尽一麈。邂逅都门谁载酒，萧条江县去鸣弦。犹疑甫里英灵在，到日凭君为舣船。

《送僧无惑归鄱阳》：

　　晚扶衰惫寄人间，应接纷纷只强颜。挂席每谙东汇水，采芝多梦旧游山。故人独往今为乐，何日相随我亦闲。归见江东诸父老，为言飞鸟会知还。

235

《落星寺在南康军江中》：

峚云台殿起崔嵬，万里长江一酒杯。坐见山川吞日月，杳无车马送尘埃。雁飞云路声低过，客近天门梦易回。胜概惟诗可收拾，不才羞作等闲来。

《送李太保知仪州》：

北平上谷当时守，气略人推李广优。还见子孙持汉节，欲临关塞抚羌酋。云边鼓吹应先喜，日下旌旗更少留。五字亦君家世事，一吟何以称来求。

《将次相州》：

青山如浪入漳州，铜雀台西八九丘。蝼蚁往还空垄亩，骐骥埋没几春秋。功名盖世知谁是，气力回天到此休。何必地中余故物，魏公诸子分衣裘。

《和王微之秋浦望齐山感李太白杜牧之》：

齐山置酒菊花开，秋浦闻猿江上哀。此地流传空笔墨，昔人埋没已蒿莱。平生志业无高论，末世篇章有逸才。尚得使君驱五马，与寻陈迹久徘徊。

## 第二十二章　荆公之文学（下）

《次韵平甫金山会宿寄亲友》：

　　天末海门横北固，烟中沙岸似西兴。已无船舫犹闻笛，远有楼台只见灯。山月入松金破碎，江风吹水雪崩腾。飘然欲作乘桴计，一到扶桑恨未能。

《送赵学士陕西提刑》：

　　遥知彼俗经兵后，应望名公走马来。陛下束求今日始，胸中包畜此时开。山西豪杰归囊橐，渭北风光入酒杯。堪笑陋儒昏鄙甚，略无谋术赞行台。

《金陵怀古四首》（录一）：

　　霸祖孤身取二江，子孙多以百城降。豪华尽出成功后，逸乐安知与祸双。东府旧基留佛刹，后庭余唱落船窗。黍离麦秀从来事，且置兴亡近酒缸。

《除夜寄舍弟》：

　　一尊聊有天涯忆，百感翻然醉里眠。酒醒灯前犹是客，梦回江北已经年。佳时流落真何得，胜事蹉跎只可怜。唯有到家寒食在，春风因泛濑溪船。

237

《送西京签判王著作》：

儿曹曾上洛城头，尚记清波绕驿流。却想山川常在梦，可怜颜发已惊秋。辟书今日看君去，著籍长年叹我留。三十六峰应好在，寄声多谢欲来游。

《南浦》：

南浦东冈二月时，物华撩我有新诗。含风鸭绿粼粼起，弄日鹅黄袅袅垂。

《木末》：

木末北山烟冉冉，草根南涧水泠泠。缲成白雪桑重绿，割尽黄云稻正青。

《初夏即事》：

石梁茅屋有弯碕，流水溅溅度两陂。晴日暖风生麦气，绿阴幽草胜花时。

《中年》：

中年许国邯郸梦，晚岁还家圹埌游。南望青山知不远，五湖春草入扁舟。

《入瓜步望扬州》：

　　落日平林一水边，芜城掩映只苍然。白头追想当时事，幕府青衫最少年。

《州桥》：

　　州桥踏月想山椒，回首哀湍未觉遥。今夜重闻旧呜咽，却看山月话州桥。

《壬子偶题》：

　　黄尘投老倦匆匆，故绕盆池种水红。落日歆眠何所忆，江湖秋梦橹声中。

《送僧游天台》：

　　天台一万八千丈，岁晏老僧携锡归。前程好景解吟否，密雪乱云缄翠微。

集句之体，实创自荆公。宋人笔记，多言荆公集句诗，信口冲出，此固游戏余事，无所不可，亦足征其记诵之博也。今录数章。

《金陵怀古》：

　　六代豪华空处所，金陵王气漠然收。烟浓草远望不尽，物换星移几度秋。至竟江山谁是主？却因歌舞破除休。我来不见当时事，上尽重城更上楼。

《沈坦之将归溧阳值雨留吾庐久之》：

天雨萧萧滞茅屋，冷猿秋雁不胜悲。床床屋漏无干处，独立苍茫自咏诗。

《胡笳十八拍十八首》（录二）：

自断此生休问天，生得胡儿拟弃捐。一始扶床一初生，抱携抚视皆可怜。宁知远使问名姓，引袖拭泪悲且庆。悲莫悲兮生别离，悲在君家留两儿。（其十三）

春风似旧花仍笑，人生岂得长年少？我与儿兮各一方，憔悴看成两鬓霜。如今岂无骢骣与骅骝，安得送我置汝傍？胡尘暗天道路长，遂令再往之计堕眇茫。胡笳本出自胡中，此曲哀怨何时终？笳一会兮琴一拍，此心炯炯君应识。（其十八）

信手拈来，天衣无缝，后此效颦者，未或能及也。前人评荆公诗者颇多，随所见杂录一二。

《漫叟诗话》云：荆公定林后诗，精深华妙，非少作之比，尝作《岁晚诗》云："月映林塘静，风涵笑语凉。府窥怜净渌，小立伫幽香。携幼寻新的，扶衰上野航。延缘久未已，岁晚惜流光。"自以此谢灵运，识者亦以为然。

《后山诗话》云：鲁直谓荆公之诗，暮年方妙，如云"似闻青秧底，复作龟兆坼"，乃前人所未道。又云"扶舆度阳焰，窈窕一川花"，包含数个意，然学三谢失于巧耳。

《石林诗眠》云：蔡天启言荆公每称老杜"钩帘宿鹭起，丸药流莺啭"之句，以为用意高峭，五言之模范。他日公作诗，得"青山扪虱坐，黄鸟挟书眠"，自谓不减杜诗。

《冷斋夜话》云：造语之工，至荆公、东坡、山谷，尽古今之变矣。荆公诗云"江月转空为白昼，岭云分暝作黄昏"，又云"一水护田将绿绕，两江排闼送青来"。（中略）此山谷所谓句中眼，学者不知此妙，韵终不胜。

《石林诗话》云：荆公少以意气自许，故诗语为其所向，不复更为涵蓄。如"天下苍生待霖雨，不知龙向此中蟠"，又"浓绿万枝红一点，动人春色不须多"，又"平治险秽非无力，润泽焦枯是有才"之类，皆直道其胸中事。后为群牧判官，从宋次师尽假唐人诗集，博观约取，晚年始尽深婉不迫之趣，乃知文字虽工拙有定限，然必视其幼壮。虽公，方其未至，亦不能力强而遽至也。

《苕溪渔隐丛话》云：山谷称荆公暮年作小诗，雅丽精绝，脱去流俗，每讽咏之，便觉沉灌生牙颊间。今案荆公小诗，如："南浦随花去，回舟路已迷。暗香无觅处，日落画桥西。""染云为柳叶，剪水作梨花。不是春风巧，何缘见岁华。""檐日阴阴转，床风细细吹。翛然残午梦，何许一黄鹂。""蒲叶清浅水，杏花和暖风。地偏缘底绿，人老为谁红。""爱此江边好，留连至日斜。眼分黄犊草，坐占白鸥沙。""水净山如染，风暄草欲薰。梅残数点雪，麦涨一川云。"观此数诗，真可一唱三叹也。

《西清诗话》云：荆公在蒋山时，以近制示东坡。坡曰："若积李兮缟夜，崇桃兮炫昼。自屈宋没后，旷千余年，无复《离骚》句法,乃今见之。"荆公曰:"非子瞻见谀,自负亦如此,然未尝为俗子道也。"

《三山老人语录》云:荆公诗云:"细数落花因坐久,缓寻芳草得归迟。"六一居士诗云:"静爱竹时来野寺,独寻春偶过溪桥。"三公皆状闲适,荆公之句尤工。

《石林诗话》云:荆公晚年,诗律尤精严,造语用字,间不容发。然意与言会,言随意遣,浑然天成,殆不见有牵率排比处。如"含风鸭绿鳞鳞起,弄日鹅黄袅袅垂",初不觉有对偶。至"细数落花因坐久,缓寻芳草得归迟",但见舒闲容与之态耳。而字字细考之,皆经隐括权衡者,其用意亦深刻矣。

《唐子西语录》云:荆公五言诗,得子美句法,如云"地蟠三楚大,天入五湖低"。

《冷斋夜话》云:用事琢句,妙在言其用而不言其名,此法惟荆公、东坡、山谷三老知之。荆公曰:"含风鸭绿鳞鳞起,弄日鹅黄袅袅垂。"鸭绿,水也;鹅黄,柳也。《苕溪渔隐》曰:公诗又云:"缲成白雪桑重绿,割尽黄云稻正青。"白雪,丝也;黄云,麦也。《碧溪诗话》云:"萧萧出屋千寻玉,霭霭当窗一炷云。"皆不名其物。

《蔡宽夫诗话》云:荆公尝云:"诗家病使事太多,盖皆取其与题合者类之,如此乃是编事,虽工何益?若能自出己意,借事以相发明,情态毕出,则用事虽多,亦何所妨。"故公诗如"董生只为公羊感,岂肯捐书一语真。枯槁俯仰何妨事,抱瓮区区老此身"之类,皆意与本题不类,此真能使事者也。

《后斋漫录》云:介甫善下字,如"荒埭暗鸡催月晓,空场老雉挟春骄",下得"挟"字最好。

《遁斋闲览》云:荆公集句诗,虽累数十韵,皆顷刻而就,词意相属，如出诸己，他人极力效之，终不及也。

《沧浪诗话》云：集句惟荆公最长，《胡笳十八拍》浑然天成，绝无痕迹，如蔡文姬肺肝间流出。

荆公词不能名家，然亦有绝佳者。李易安谓"王介甫、曾子固文章似西汉，若作小词，则人必绝倒，不可议"，此自过刻之论。易安于二晏、欧阳、东坡、耆卿、子野、方回、少游之词，无一许可，况荆公哉？今录三首：

《桂枝香·金陵怀古》：

登临送目。正故国晚秋，天气初肃。千里澄江似练，翠峰如簇。归帆去棹残阳里，背西风，酒旗斜矗。彩舟云淡，星河鹭起，图画难足。

念自昔，豪华竞逐。叹门外楼头，悲恨相续。千古凭高，对此漫嗟荣辱。六朝旧事随流水，但寒烟衰草凝绿。至今商女，时时犹唱，后庭遗曲。

《浣溪沙》：

百亩中庭半是苔，门前白道水萦回。爱闲能有几人来？
小院回廊春寂寂，山桃溪杏两三栽。为谁零落为谁开？

《南乡子·金陵怀古》：

自古帝王州，郁郁葱葱佳气浮。四百年来成一梦，堪愁，晋代衣冠成古丘。绕水恣行游，上尽层城更上楼。往事悠悠君莫问,回头,槛外长江空自流。

其《浣溪沙》《南乡子》二首,盖集句也,开《蕃锦集》之先声矣。荆公之词,其流亦为山谷一派,非词家正宗。

荆公又每以文为游戏,有诗云:"老景春可惜,无花可留得。莫嫌柳浑青,终恨李太白。"以四古人姓名藏于句中云,《石林诗话》称之。又荆公尝作一诗谜云:"佳人佯醉索人扶,露出胸前白雪肤。走入绣帏寻不见,任他风雨满江湖。"藏四诗人名,乃贾岛、李白、罗隐、潘阆也,见《遁斋闲览》。《苕溪渔隐丛话》又言"有霞头隐语,为半山老人作"云。

公尝有《唐百家诗选》,自序云:

余与宋次道同为三司判官时,次道出其家藏唐诗百余编,诿余择其精者,次道因名曰《百家诗选》,废日力于此,良可悔也。虽然,欲知唐诗者,观此足矣。

是书本朝宋牧仲(荦)尝有重刻本,今绝少见。